2022年深圳市宣传文化事业发展专项基金项目
2022年深圳市社科规划项目
2022年中宣部外文局国际传播招标项目
区域国别与国际传播研究丛书
环孟加拉湾地区研究

教育部人文社会科学重点研究基地四川大学南亚研究所
深圳大学环孟加拉湾地区研究所
深圳大学中国海外利益研究中心
深圳大学区域国别与国际传播研究院
深圳大学外国语学院

国际传播赋能我国海外利益发展与安全

基于国家、城市、企业的三维视角

戴永红　付　乐◎主编
叶雪仪　张语童　张　琳◎副主编

国际文化出版公司
·北京·

图书在版编目（CIP）数据

国际传播赋能我国海外利益发展与安全 ：基于国家、城市、企业的三维视角 / 戴永红，付乐主编 . -- 北京 ：国际文化出版公司，2022.8
ISBN 978-7-5125-1454-6

Ⅰ . ①国… Ⅱ . ①戴… ②付… Ⅲ . ①国家利益－保护－研究－中国 Ⅳ . ① D621

中国版本图书馆 CIP 数据核字 (2022) 第 166260 号

国际传播赋能我国海外利益发展与安全——基于国家、城市、企业的三维视角

主　　编	戴永红　付　乐
责任编辑	于锡平
统筹监制	吴昌荣
出版发行	国际文化出版公司
经　　销	全国新华书店
印　　刷	三河市华晨印务有限公司
开　　本	710 毫米 ×1000 毫米　　16 开
	16.5 印张　　270 千字
版　　次	2022 年 8 月第 1 版
	2022 年 8 月第 1 次印刷
书　　号	ISBN 978-7-5125-1454-6
定　　价	68.00 元

国际文化出版公司
北京朝阳区东土城路乙 9 号　　邮编：100013
总编室：（010）64270995　　传真：（010）64270995
销售热线：（010）64271187
传真：（010）64271187-800
E-mail：icpc@95777.sina.net

目　　录

前言

当今世界正处于百年未有之大变局，中国日益走近世界舞台中央。2019年以来，党中央国务院相继提出建设“粤港澳大湾区”“新时代中国特色社会主义先行示范区”，强调“教育对外开放是我国改革开放事业的重要组成部分”，提出“实施高校哲学社会科学走出去计划，重点建设一批全球和区域问题研究基地”等重大战略目标。中央审时度势，着眼未来，对区域和国别研究工作高度重视，从国家战略和外交全局的高度对区域和国别研究工作提出了更高要求。2021 年 12 月，国务院学位委员会公布新版《博士、硕士学位授予和人才培养学科专业目录》（征求意见稿），将“交叉学科”增设为第 14 个学科大类，“区域国别学”成为该学科大类下的一级学科。区域国别研究涉及政治学、文学、历史学、社会学、法学、经济学、地理学等诸多领域，肩负着服务中央决策，促进各领域交流合作，助推我国迈向世界大国的重要使命。

我国历来重视对外传播工作。党的十八大以来，特别是 2021 年 5 月 31 日中共中央政治局就加强我国国际传播能力建设进行第三十次集体学习，习近平总书记发表重要讲话，强调要深刻认识新形势下加强和改进国际传播工作的重要性和必要性，构建具有鲜明中国特色的战略传播体系，提高国际传播影响力、中华文化感召力、中国形象亲和力、中国话语说服力、国际舆论引导力，形成同我国综合国力和国际地位相匹配的国际话语权。此次学习会议的召开是我国对构建多主体、全方位的大外宣格局的再一次重申，并将其重要意义提升到全新的战略层面。这意味着争取国际话语权、营造有利的外部舆论环境已经进入政府重要议程，更意味着构建具有中国特色的国家形象国际传播赋能结构与模式迫在眉睫。

深圳大学作为深圳市第一所综合性大学，高度重视区域与国别研究建设工作，现有港澳与国际问题研究中心、荷兰研究中心、中国海外利益研究中心、中国经济特区研究中心、印度研究中心、大湾区－中国东盟研究中心、环孟加拉湾地区研究所、国际组织与全球治理研究中心、拉丁美洲研究中心、东亚研究中心、犹太－以色列研究中心、非洲研究中心、葡语国家研究中心、俄罗斯研究中心等区域国别研究机构，研究成果丰硕，已成为服务国家战略和地方发展的重要基础。站在新的发展节点上，把握“双区”建设机遇，围绕建设世界一流创新型大学的总体目标，加强高水平新型智库建设，强化合作网络，提升人才培养水平和科研学术影响力，促进学科交叉与融合，提升社科研究的整体质量。

为加强区域国别研究、提升国际问题研究和应用能力，加强国际传播研究、提升国际传播效能，2022 年 4 月 11 日，深圳大学校发（2022）82 号文件决定成立深圳大学区域国别与国际传播研究院。2022 年 6 月 19 日成功举办了主题为“新时代区域国别与国际传播研究赋能中国海外利益发展与安全”的研讨会，下设四个分议题，包括“新文科视野下区域国别与国际传播学科发展和创新”“区域国别研究赋能中国海外利益发展与安全的实践”“国际传播研究赋能中国海外利益发展与安全的实践”和“新时代外语学科创新转型与国际复合型人才培养”。

在此历史背景及使命驱动下，为让“中国读懂世界、世界读懂中国”，扩大深圳大学区域国别与国际传播研究的学术影响力，并引导和鼓励师生积极参加学术科研活动，深圳大学外国语学院联合院内外区域国别和国际传播研究团队，组织编写《区域国别与国际传播研究丛书》，供相关政府机构、工商企业和大学智库等科研院所参考。

《区域国别与国际传播研究丛书》（第一辑）《国际传播赋能我国海外利益发展与安全——基于国家、城市、企业的三维视角》一书在“总体国家安全观”战略指导下重新界定我国海外利益的时代内涵，从国际舆论环境中分析我国海外利益的成就与挑战。基于丰富的前期调研经验和实地走访观察，本书从三个层面系统性论述“国际传播如何赋能海外利益”。首先，从微观过程层面提出国际传播赋能我国海外利益发展与安全的五个视野；其次，从中观结构层面探讨国际传播赋能我国海外利益发展与安全的三个维度；最后，从宏观机制层面构建国际传播赋能我国海外利益发展与安全的新格局。

本书既是 2022 年深圳市宣传文化事业发展专项基金项目《国际传播赋能深圳城市影响力提升研究暨深圳城市影响力指数报告发布》、中宣部外文局国际传播招标项目《国际传播赋能我国海外利益发展与安全的叙事体系研究—以环孟加拉湾地区为例》和 2022 深圳市社科规划项目《总体国家安全观视域下深圳中资企业海外安全风险防控体系研究》的中期阶段性成果，又是深圳大学区域国别与国际传播研究院师生集体智慧和协同合作的结晶。戴永红负责全书的策划、提纲的拟定和最后的统稿。各章的具体分工如下：绪论（戴永红），第一章（叶雪仪），第二章（付乐），第三章（张琳、付乐），第四章（付乐、戴永红），第五章（张语童、戴永红），第六章（张语童），第七章（戴永红、付乐）。在此，对以上作者的辛勤劳动深表谢意！

在本书付梓之际，我们深感《国际传播赋能我国海外利益发展与安全——基于国家、城市、企业的三维视角》一书还有许多理论与实践问题需要探索，但受时间和水平的限制，本书不妥之处在所难免，诚望各位读者不吝指教，并谨向支持、关心和帮助本书撰写出版的各界人士表示衷心的感谢！

戴永红　教授
深圳大学外国语学院院长
深圳大学区域国别与国际传播研究院院长
深圳大学中国海外利益中心主任
2022 年 8 月 7 日立秋荔园

绪论

“中国海外利益就是改革开放以来中国与国际体系互动以及中国‘走出去’战略过程中出现的一个新现象。中国政府、企业、民间组织和公民的国际活动空间得到前所未有拓展，延伸到海外的中国国家利益急剧扩大。这是改革开放以来，甚至可以说自近代以来，中国政治和外交中遇见的一个全新问题。”[①] 如果说改革开放和“走出去”战略让中国海外利益作为一个全新的问题出现在公共视野中，那么新冠肺炎疫情突发所导致的全球流动交往格局的变动，则成为中国海外利益研究的新拐点。

过去，对于海外利益研究的相关理论主要来自政治学和经济学，研究视野主要聚焦在海外经济利益和海外政治利益，而海外文化利益以及保障我国海外利益舆论安全的“传播力”“影响力”和“软实力”研究相对缺乏，对于影响我国海外利益发展与安全的国际传播现象与问题也多是置于公共外交内容的框架之下，忽视了从“传播赋能”的应用视野分析中国海外利益发展与安全的相关研究。事实上，国际传播相关理论与实践在分析我国海外利益发展与安全中具有独特优势，议程设置理论在分析和应对西方中心主义观念下对华负面报道等起到了十分重要的作用，传播政治经济学理论对研究西方跨国公司也多有建树，类似的使用与满足理论、沉默的螺旋理论、有限效果论则为研究中资企业在本地化进程提供了思维路径。基于此，本书提出国际传播赋能我国海外利益发展与安全研究的新视野，以更好地服务于我国总体国家安全观和国际传播能力建设格局。

本章总共分为四个小节。第一节“统筹海外利益发展与安全”主要从“发展”与“安全”相互关系探讨海外利益研究的战略价值和时代意义；第二节“海外利益研究现状与挑战”是在中西比较研究视野下，聚焦我国海外利益发展与安全的历史脉络和现实挑战；第三节“国际传播研究现状与挑战”从国际传播的概念界定、基本特点、研究基础等方面，在理论研究维度寻找与海外利益相关的赋能价值点；第四节“国际传播赋能海外利益的价值与意义”

① 苏长和：“论中国海外利益”，《世界经济与政治》，2009 年第 8 期，第 13—20+3 页。

是在真实丰富的案例分析基础上，探讨5W国际传播模式赋能我国海外利益发展与安全的具体实践。

第一节　统筹海外利益发展与安全

发展与安全如同一个大写的“人”字，互为条件、彼此支撑，安全是发展的前提，发展是安全的保障，发展是任何一个追求现代化的国家和民族积极的历史实践及其社会进步过程，把发展和安全统筹起来，在追求发展的同时守好安全底线，在保障安全的同时达成发展目标，既是现代化发展的内在逻辑，又是任何国家和民族必须切实遵循的现代化建设规律。随着我国现代化建设的全面展开，习近平总书记指出，全面贯彻落实总体国家安全观，必须坚持统筹发展和安全两件大事，既要善于运用发展成果夯实国家安全的实力基础，又要善于塑造有利于经济社会发展的安全环境。①

中国的海外利益，在短短的四十多年内骤增，其内容过于庞杂又彼此交融，因此，中国目前面临着对海外利益的研究与保护滞后于海外利益增长的局面。近年来中国政府、学界、企业乃至普通民众对于中国海外利益保护的重视和关注都达到了前所未有的程度。郑永年认为：“当中国的‘走出去’成为不同政治利益较量的目标时，中国的利益就容易受损害。”② 正因为冲突与损害不可避免，因此中国必须考量如何统筹发展与安全，保护“走出去”的海外利益。

一、发展是安全的保障，是解决我国一切问题的基础和关键

中国经济发展经历了很多阶段，从17、18世纪全世界最大、最强的经

① “习近平在十九届中央国家安全委员会第一次会议上强调全面贯彻落实总体国家安全观 开创新时代国家安全工作新局面”，共产党员网，2018年4月17日，https://news.12371.cn/2018/04/17/ARTI1523969688926689.shtml(检索于2021年11月1日)。

② 郑永年：“中国应考量如何保护其海外利益”，《国际视野》，2007年第3期，第48—49页。

济体，到近现代很短时间内被西方超越，再到新中国成立后建立社会主义公有制的探索和超常发展，直到改革开放和社会主义市场经济体制的确定和发展，中国依靠不断发展自身经济，逐步缩小自身与世界上的大国、强国的距离。[①]全球化时代中国改革开放不断深化，中国与世界其他国家和地区不断加强的合作与交流是中国海外利益发展与安全的历史性背景。

自中华人民共和国成立以来，我国经济规模不断扩大，综合国力与日俱增，对世界经济增长的贡献大幅提升，国际地位和影响力显著增强。从一穷二白到世界第二大经济体，我国的综合国力和国际影响力实现历史性跨越。“1979—2018年，我国国内生产总值（GDP）年均增长9.4%，远高于同期世界经济2.9%左右的年均增速，对世界经济增长的年均贡献率为18%左右。”[②]中国的发展成就，不仅改善了广大中国人民的生活质量，也是对世界的巨大贡献。国际舆论普遍认为，中国经济发展成为世界经济发展的“火车头”之一，使得中国周边国家，特别是发展中国家乃至美、欧、日三大经济体获益匪浅。中国以发展中的大国身份，参与跨国经济和文化活动，在凭借国际制度中的有利因素，实现自身增长的同时，也尝试对国际制度中的不利因素进行修正，使其更能满足发展中国家的需要，拉动世界的均衡增长，减少南北差异，实现“人类命运共同体”理念下的全球发展。2020年突发新冠肺炎疫情，全球经济遭受重创，在许多国家经济处于停滞时，中国是疫情防控期间第一个重启的国家。在面临全球性的公共卫生安全危机时，中国的社会发展也在短暂地受创后逐渐恢复，率先开始经济复苏。美国《财富》杂志网站2020年8月6日报道称，在2020年第二季度，当大多数国家仍在应对第一波新冠肺炎疫情的肆虐、采取封城举措的时候，中国的工厂已经开始复工复产，提振了经济。虽然中国GDP在首个季度较2019年同期下降6.8%，但第二季度增幅重回3.2%，第三季度GDP增幅更是达到了4.9%。[③]

在中国凭借自身的制度与资源优势，实现经济与社会快速发展的同时，

---

① “沧桑巨变七十载 民族复兴铸辉煌——新中国成立70周年经济社会发展成就系列报告之一”，国家统计局，2019年7月1日，http://www.stats.gov.cn/tjsj/zxfb/201907/t20190701_1673407.html（检索于2021年11月1日）。

② 同上。

③ “The economy is recovering in some states, but others remain at Great Depression era unemployment levels. Why?”，FORTUNE，Aug.,2020.https://fortune.com/2020/08/06/us-unemployment-rate-states-recovery-economy-benefits-jobless-claims-new-york-kentucky-massachusetts/ (Retrieved 2021—11—01).

部分西方资本主义国家却经历着自身的社会经济发展危机。从 2008 年全球性金融危机的爆发和 2009 年欧洲债务危机；到 2010 年底欧盟国家遭遇的难民危机和 2013 年英国脱欧；再到 2020 年疫情下西方国家的“失控”局面与美国黑人人权运动（Black Lives Matter）的此起彼伏，都说明了各强国内部存在的矛盾。与此同时，世界格局也已经演变到打破平衡的临界点。自特朗普参选美国总统直至上任以来，美国各地出现的骚乱、示威及暴力事件不断，美国内部原先的平衡被打破了，社会基层之间的矛盾、各个族裔之间的矛盾越发突出。[①]

另一方面，部分发展中国家也面临严峻的社会问题。自二战以来，许多发展中国家因战争、殖民、恐怖主义和政治不稳定等因素，国家发展一直未能摆脱贫困、落后的状态，尽管联合国等国际组织致力于对其进行援助、帮扶，但全球贫富差距仍然较大。一部分发展中国家则在 20 世纪后期搭上经济全球化的便车，取得小规模的经济成就之后，不可逃脱地又陷入了“中等收入国家陷阱”[②]，“如越南出现了严重的通货膨胀，股市楼市双双暴跌，国家信用评价下降，国家财政力量薄弱；而泰国目前存在着基础设施薄弱，缺乏人力资本的积累，教育和科学技术滞后等的问题”。[③]未来这些国家的发展仍然充满未知的风险与挑战。

综上，发展是当今任何国家都不得不重视的问题，是任何一个追求现代化的国家和民族积极的历史实践及其社会进步过程。中国发展的故事，尽管充满了挫折与困难，但却从未停下步伐，在部分西方资本主义国家与发展中国家都面临着发展难题的同时，中国在努力探索一条可持续发展与安全之路。

---

① 王华华：“论数字资本主义发展与西方资本主义危机加剧”，《广东行政学院学报》，2021 年第 1 期，第 75—83 页。

② 林贺斌：“跨越中等收入陷阱因素的实证分析及国际比较”，《市场周刊》，2021 年第 10 期，第 120—122 页。

③ Felipe.J&Kumar.U,elts, “Middle-income transitions: trap or myth”, *JOURNAL OF THE ASIA PACIFIC ECONOMY*,Vol.22,2017,p.441.

二、安全是发展的前提，没有安全和稳定一切都无从谈起

进入 21 世纪以来，随着中国的影响力持续扩大，世界格局面临着深刻而复杂的变化，由此也推动着中国与世界关系出现前所未有的新特征。[①]二战以来国际格局所维持的平衡正逐渐被打破，各国都面临着新的动荡与危机。当前世界经济复苏势头依然脆弱，全球贸易和投资低迷，大宗商品价格持续波动，引发国际金融危机的深层次矛盾远未解决。百年未有之大变局的影响显现在我们经济社会发展的各个方面。中国的崛起被西方主要国家认为是最大的外在不安全因素。部分西方国家为了维持二战结束以来的以西方为中心的国际格局，对中国进行战略遏制，"黑天鹅""灰犀牛"事件层出不穷，新冠肺炎疫情影响仍在持续，世界经济面临诸多不确定性。[②]综合上述种种内外部因素，使得构建新发展格局就须兼顾发展和安全的关系。然而，由于历史原因，中国改革开放以来国家工作的重心都倾向于"发展"，而或多或少地忽略了"安全"的重要性。

随着中国融入全球进程的加速，中国因素无处不在，海外利益在各个层面、各个地区展现出来。中国与其他发展中国家并起，世界也由此进入转型期，中国对世界的影响在加深、加速，这种变动赋予中国巨大的战略塑造空间，为中国海外利益的开拓提供了难得的战略机遇。[③]与此同时，中国海外利益的安全风险同步增加，中国海外利益的敏感性和脆弱性日渐显现，维护和拓展面临着巨大挑战。

这些挑战既来源于细微之处，亦来源于战略层面。从细微之处说，随着对外贸易和投资的增加，中国企业"走出去"的步伐加快，中国公民日益成为国际旅行的常客，许多企业海外利益遭受侵害，中国公民遭遇安全威胁的事件也屡有发生。从战略层面上看，中国海外资产的规模在扩张，获取海外

---

① 冯鹏志："深入把握发展和安全的辩证法"，《学习时报》，2021 年 2 月 26 日，https://www.ccps.gov.cn/dxsy/202102/t20210226_147593（检索于 2021 年 11 月 21 日）。

② 王永亮："中国'和谐'文化海外传播的契机与价值——从西方'黑天鹅'事件谈起"，《传媒》，2018 年第 12 期，第 73—74 页。

③ John Child&David K.Tse, "China's Transition and Its Implications for International Business", *Journal of International Business Studies*,Vol.32,No.1,2001,pp.5–21.

资源的重要性在迅速上升，但目前我国的相关保护手段和能力相对不足。[①]随着中国在非洲、拉美经济利益的拓展，中国与西方国家在这些地区的经济利益、地缘政治利益的冲突在上升，利益协调的难度在加大，中国自身的利益易于受到损害，中国进入经济发展“高成本”的时代。[②]与此同时，国际经济摩擦日益加剧，“中国威胁论”层出不穷，西方不断以“中国责任论”对我国施压。

总体来说，目前全球竞争态势比以往更为明显，中国海外利益实际上处在巨大的风险之中，维护与拓展中国海外利益面临的战略挑战越来越突出，中国承受不起对海外利益受损的代价。以下将从军事、政治、经济和舆论四个方面梳理中国在发展过程中所遭遇的来自西方发达国家在安全方面的挑战。

（一）军事上的威胁

军事安全是国家安全重要组成部分。以美国为首的世界各大国，通过其原有的国际影响力与长期积累的军事实力，将中国及其周边国家卷入复杂的军事旋涡中，以此增加中国海外利益的安全风险，企图在亚洲建立不利于中国发展的新秩序。[③]

美国在太平洋和印度洋部署的五大岛链就是最好的证据。地理上的岛链是指呈弧形的连续岛屿链，而军事上的岛链是指将岛屿群作为军事基地而形成的军事封锁线。美国在太平洋设置了 3 条岛链，在印度洋设置了 2 条岛链，为实行“亚太战略”将太平洋司令部更名印太司令部，对 5 个岛链的部署进行直接管理，企图通过岛链封锁遏制中国的发展。中国的海上贸易通道和石油能源运输通道，都要经过印度洋的两条岛链和紧邻我国南海的第一岛链。此外，第一岛链的存在，阻碍了中国东海和南海的军事、经济交流。美国在西太地区的日韩等国基地众多，军事实力对我国造成一定的威胁，我国与美日韩为此发生过多次摩擦。如 21 世纪初，美国通过策略手段使得东北亚局势动荡不安，与东北亚各国不断组织军事演习，企图建立“亚洲版北约”

① 傅梦孜：“中国的海外利益”，《时事报告》，2004 年第 6 期，第 17—25 页。

② 魏杰、董进：“高成本时代与中国经济转型”，《中国工业经济》，2015 年第 9 期，第 26—32 页。

③ 刘跃进：“安全领域‘传统’‘非传统’相关概念辨析”，《学术论坛》，2021 年第 1 期，第 28 页。

（Asian version NATO），重建以美国为主导的亚洲新秩序。[①] 当时，韩国在釜山港水域主持针对朝鲜的“防扩散安全倡议”(PSI) 海上演习，日本出人意料地决定派遣护卫舰和 P-3C 巡逻机参演，报道称“这是自卫队首次参加在韩国领海举行的军演”。而为封锁朝鲜、对抗中国，日本媒体近来要求搁置与韩国的独岛主权纠纷，并转而与韩国联手。[②] 尽管岛链只起到威慑作用，中国仍可以合法通过国际航道进入太平洋，但其对中国的海外政治利益和海外经济利益造成严重威胁，增加了中国周边的不安全因素。

（二）政治上的干扰

伴随着中国的发展和在全球崛起，西方敌对势力对中国的政治攻势愈演愈烈。这一战略表现包括企图用“西化”和“分化”的手段抹杀中国发展的成绩，通过制造各种事端分化瓦解中国的统一。

早在 1951 年，美国推出和平演变中国的“十条戒令”，其中包括“通过各种媒体宣扬民主，要他们相信美国”，“要尽一切可能让他们向往美国的生活方式”等等。[③] 随后西方反华媒体制造了大量不实报道，妄图通过对媒介的操控，加大对外宣传与渗透，达到对中国实行“和平演变”的目的。其次，西方各国还有意识地利用“民族、宗教、人权”等问题培植亲西方的政治势力。[④] 以 1988 年成立的“西藏国际运动”组织为例，该分裂组织的成长与壮大背后正是美国民主基金会。[⑤] 最后，西方各国还通过各种形式的软实力输出西方价值观，通过东欧剧变，西方国家将文化渗透视作征服社会主义国家最有效、最可靠、最省钱的手段。[⑥] 面对日益崛起的中国，他们也变

---

① 金灿荣、戴维来：“大国关系变化的新趋势及其影响”，《当代亚太》，2008 年第 1 期，第 42 页。

② 朱锋：“美谋划‘亚洲版北约’是危险举措”，《环球时报》，2020 年 9 月 18 日，https://baijiahao.baidu.com/s?id=1678120604070661599&wfr=spider&for=pc（检索于 2021 年 12 月 2 日）。

③ 蓝天：“西方敌对势力对我国实施政治攻势的手法及我们的应对策略”，《军队政工理论研究》，2012 年第 13 卷第 1 期，第 134 页。

④ Kennon H .Nakamura&Susan B .Epstei, “Diplomacy for the 21st Century: Transformational Diplomacy” , *CRS Report for Congress*, RL34141, August 23 , 2007 , p.5.

⑤ “关于美国国家民主基金会的一些事实清单”，外交部，2022 年 5 月 7 日，https://www.mfa.gov.cn/zyxw/202205/t20220507_10683088.shtml（检索于 2022 年 6 月 6 日）。

⑥ Condoleezza Rice， “Promoting the National Interest” , *Foreign Affairs*，2000, Vol. 79 Issue 1, p.7.

换着各种形式对中国进行价值观输出。一方面，针对我国海外精英群体进行政治文化输出，另一方面，则将新媒体和传统媒体融合，以流行文化的形式向中国民众进行思想轰炸。

（三）经济上的打击

当前中国正处于和平崛起、民族复兴和实现“中国梦”的关键阶段，我国的海外利益随着国家的发展、世界格局的变迁正不断向外扩展。其中经济发展是拉动中国发展马车中最突出的部分。我国坚持走中国特色社会主义经济发展道路，从最早的服装鞋帽开始，到今天把越来越多的产品源源不断地运送到世界各地，各种各样的“中国制造”几乎流到了全球的每一个角落，国内生产总值和人均收入水平都在短时间内实现了巨大的增长。与此同时，中国还立足于人类命运共同体，致力于缩小世界范围内的贫富差距，为世界上许多发展中国家提供经济、技术等方面的帮助。

然而中国的经济发展道路也并不是一帆风顺的。2018 年 3 月，特朗普签署总统备忘录，宣称依据“301 调查”结果，将对从中国进口的商品大规模征收关税，并限制中国企业对美投资并购。中美由此拉开了博弈的序幕，其间有过多次谈判磋商，但最终仍是以贸易战相向。随后，美国对中国科技企业“中兴”实施严厉制裁，联合多国对“华为”进行芯片断供，宣布与中国“脱钩”等举动层出不穷。尽管中国在这一过程中始终冷静地应对着各种难题，表现出了最大的耐心和诚意，期望中美贸易摩擦顺利解决，但美国发起的这场持久的贸易战，对双方经济都造成了巨大冲击，也对世界格局的演变产生了深远影响。

（四）舆论上的丑化

习近平总书记在中央政治局第三十次集体学习（2021 年 5 月 31 日）时强调指出：“讲好中国故事，传播好中国声音，展示真实、立体、全面的中国，是加强我国国际传播能力建设的重要任务。”舆论战是一种战略布局，是出于对目标国家实施精准打击的需要而进行的话语建构。西方国家进行舆论战的历史悠久，技术娴熟，经验老到，具有很强的蛊惑性与杀伤力，并且能够对国际舆论产生巨大影响。相比之下，中国的舆论反击则更多是被动应付，虽然取得了局部成效，但整体上却显得苍白无力。[①]

以 2020 年中国抗击新冠肺炎疫情的过程为例，许多国家和国际组织通过各种方式声援中国，赞扬中国采取的有力防控措施，表示愿意与中国人民团结合作、共克时艰。与此同时，个别国家趁机抛出“阴谋论”“报应论”，对中国防疫冷嘲热讽，抹黑中国国家形象，一些国家以阻断疫情扩散为借口，趁机对中国封锁、施压。[②]然而，这些所谓敌视中国的措施，并未能阻止疫情的全球蔓延。类似的案例比比皆是，2020 年 7 月 20 日，美国商务部工业和安全局（BIS）以“新疆侵犯人权”为由，针对向美国出口服装和其他棉制品的厂商及实体发布禁令，将 11 家中国公司列入实体清单，其中有 9 家企业被美方指责“强迫少数群体劳动”。[③]12 月 2 日，美国禁止从新疆进口棉花、棉织品。该禁令发布后，不少国家（如英国、加拿大等）和企业也宣布抵制新疆棉花，一时间“新疆人权问题”又被推上了风口浪尖。尽管我国媒体多次澄清，也有不少公众人物自发去新疆棉花基地进行实地采访和调研，但国外主流媒体仍然充斥着对中国新疆的不实报道。

党的十八大以来，习近平总书记以卓越政治智慧和强烈使命担当，高瞻远瞩提出总体国家安全观，要求走出一条中国特色国家安全道路。贯彻落实总体国家安全观，必须既重视外部安全，又重视内部安全，对内求发展、求变革、求稳定、建设平安中国，对外求和平、求合作、求共赢、建设和谐世界；既重视国土安全，又重视国民安全，坚持以民为本、以人为本，坚持国家安全一切为了人民、一切依靠人民，真正夯实国家安全的群众基础；既重视传统安全，又重视非传统安全，构建集政治安全、国土安全、军事安全、经济安全、文化安全、社会安全、科技安全、信息安全、生态安全、资源安全、核安全于一体的国家安全体系；既重视发展问题，又重视安全问题，发展是安全的基础，安全是发展的条件，富国才能强兵，强兵才能卫国；既重视自身安全，又重视共同安全，打造命运共同体，推动各方朝着互利互惠、

① 程曼丽：“我国国际传播理论研究的课题指南——学习习近平总书记‘5·31’重要讲话获得的启示”，《中国记者》，2021 年第 7 期，第 20—21 页。

② 苏云婷：“新冠肺炎疫情治理中的合作赤字及其应对”，《云南行政学院学报》，2021 年第 5 期，第 113—114 页。

③ 邓金剑：“美国限制进口新疆棉花：供应链与产业链之争”，《国际经济合作》，2021 年第 5 期，第 85—87 页。

共同安全的目标相向而行。[①]

总结历史上西方大国崛起的经验，保护海外利益一直是大国统筹安全与发展过程中难以回避的问题。随着中国在国际社会中扮演着越来越重要的角色，逐渐担负起大国的责任，中国的海外利益版图未来将会在世界范围内持续扩大，中国的海外利益所面临的风险和挑战也将加剧，中国保护海外利益的信心和实力都决定着国家未来的发展方向。过去的中国在经济、社会、文化上的发展，取得了举世瞩目的成就。未来，中国应对所取得的成果加以保护，注重国家的安全问题，为进一步发展提供安全和适宜的国内外环境，不断完善对海外利益的保护机制，切实维护自身海外利益，不断提高保障能力和水平，加强保护力度。

第二节　海外利益研究现状与挑战

自航海大发现时代以来，各国开始发展海外商业，海外利益问题就一直存在。对海外利益的研究与保护，可追溯至2500年前的古希腊时期。[②]当今中国已经从“中国之中国”转变成为“世界之中国”，“走出去”战略是中国实现这一转变并最终实现民族复兴“中国梦”的必然选择。[③]因此，随着中国日益成为国际社会的重要组成部分，如何保护规模庞大、范围广泛、形式多样、增长迅速的中国海外利益，就成为我国突出的时代任务。

在中华人民共和国成立初期，因制度尚未完善且经济较为落后，当时中国正大力实施“引进来”战略，集中精力在国内经济建设方面，谋求国内经济恢复与发展就是我国最主要的国家利益，其中延伸至海外的触角相当有限，对于广阔的海外能源、海外市场、战略要道、战略疆域等海外资源，既无暇顾及，也没有能力去顾及。因此，我国对于海外利益的研究与保护，

① 习近平：《习近平关于总体国家安全观论述摘编》，北京：中央文献出版社，2018年，第253页。

② Graham H Stuart, *American Diplomatic and Consular Practice*,New York:D Appleton-Century Co.,1936,p.23.

③ 许丹松：“‘走出去’：现状、问题及对策”，《国际经济合作》，2002年第4期，第12—18页。

起步相对较晚。[①] 而西方发达国家由于最早走向世界，海外利益保护与管理的外交实践比中国早且完善，因此，中国在进行海外利益研究时，除了要总结中国自身海外利益保护的实践经验之外，还需要对西方发达国家的海外利益保护经验进行总结与研究。

总体来看，对于海外利益的研究，理论上是从属于国家利益研究的范畴，结合时代背景，由于学术界越来越关注国家利益的新变化，从而使得海外利益作为一个单独的研究领域日益凸显。在海外利益及其保护问题上，国内外都有相应的探讨，但是由于立场的不同，在中国海外利益保护上的研究有着不同的视角和侧重。

一、国外研究现状评述

随着全球化进程的加速，国家间的相互交往日益频繁，一国的国家利益开始跨越有形的地理边界，具有境外属性，因此“海外利益”（Overseas Interest）概念应运而生。“海外利益”的出现，是全球化的产物，并随着全球化进程的深入推进而发展变化，其不仅是经济、外交或政治概念，还是国家整体利益不可分割的重要组成部分，常被纳入国家总体战略。在跨越国家边界的贸易投资、人员交流与文化交往增加的背景下，国家的海外利益正作为一种延伸的国家利益受到重视。[②]

（一）国家利益与海外利益

目前国内外学术界对“海外利益”的界定并没有形成统一的结论。海外利益的范畴包括各种错综复杂的内容，涉及政治、经济、文化、军事、外交、安全等一系列利益，其表现形态和界定标准十分复杂，这种特性也给国内外学者研究海外利益问题带来一定的挑战和困难。对于依赖海外殖民扩张或商业拓展而发家致富的西方发达国家而言，海外利益从一开始就是其国家利益

① 李永志：《“走出去”与中国海外利益保护机制研究》，北京：世界知识出版社，2015 年，第 13 页。

② Warren Christopher, “American Overseas Interests Act” ,*U.S. Department of State Dispatch*, Washington, D.C. Government Printing Office, Vol.6, No.22, 1995;HCDeb, “British Overseas Interests, ” Vol. 91, C268, 1986, http://hansard.millbanksystems.com/commons/1986/feb/05/british-overseas-interests.

中自然的组成部分，因此，其对海外利益的研究最早可追溯至其关于国家利益的研究。

国家利益（national interests），是美国在冷战过程中为明确自己的国家安全战略而发展出来的学说。对于国家利益的探讨也是西方国际关系理论的主题之一，三大理论流派在这一问题上有着不同的观点。现实主义的代表人物汉斯·摩根索（Hans J. Morgenthau）曾对“国家利益”的概念提出定义，他认为，“国家利益”应当包括三个重要方面：领土完整、国家主权和文化完整。[①] 同时他还认为一个国家的国家利益是由这个国家的权力来决定的。新现实主义修正了摩根索以权力界定利益的这一论断，肯尼思·华尔兹（Kenneth N. Waltz）提出了以安全为核心的国家利益理论，认为在无政府状态下，与权力相比较，国家更多的时候重在对权力的追求。[②] 自由主义从更为积极的角度去认识国际社会，包括对国家利益的看法，强调国际社会中共同利益的存在。所以自由主义倾向于从制度、规范等方面界定国家利益，强调国家利益的相容性而非排他性。建构主义的国家利益观念有着不同于现实主义、自由主义的逻辑架构。谈及权力、利益等问题，建构主义揭示了这背后的观念、身份等因素所发挥的决定性作用。温特（Alexander Wendt）指出，国际政治中的权力分配的意义在很大程度上是由利益分配建构的，利益的内容在很大程度上又是由观念建构的。[③]

（二）西方国家对海外利益的研究

海外利益不是从来就有的，是在国家利益的概念下演化而来的。国家利益存在着两种属性，一是客观属性，即一个国家的生存和发展切实存在的相关利益；二是主观属性，即一国对于本国国家利益的认知。[④] 在当前国际形势下，国家利益在更广阔的范围和内容上拓展，由此产生了海外利益，国家对于海外利益重要性的认知也不断得到强化。

海外利益同国家利益一样，一方面作为客观存在，一方面又是一国的主观认知。对于海外利益的界定，国家间存在着差异性，各个国家由于实力、

① 倪世雄：《当代西方国际关系理论》，上海：复旦大学出版社，第 252 页。

② 肯尼思·华尔兹：《国际政治理论》，上海：上海世界出版集团，第 58 页。

③ 亚历山大·温特：《国际政治的社会理论》（秦亚青译），上海：上海世纪出版集团，第 131 页。

④ 刑悦：“国家利益的客观性与主观性”，《经济研究参考》，2003 年第 5 期，第 10 页。

地位的不同，对本国海外利益的界定会有所差异。即使是同一个国家在不同发展阶段、不同形势下仍然会对海外利益做出不同的界定。中国学界普遍把16世纪英国重商主义代表人物托马斯·孟（Thomas Mun）的著作《英国得自对外贸易的财富》一书，作为国际学界海外利益研究的标志。然而，西方学界较少直接使用“Overseas Interest”一词对海外利益进行研究的文章和专著，对海外利益的分析讨论只散见于各类杂志报纸的评论中，例如《金融时报》《华尔街日报》等。这类分析大都是关于海外经济利益方面的论述，比如其中关于对外投资、国际金融等领域的论述较多，混含于对国家利益的分析中。

美国学者 Margaret Daly Hayes 所著的 *Latin America and the U.S. National Interest, A Basis for U.S. Foreign Policy* 一书，从政治、经济和原材料等多个方面定位了拉丁美洲在全球的位置，并讨论了加勒比海、墨西哥、巴西这三个对美国政治、经济、安全至关重要的地区，从而提出了美国在处理与拉丁美洲国家关系时需要注意的安全利益问题。① 另一位美国学者 Stephen D. Krasner 在其所著的 *Defending the National Interest*, *Raw Materials Investments and U.S. Foreign Policy* 一书中，着重分析了美国对原材料海外投资与美国对外政策之间的关系，同时对1950年之前对原材料海外投资的具体保护手段进行了分析。② 英国学者 Ashley Jackson 在其所著的 *Empire and Beyond: The Pursuit of Overseas National Interests in the Late Twentieth Century* 一书中，将英国的海外利益视为维持英国作为全球商人的地位、保持对海外殖民地和前殖民地的联系，以及尽力承担相应的义务、继续通过媒体和提供贷款与援助的方式追求软实力、保持强大的国际情报搜集能力等。③ 同样在日本的语境中，也没有“海外利益”一词，而是把“海外利益”描述为在海外的“国家利益”，并在2013年出台的《国家安全保障战略》中第一次公开阐述日本的国家利益内容。④ 松下政经塾的小野贵树认为，国家利益首先是国防利益，其次是经济利

---

① Margaret Daly Hayes, *Latin America and the U.S. National Interest, A Basis for U.S Foreign Policy*,Westview Press,1984,pp.33–62.

② Stephen D. Krasner, *Defending the National Interest,Raw Materials Investments and U.S. Foreign Policy*,Princeton University Press,1978,p.966.

③ Ashley Jackson, “Empire and Beyond:The Pursuit of Overseas National Interests in the Late Twentieth Century” ,*The English Historical Review*,December 2007,pp.1350–1366.

④ 国家安全保障戦略について、防衛省自衛隊、https ：//www.mod.go.jp/j/approach/agenda/guideli ne/security_strategy. html。

益，再次是保持和平的发展环境与国际秩序。① 德国学者沃尔克·利特伯格（Volker Rittberger）的国际制度理论也从侧面对海外利益进行了界定，他将国际制度分为基于权力（power-based）、基于利益（interest-based）和基于知识（knowledge-based）的三大流派，其中新自由主义者对国际制度的研究以国际制度中的海外利益作为研究基础。②

（三）西方国家维护海外利益的实践历程

海外利益的发展和安全，是所有大国都关注的重要话题，也是国家发展过程中必须经历的一个阶段。尽管西方国家较少从“海外利益”（Overseas Interest）概念出发进行直接研究，但实际上西方国家从航海大发现时期就已经开始了追寻海外利益的征途，到今天已经有 600 多年的时间。在宏大的近现代历史叙事中，从早期的葡萄牙、西班牙、荷兰，到之后的英国、法国、德国，再到今日之美国，西方诸强都在谋划如何扩展自己的利益范围，推进自己的利益边界。殖民主义时代的英国就是依托庞大的海外利益所供给的市场和资源成为头号强国。二战后日本的经济崛起，仅依靠本国的有限领土和资源也是难以实现的,其在东亚地区海外利益的拓展是经济腾飞的重要保障。美国作为二战后的全球性大国，更是注重海外利益的战略作用和意义。因此，对西方国家维护和发展海外利益的实践经验进行总结和反思，将有助于我国海外利益的相关研究和探索。

1. 强调权力，但缺乏对对象国及其人民合法权益的尊重

一方面，权力是一个国家海外利益发展和保障安全的必备元素。在一个全球化和国家间相互依赖特征日益明显的时代，权力，特别是强大的军事实力、成熟的外交实力和卓越的思想实力，是一个大国与外部世界成功互动过程中必不可少的要件。其中，军事实力是国家利益和海外利益维护的最终屏障。以大英帝国时期为例，能让其成为“日不落”帝国、海外利益遍布全球的背后，正是本国强大的经济实力、外交能力和海上军事能力。马汉（Alfred

① ［日］小野貴樹：「日本の國益を考える」、松下政經塾、https://www.mskj.or.jp/report/1130/html。

② Andreas Hasen clever, Peter Mayer, and Volker Rittberger, *Theories of International Regimes*, London:Cambridge University Press,1997.

Thayer Mahan）在《海权对历史的影响》一书中就曾提及，海军的存在有着强大的“经济动机”，即保护“商业”。[1]

但另一方面，西方列强海外权力的运用通常以损害对象国利益和对象国人民的基本人权为前提。二战前，不少西方国家的海外利益战略带有强烈的殖民主义色彩，它的很多权力运用行为在本质上属于侵略行径。为了满足自身需求，追求本国利益，它不惜以损害被殖民国家和其殖民地人民的根本利益为代价。而其殖民的对象国国家也因此在政治上远离独立的命运，在经济上沦为资本主义的附庸，在安全上成为大国权力争夺的牺牲品，在文化上逐渐丧失了民族根性。

这种为了自身海外利益的发展与安全而侵犯他国的行为是典型的“自私自利”行为。正因如此，西方大国在早期发展自身海外利益的同时，也在不断“累积”风险，使其海外利益缺乏长期的、稳固的安全基础，在发展的同时也时常伴随着大国间争斗、殖民国家与被殖民国家间矛盾冲突所引发的利益风险。

2. 强调制度，但本质上奉行的是霸权主义与强权政治的策略

国际制度是西方国家实现海外利益发展与安全常用的战略工具之一。二战结束后，西方国家无法再完全依靠殖民与侵略其他国家扩展其海外利益，因此它们对海外利益的获取，更多地转向对国际制度的建设与维护上，并谋求在其中的主导地位。[2]

国际制度赋予了西方国家各类行动的合法性，使其在制度框架下能最大限度地发挥谋利效能。如联合国、国际货币基金组织、世界银行、世界贸易组织等重要的国际组织，大多由西方大国发起与筹办并掌握其中的话语权，这使得国际组织成为西方国家获取与维护海外利益的“工具”，并且可以否决不利于自身海外利益的其他动议。在关乎全球治理的国际机制改革上，西方各国也在积极谋求其中的主导地位，以求从中获得长久的海外利益。[3] 同

① ［英］马汉：《海权对历史的影响（1660—1783）》，安常容、成忠勤译，北京：解放军出版社，2014 年，第 34 页。

② 汪段泳：“海外利益实现与保护的国家差异——一项文献综述”，《国际观察》，2009 年第 2 期，第 32 页。

③ 王发龙：“中国海外利益维护路径研究：基于国际制度的视角”，《国际展望》，2014 年第 3 期，第 67 页。

时，西方大国对于一些国际制度的遵循是有选择性的，当议题对自身海外利益无碍、无利可图或是投入高于产出时，就会将其搁置到一边。[①]

以美国为例，约瑟夫·奈（Joseph S. Nye）认为，“美国的角色是作为世界重要地区的稳定者；避免敌对霸权国家的出现，这是优先事项，是头等大事”。[②]因此在二战后的较长时间里，美国主导了一系列重要的国际政治经济组织的议程，使其有助于实现美国海外利益的发展与安全。如美国借助联合国安理会的授权和北约等国际组织来采取行动，保护其海外利益及盟友的安全，其出兵朝鲜、科索沃、阿富汗等国，都是依据联合国安理会相关决议来进行的。

然而，经过长时间的发展以及国际格局的改变，加之发展中国家的崛起，西方国家在对国际组织的控制过程中，其霸权主义与强权政治的色彩逐渐显现。通过主导国际组织与国际法等国际机制、发动战争、介入他国事务、干涉别国内政这样的“不法行径”，在短时间内可能会实现某个国家的海外利益，但从长期来看，却增加了国际社会中不稳定因素，从而影响西方国家海外利益的发展与安全。如针对中国崛起，美国推行“亚太再平衡”战略，围绕中国打造新的亚太同盟体系，布局军事力量，增加了中美摩擦的风险，既危害中国海外利益的安全与发展，也使世界上许多国家的海外利益受到损害。

3. 强调文化与观念，但破坏了国际社会的和平稳定

文化观念对于塑造任何国家的利益需求和行动取向都具有十分突出的作用。实现海外利益的发展与安全，除了充分利用如军事和外交等“硬实力”外，还要重视“软实力”在其中的作用。

推广自由贸易的理念，是西方大国利用文化扩展其海外利益的重点策略。早在拿破仑战争之前，自由贸易主张已经开始在欧洲兴起[③]，史学家们针对该时期的经济贸易活动提出了“非正式帝国”这一概念。他们认为，在非洲、黎凡特、南美和远东，英国官员主要是通过积极的政治介入来推进自由贸易

---

① Mark Beeson and Richard Higgott,Hegemony, Institutionalism and US Foreign Policy: Theory and Practice in Comparative Historical Perspective, *Third World Quarterly*, Vol.7,2005,pp.1173–1188.

② Joseph S.Nye , “Redefining the National Interest” , *Foreign Affairs*,Vol.4,1999,p.21.

③ C.P. Kindleberger.The Rise of Free Trade in Western Europe,1820—1875,*The Journal of Economic History*,1975,p.27.

的。[①]在英国的不懈努力下，自由贸易和自由放任的经济思想被广泛传播开来，减少了其海外利益拓展中的阻力，可进一步实现海外利益的扩展与安全。

自由、民主、人权等理念也常被西方大国作为用于实现海外利益扩展与安全的文化手段。其中，“民主和平论”（democratic peace theory）是国际关系研究中一种长久不衰的理论，代表学者是康德（Kant）[②]，这一理论的主要观点为“民主国家之间很少或从来不会相互争战”。在西方国家看来，民主是防止未来战争的“解毒剂”[③]，维系世界范围内的和平即维护自身海外利益的安全。西方部分国家的民主制度一度对世界产生了吸引力，根本原因是这些国家创造了经济上的繁荣以及取得了战争的胜利。然而，从实际案例的现状来看，西方国家的“民主输出”并不成功，以“自由、民主、人权”等理由被干预的地区已经逐渐演变为战争的集中地、地区不稳定的根源以及恐怖主义的大本营，影响了世界范围内的和平，使许多国家的利益受到损害。

总体来说，西方国家实现海外利益扩展与安全的途径与手段，对中国统筹自身海外利益发展与安全构成了巨大的威胁，对此，中国应全方位提升自身实力并将其转化为能力，尽可能实现海外利益的发展与安全。

二、国内研究现状评述

国内学术界对于中国海外利益发展与安全的研究也应追溯到国家利益的相关研究中，这是海外利益的研究起点。随着国际国内环境的变化，学术界洞悉到了国家利益出现的新变化，从而开拓了海外利益的相关研究。我国海外利益的研究理论上主要侧重于概念和内涵的界定，以及对于中国崛起相关议题的探讨；实践上主要侧重于对我国海外利益保护策略的探讨。

（一）中国海外利益发展与拓展的研究

中国崛起并迅速融入经济全球化进程后，中国的国家利益突破了传统的

---

① W.G. Hynes,British Mercantile Attitudes towards Imperial Expansion,*The Historical Journal*,Vol.4,1976.pp.969–979.

② ［德］伊曼努尔·康德：《永久和平论》，何兆武译，上海：上海人民出版社，2005年，第67页。

③ Christopher Layne.Kant,The Myth of the Democratic Peace,*International Security*,Vol.2,1994,p.5.

地理界限向全球延展，国家利益的实现也越来越受到外部因素的影响。[①]这是中国与世界相互依赖加深的一个进程，其中尤为引人注目的是海外利益在中国国家利益结构中的地位和分量迅速上升。可以说，海外利益已经凸显为中国与世界各国关系的一个重要影响因素。[②]

中国海外利益研究与中国崛起及其国家利益的拓展密切相关，国家利益的概念是中国海外利益研究的逻辑起点。中国关于国家利益的论述成果甚多，在20世纪90年代初、90年代中期、21世纪初出现了三次研究高潮。总体来讲，20世纪80年代末90年代初，相关研究主要批判西方的国家利益观，认为西方的国家利益代表统治阶级的意志，但同时意识到区分民族利益和阶级利益的必要性。冷战结束以后，国家利益研究逐步成为中国国际关系学界探讨的重点。[③]90年代后期以来，国家利益研究逐渐成为多学科探究的一个领域。1999—2003年是中国国家利益研究的高峰期，学者们从重点关注国家利益的维护到强调国家利益的拓展，国家利益的战略研究和文化层面的探索成为主导方向。[④]随着中国提出"走出去"战略和加入世界贸易组织（WTO），海外利益逐步纳入研究视野之中，尤其是胡锦涛关于"增强对海外利益的保护能力"讲话的发表，引发了学界的积极关注，2004—2005年集中出现了一些关于海外利益的论述，对海外利益的概念和中国海外利益的范畴进行了初步界定。

关于海外利益的概念，目前中国学界有两种代表性的观点：一种观点认为，海外利益是国家利益突破国土界限而形成的，是境外的国家利益，可区分为海外政治利益、海外经济利益、海外安全利益和海外文化利益等。[⑤]另一种观点认为，海外利益不同于国家利益，国家利益仅仅是国家层面的利益，

① 门洪华："中国国家战略利益的拓展"，《战略与管理》，2003年第2期，第83—89页。

② 门洪华：《开放与国家战略体系》，北京：人民出版社，2008年，第7页。

③ 俞可平："国家利益与政府行为"，《社会科学》，1992年第2期，第32—35页；俞正梁："变动中的国家利益与国家利益观"，《复旦学报（社会科学版）》，1994年第1期，第37—42页；阎学通："国家利益的判断"，《战略与管理》，1996年第3期，第35—44页。

④ 王逸舟："国家利益再思考"，《中国社会科学》，2002年第2期，第160—170页。

⑤ 毕玉蓉："中国海外利益的维护与实现"，《国防》，2007年第3期，第7—8页。

而海外利益包括非国家行为体所持有的局部利益，海外利益这一概念的范畴要比国家利益中的海外部分宽广。[①] 关于海外利益所应包含的内容，学界也有不少学者对其进行了论述。耶鲁大学教授陈志武认为，中国的海外利益包括人员生命安全、财产安全、资源供应、海外市场拓展等四个方面。他指出，今天中国面对如何到海外拓展事业、到海外开发市场、到海外寻找资源的问题，是英国、美国、日本曾经面对的挑战，有必要从海外贸易、跨国公司经营的角度重新认识英、美、日的商业扩张史，至少要借鉴欧、美的做法。[②]

（二）中国海外利益安全与保护的研究

对于海外利益安全与保护的探讨，学术界既有从全面的角度进行整体的探讨，也有结合具体的领域或者国家和地区进行深入的研究，目前尚无专门的著作。苏长和与汪段泳合著的《中国海外利益研究年度报告（2008—2009）》是我国学界关于新时期中国海外利益的第一份年度报告。[③] 该书针对 2008—2009 年度中国海外利益的状况，从海外利益保护的基本界定、核心内容、多边机制与国际责任、国际形象与文化传播、海外利益保护的国际借鉴等方面进行了全面阐述与分析。上海外国语大学于 2008 年初成立了中国海外利益研究中心，建立了中国海外利益研究网站，并开展了非传统安全与中国海外利益保护研究、当代大国海外利益保护的国际经验研究、海外石油与中国能源安全战略研究等近 10 个在研项目。

目前，从较为系统的视角对中国海外利益保护进行探讨的文献已出现一些。甄炳喜通过分析美日等发达国家的经验，提出了我国海外利益保护进一步完善的建议，包括战略、法律、外交等方面。[④] 陈伟恕总结了海外利益的研究框架，如海外利益的分布状态、鉴别排序、博弈状态、工具组合和运作

① 陈伟恕："中国海外利益研究的总体视野——一种以实践为主体的研究纲要"，《国际观察》，2009 年第 2 期，第 8—13 页。

② 毕玉蓉："中国海外利益的维护与实现"，《国防》，2007 年第 3 期，第 7—8 页。

③ 唐贤兴："海外利益的保护与中国对外政策的心化"，《江苏行政学院学报》，2009 年第 6 期，第 9—13 页。

④ 甄炳喜："新形势下如何保护国家海外利益"，《国际问题研究》，2009 年第 6 期，第 49—54 页。

机制。[①] 唐昊指出海外利益保护战略的构建应该从国际机制建设、国家关系建设、企业能力建设、国家能力建设、国家形象建设等几方面入手。[②] 对于海外经济利益保护、海外公民保护、海外能源安全等专门领域进行探讨的文章也十分充实。李众敏在《中国海外经济利益保护战略刍论》中系统构建了我国海外经济利益保护的战略。[③] 苗迎春分析了主权财富基金的对外投资与中国海外利益的维护问题。[④]

近年，随着我国对外经济合作的发展，我国在一些动荡地区的各项海外利益所面临的风险和遭受的损失比从前更为严重。学者们对这些地区的海外利益保护问题也格外关注。具有代表性的有：吴志成通过利比亚事件分析我国海外安全利益的保护，提出了一些方法和原则；[⑤] 同样，王金岩分析了利比亚变局给我国带来的影响和损失，并提出几点应对建议。[⑥] 西亚北非的局势变动也影响了我国海外利益的实现,对于这些地区进行探讨的文章主要有:刘辰、张宏的《中国在南北苏丹的海外利益维护》，刘林智的《北非地区动荡化与中国海外利益维护》等。

总体而言，在“以经济建设为中心”的大背景下，中国的海外经济利益较早受到国内外学者的重视，对外贸易、对外投资、国际金融合作、海上通道安全等成为国内学者关注的重点，相关研究成果相当丰富，但这些研究仅限于“经济视野”，其研究主体多为国家和政府，很少从其他领域或其他行为主体的角度进行研究。尽管中国学者很早就认识到国家利益的范围变化不受国土疆域限制，但中国学术界关于海外利益的论述缺乏对各分支领域的深度分析、缺少从国际传播的角度进行探讨，以及对海外利益实现过程中其他

① 陈伟恕：“中国海外利益研究的总体视野”，《国际观察》，2009 年第 2 期，第 8—13 页。

② 唐昊：“关于中国海外利益保护的战略思考”，《现代国际关系》，2011 年第 6 期，第 1—8 页。

③ 李众敏：“中国海外经济利益保护战略刍论”，《世界经济与政治》，2012 年第 8 期，第 92—106+159 页。

④ 苗迎春：“主权财富基金的对外投资与中国海外利益的维护”，《中国发展观察》，2009 年第 2 期，第 44—46 页。

⑤ 吴志成：“从利比亚撤侨看中国海外国家利益的保护”，《欧洲研究》，2011 年第 3 期，第 30—32+159 页。

⑥ 王金岩：“利比亚变局对中国海外经济利益的影响”，《阿拉伯世界研究》，2012 年第 3 期，第 36—50 页。

行为主体的关注（如城市、企业、个人等）。未来对中国海外利益的研究要着眼长远，超越单纯的物质利益观，立足于共同利益的制度化、培育中国与各国的社会联系强度、扩大中国与各国的观念共识。[①]

第三节　国际传播研究的现状与挑战

面对中国海外利益遇到的种种挑战与困境，如何统筹发展与维护其安全？从国际传播视角进行系统性分析和提出具有实践价值的对策方案，不失为一条解决中国“走出去”和提升我国综合国际竞争力的创新路径。事实上，自古以来中国海外利益与国际传播就有着重要联系，国际形势的日益严峻和意识形态舆论战的此起彼伏，使我国海外利益与国际传播之间的关系更加紧密，二者是一个双向互动和互相建构的循环过程。国际传播可促进我国海外利益的发展与安全，为我国海外活动的合法性正名，保障海外项目的顺利实施；同时，我国在实现海外利益过程中与他国政府、组织、民众互动，以在全球构建中国的负责任大国形象。

一、因时代而流变：国际传播是什么？

中西方学者对国际传播的概念界定普遍突出国家作为其传播行为主体的价值属性和重要功能。西方学者认为，“国际传播的简单定义是指超越各国国界的传播，即在各民族、各国家之间进行的传播”。[②]我国学者认为，“国际传播 (international communication) 是以民族、国家为主体而进行的跨文化信息交流与沟通”。[③]围绕拥有共同语言、文化、领土、政府的社会群体，国家这一传播行为主体在国际传播中成为话语的焦点与服务的目的。“国际传播的重要特征和功能，是国家这个国际关系主体本身特征和功能的演化与

① 苏长和：“中国海外利益管理的新视角”，《探索与争鸣》，2011 年第 8 期，第 37—42 页。

② ［美］罗伯特 · 福特纳：《国际传播——全球都市的历史、冲突及控制》，刘利群译，北京：华夏出版社，2000 年，第 5—6 页。

③ 程曼丽：“信息全球化时代的国际传播”，《国际新闻界》，2000 年第 4 期，第 17—21 页。

发展。”[①]

国际传播具有三个主要特点。一是政治目的性。这也是国际传播区别于一般跨文化传播、全球传播的首要特征。政治目的性强调国际传播与国际政治格局和国家战略意义密切相关。“国际传播不是简单的信息跨国流动，而是政府间的信息交换，因此少数几个大国控制了传播秩序。”[②]这就导致在国际传播过程中存在话语权分配不均、舆论场被少数发达资本主义国家所形塑的不公正场面，严重制约着中国国际传播工作的实际开展。国际传播的政治目的性与跨国贸易往来中的政策导向性是统一的，不同国家的跨国企业和跨国项目在进行国际传播活动过程中也必然带有本国经济发展的战略属性和政治目的。二是互动交往性。是指国际传播具有非单一性的互动交流实践特质，是发生在不同文化、民族、国家之间的传播共生现象。麦克卢汉提出的“地球村”概念概括了人类作为社会关系的总体彼此关联的实质，而“人类命运共同体”理念则凸显了人类命运的相似性和共同的交往观。在国际传播过程中，双向互动性正是体现了不同文化、国家之间的反馈与交往。国际传播视阈下的海外利益发展与安全也是一个多维互动的建构过程，保护海外利益安全不仅靠母国、海外中资企业，还需要靠东道国政府、媒体、民众和社会组织等多元主体，将维护海外利益的多方主体串联起来的正是有效的多域沟通系统，国际传播中沟通渠道和传播平台的搭建以及传播系统的可持续性，为统筹海外利益发展与安全提供了解决方案。三是内涵流变性。国际传播的内涵随时代的变化而不断丰富和发展。信息时代的到来扩大了国际传播的主体、内容和渠道。2019 年 10 月 31 日，党的十九届四中全会审议通过了《中共中央关于坚持和完善中国特色社会主义制度、推进国家治理体系和治理能力现代化若干重大问题的决定》（以下简称《决定》），《决定》指出：“建立以内容建设为根本、先进技术为支撑、创新管理为保障的全媒体传播体系。”这是我们党适应信息化社会和全媒体时代发展大势提出的一项重要任务，也体现了媒介环境的改变对国际传播的内涵提出的新要求。从传播主体来看，以政府为主体的国际传播模式逐渐向以政府为主导的多元主体模式过渡，大学、企业、智库等社会组织和个人成为国际传播过程中越来越重要的组成部

① 刘笑盈、何兰：《国际传播史》，北京：中国传媒大学出版社，2011 年，第 3 页。

② Heiz-Dietrich Fischer,John C.Merrill, *International and Intercultural Communication(2nd Edition)*, New York: Hastings House Publisher,1976,p.21.

分。“随着新媒体技术的发展和全球化的深入，民族国家的政府对国际传播的掌控能力越来越低，越来越主张通过非政府组织、跨国企业等多种行为体来实现国际传播中的国家利益。”[①]另外，在传播渠道方面，新媒体技术赋予了国际传播以时间消灭空间的更多选择，由此带来了传播内容张力的时空延展与传播受众的主体化倾向，突破了国际传播5W基本范式的局限性。“每一个国际网民都可以成为即时性信息的发布员和接收员，这对国际传播提出了非常大的挑战。”[②]传播主体的复调多音、传播受众对传播主体的反馈关系、传播环境的复杂多维等新特征，都导致了传播内涵概念因时代而流变。国际传播内涵的流变使得其外溢效能和实践价值更加丰富，对中国企业海外利益的发展与安全也提供了全新的统筹视角。

二、中西比较视野：国际传播研究的现状

国际传播作为一种传播现象，古已有之，并随着传播工具的演进而发展。相应地，学界对它的认识和把握也经历了一个渐进的过程。11世纪时，当现代民族国家形成，国与国之间开始交流之际，国际传播就已经存在了。在国际传播的早期阶段，国家之间的交流都是小规模、小范围进行的，这种活动大多是商品交换，手段也相当原始。随着国家的发展壮大，国与国之间交往的形式与手段也开始发生变化，规模、范围由小到大，层次也不断提高。工业社会的发展以及经济全球化生产催生了大众化的国际传播媒体，使现代国际传播成为可能。同时，两次世界大战的爆发使得国际传播更加具有了战略价值和政治意义。

（一）国际传播国外研究现状

当下，外国学者对于国际传播相关问题的研究主要可以分为以下几个方面。

1. 新技术面向的国际传播

现代媒介技术的发展对国际传播产生了重要影响。外国学者在该领域的

① 周庆安：“当代国际传播的三重困境与策略性突围”，《中国记者》，2011年第8期，第49—50页。

② 叶皓：“公共外交和国际传播”，《现代传播》，2012年第6期，第11—19页。

研究关注可总结为两点：一是新技术对跨国媒体集团或行业的影响，二是新技术的社会作用。对于跨国新闻机构来说，互联网，特别是社交网络的出现，颠覆了传统跨国媒体的传播机制。有研究者持乐观态度，认为新媒体工具的普及会对传统跨国媒体提高报道质量有所助益；另一些则表达了忧虑，指出互联网的出现并不能改变跨国媒体集团以盈利作为首要任务，以推行本国意识形态为最终目标。新媒体的出现对国际传播中跨国媒体的影响有目共睹，其双刃剑的特征也仍然被激烈讨论。新技术除了向跨国媒体机构渗透之外，也嵌入了大众的日常生活。如印度尼西亚妇女使用博客进行自我表达、马来西亚青少年利用在线视频参与社会抗争、受灾难民利用 YouTube 平台募捐。值得注意的是，对于新技术的社会作用的研究，通常以发展中国家和西方新媒体平台为对象，研究结论大多是称赞新媒体的赋权功能，指出它帮助受众获得知识、表达权、行动力，并由此推动社会运动和革新。可以说，整体研究思路沿袭了以现代化理论为基础的“发展传播学”①，这方面的核心理念认为新媒体的普及传播了关于“现代化”的知识和价值观，引导发展中国家实践西方国家的现代化历程。而对新技术的崇拜迷思，其背后以西方工业化、信息化为主导发展传播学的价值观，以及对新技术社会影响力的乐观估计或许值得学界进行反思。但值得一提的是，新冠肺炎疫情背景下，新技术对提升我国国际传播能力中的渠道和平台建设具有比以往更加突出的作用。

2. 跨文化面向的国际传播

这一类国际传播研究主要以服务于现代国家公共外交需求和跨族群政治战略需求为目的。“公共外交”指由一国的政府为了实现本国的国家利益，对国外民众展开的旨在创造有利于本国的国际环境的外交活动。为了取得他国政府和民众深层次的理解和支持，公共外交策略必须将本国文化和价值观融入传播内容中。Buhmann 和 Ingenhoff 提出了国家形象建构的“四维模型”，通过功能、规范和美学三个维度的公共外交来取得其他国家“感”维度上的理解与支持。②其中，规范维度指国家的价值观、行为

① 吴靖：“批判的国际传播研究：传播媒介在全球政治、经济与文化秩序中的角色”，《全球传媒学刊》，2016 年第 2 期，第 43—63 页。

② Buhmann, A., & Ingenhoff, D., “The 4D Model of the country image:An integrative approach from the perspective of communication management”, *International Communication Gazette*, Vol.77, No.1,2015,pp.102–124.

准则，美学维度则指国家的文化与传统，在公共外交策略中，这些内容的传播被认为与一个国家的政治立场、经济实力的展现同等重要。在跨族群传播研究中，穆斯林群体/伊斯兰文化与美国等西方国家的文化碰撞是研究的重点之一。亨廷顿 1996 年提出的“文明的冲突”理论被认为在当今时代得到了证实[①]，西方媒体以“他者”身份、“恐伊”（Islamophobic）话语框架来塑造穆斯林群体和伊斯兰宗教，使大众对该群体的评价以负面为主，甚至“反穆”（anti-Muslim）情绪高涨[②]，继而使群众更加支持政府对穆斯林群体实施更严厉的政策。[③]另一方面，也有学者为伊斯兰世界的反美情绪感到忧心，提出美国政府应当从公共外交入手，与穆斯林进行真诚对话，缓和该群体对西方的不满。[④]公共外交和跨族群传播表现出了对国家、民族文化的建构、传播的关注，这在一定程度上打破了国际传播的研究界限，使其转向以“误会—认同”为导向的跨文化传播。[⑤]身份理论、文化理论的引入表明国际传播的目的已不再是简单地传递信息、立场或经济实力，而是更深层次的观念和文化上的交流与传播。取得异文化成员的理解和认同，将是提升国际传播效果的重要任务，因此，我国国际传播策略制定要以文化为核心因素之一，进行相关调整和完善。

3. 非西方化范式的国际传播

随着发展中国家的逐渐崛起和国际传播研究在全球范围内的不断扩大，国际传播理论范式也开始了多元化的发展路线。首先是“传播与国家发展范

---

① Shaw, I. S. , “Stereotypical representations of Muslims and Islam following the 7/7London terror attacks: Implications for intercultural communication and terrorism prevention” , *International Communication Gazette*, Vol.74, No.6,2012,pp.509–524.

② Harifi, M., Ansari, N., & Asadollahzadeh, M. , “A critical discourse analytic approach to discursive construction of Islam in Western talk shows: The case of CNN talk shows” ,.International Communication Gazette, Vol.79, 2015,No.1, pp.45–63.

③ Brinson, M. E., & Stohl, M. , “Media Framing of Terrorism: Implications for Public Opinion, Civil Liberties, and Counterterrorism Policie” , *Journal of International & Intercultural Communication*, Vol.5, No.4,2012, pp.270–290.

④ Comor, E., & Bean, H. , “America’s ‘engagement’ delusion: Critiquing a public diplomacy consensus” , *International Communication Gazette*, Vol.74, No.3,2012, pp.203–220.

⑤ 姜飞：“跨文化传播研究的思想地图与中国国际传播规划的转向”，《暨南学报哲学社会科学版》，2016 年第 1 期，第 83—95 页。

式”。斯巴克斯（Colin Sparks）的《全球化、发展和大众传播》一书实际上为我们构建了一种全球化时代的发展传播学。[①]20 世纪 60 年代，落后国家如何发展是个严峻的问题。外国学者尤其是西方学者们把不发达国家应如何充分利用大众传播媒介的影响来促进国家的发展，看作是一个亟待解决的问题。施拉姆（Wilbur Schramm）在《大众传播媒介与国家发展》[②]一书中指出，国家需要发展，而媒介能加速其发展进程。他概括了大众传播对发展中国家社会发展的作用，并反复论证和强调了信息传播对国家发展的重要性。但事实上，发展传播研究并没有解决国际传播中的本土问题。值得庆幸的是，中国学者很早就意识到了这个问题的关键。“发展传播学是在世界分为南北贫富两极的历史格局内，以研究第三世界传播与发展问题为对象，以维护这种格局即资本国际统治为宗旨的理论。它实际上也是从殖民理论脱胎而来的。勒纳（Lerner）曾宣称，西方模式具有世界的通性，由此出发，他把现代化简化为直线的过程，认为第三世界的发展可以不顾传统。”[③]其次是“文化帝国主义范式”。20 世纪 70 年代，在美国国际传播学界出现了以赫伯特·席勒（Herbert Schiller）为代表的批判学派。随着“文化帝国主义”概念的提出，一批欧美批判学派的国际传播著作相继问世，对国际上的世界信息和传播新秩序争论产生了重要的影响。“文化帝国主义”探讨的核心问题是，西方发达国家如何通过文化输出对不发达和欠发达地区实现文化霸权和文化控制。由于关注国际文化生产与流通过程中的不平等结构以及由此形成、扩大和加强了跨国支配，文化帝国主义理论也被用来分析西方国家尤其是以美国为首的跨国传媒公司。在 1976 年出版的《传播与文化支配》（*Communication and Cultural Domination*）一书中，席勒指出，美国大型跨国公司与美国的军事和政治利益相得益彰，出于追求利润的目的，正在摧毁南方发展中国家的文化自信，造成了发展中国家在传播硬件、软件以及媒体上对美国的依赖。“文化帝国主义范式”的理论研究让全球看清了由西方主导的国际传播中存在的“信息单向流动”的本质，引起了发

① 邓正来：“全球化时代的发展传播学评 Colin Sparks《全球化、发展和大众传播》”，《传播与社会学刊》，2009 年第 10 期，第 8—12 页。

② Schramm.Wilbur, *Mass Media and National Derelopment:The Role of Information in the Developing Coantries*, Stanfonl:Stanford University Press,1964, p.84.

③ 支庭荣：“由盛而衰的发展传播学”，《新闻大学》，1996 年第 4 期（冬季号），第 4—7 页。

展中国家学者的警觉。最后是非西方化研究范式。在当今时代，随着不同国籍、不同文化背景、不同生活经验的研究者的加入，以往被奉为经典的西方国际传播学理论也逐渐受到了全球化的拷问，来自东方和全球南方[①]的研究经验正在逐渐受到重视。近些年来全球国际传播期刊如“非洲的大众传播：经验与理论的阐释”（Popular communication in Africa: an empirical and theoretical exposition）一文中提到：“通常情况下，西方学术研究往往决定谁将被包括在内，谁将被排除在外，有时这并不总是与所产生的学术质量有关。”[②]又如“媒体多元化：走向‘超越西方’的比较媒体研究新框架”（Media Pluralism Redux: Towards New Frameworks of Comparative Media Studies “Beyond the West”）一文认为：“对媒体政治关系的评估必须考虑到全球不同地区普遍存在的正式和非正式政治的多样性。”[③]在传播哲学层面，Gunaratne提出将佛学整体的、循环的哲学观念引入传播学研究；[④]Chasi等人则提出全球南方的经验不应当被西方主流研究所无视，而是应当打破西方理论范式的框定，勇于提出自己的见解。[⑤]在新闻理论层面，有英国学者反思了西方启蒙运动奠定的以堆砌实证材料为“真实”的新闻理念，认为缺乏精神性、从人性层面解读的新闻并不“真实”，并呼吁引入东方哲学，特别是印度宗教哲学来完善新闻理论；[⑥]另有学者指出，非洲独特的殖民地背景和地区文化让记者对真实性、客观性的理解与西方不同，因此遵循的新闻

---

① 在学术研究和国际政治领域，“全球南方”（Global South）是一十分常见的概念，多用来指中低收入国家，其地理位置多位于地球南部，与之相对的“全球北方”（Globe North）则代指高收入国家，其地理位置多位于地球北部。

② Admire Mare, “Popular communication in Africa: an empirical and theoretical exposition”, *ANNALS OF THE INTERNATIONAL COMMUNICATION ASSOCIATION*, Vol.44, No.1,2019, pp.81–99.

③ Paula Chakravartty & Srirupa Roy, “Media Pluralism Redux: Towards New Frameworks of Comparative Media Studies ‘Beyond the West’”, *Political Communication*, Vol.30, No.3,2013, pp.349–370.

④ Gunaratne, S. A., “Globalizing communication/journalism, ending fragmentation within philosophy, and analyzing history as life-spans in samsara”, *International Communication*, Vol.77, No.5,2015, pp.411–438.

⑤ Chasi, C., & Rodny-Gumede, Y., “Smash-and-grab, truth and dare”, *International Communication*, Vol.78, No.7,2016, pp.694–700.

⑥ Martinisi, A., & Lugo-Ocando, J., “Overcoming the objectivity of the senses: Enhancing journalism practice through Eastern philosophies”, *International Communication*, Vol.77, No.5,2015, pp.439–455.

理念也有很大差异，而西方的新闻研究很大程度上并不适用于非洲本地新闻研究。[①] 当下，全球学界一方面对西方哲学和研究范式进行反思，另一方面，亚洲、非洲等发展中国家地区的研究者提出了以东方和全球南方哲学思想、理论范式充实国际传播研究，渴望得到真正意义上的思想理论的平视和对话。

（二）国际传播国内研究现状

当下，中国学者对于国际传播相关问题的研究主要可以分为以下几个方面。

1. 国际传播的本土化思想研究

吴飞认为："国际传播研究的中国式建构总体呈现以下几个特点：一是中国学者对西方理论进行改造，热点比较集中；二是中国学者利用本土智慧构建全新理论，亮点不断涌现。理论是本土的，但其关怀却是全球的。"[②] 黄旦认为，在"全球化作为分析和研究的对象"这个层面上，中国的新闻传播者对于西方媒介集团的最新进展以及可能带来的后果所表现出的关切以及警惕是有道理的，但这样的眼光在一定程度上也会限制研究者的视野，进而影响到对于全球化更为全面的理解。他指出，积极应对挑战，不能立足于堵，而是要做全面开放和竞争的准备，要了解、利用和适应规则，下决心建立一个开放、有竞争力的新闻传播体系。因此，随着信息传播的全球化，我们需要重新确定我国国际传播的策略。[③] 中国国际传播的思想基础表现在区别于西方的传播理念。这一理念不仅是中国国际传播学者始终坚持的思想原则，更是中华文化的精神内核。"传播不仅是文化的组成部分，更是涵盖和贯穿文化的决定力量。"[④] 吴玫以辩证的立场，从传播理念和辩论文化差异的角度指出了中西方不同的观点的交流方式，并提出中国人应该学会用西方人的辩论方式据理力争，以斗争求得团结与和谐。要想在国际舆论中建立中国的

① Skjerdal, T. S., "The three alternative journalisms of Africa", *International Communication*, Vol.74, No.7,2012, pp.636–654.

② 吴飞：《国际传播的理论、现状和发展趋势研究》，北京：经济科学出版社，2016 年，第 125 页。

③ 黄旦："全球化：中国新闻传播学者的理解和建构"，《新闻记者》，2002 年第 11 期，第 3—7 页。

④ 吴予敏："交汇点或分水岭：传播研究的文化观念"，《南京社会科学》，2019 年第 3 期，第 97—107 页。

话语权，中国必须首先意识到其“和谐”传播交流传统与西方文化的差别。对于有争议的问题，中国必须学会用西方的文化传播方式来影响西方，这是与西方竞争话语权的首要前提。①姜飞认为：“新时代中国的国际传播思想根植于对上述国际传播历史和研究的反思，提出要以我为主，融合中外话语体系，推进国际传播能力建设，并力促世界文明的交流互鉴，而多样、平等和包容成为超越各种霸权主义的价值高地。”②

2. 以媒介为中心的国际传播研究

传播媒介向来是国际传播研究的重点，当前的国际传播研究从传统媒体到新媒体均得到学者的关注，研究视角有所扩大，提出了新概念、新问题。任玥、李智研究了对外新闻传播的跨语言书写，基于梵·迪克（Dijk J. V.）在《作为话语的新闻》中提出的“新闻图示”概念，发展出“新闻话语图示”概念，并阐发其所蕴含的双重书写维度，提出改进和完善涉外新闻文本书写的建议。③黄晓勇、薛翔认为新闻摄影作品在国家形象呈现及其视觉修辞实践过程中占有重要地位。中国的国际传播在视听媒介方面的研究集中在电影、电视剧、纪录片等领域。④王魏认为，影视剧可以在“润物细无声”中向观众传达文化传统、价值观念、意识形态、政治理念，在国际传播中发挥越来越重要的作用。⑤还有学者研究了中国影视剧对外传播的“和合”思想、中国影视国际传播力提升的创新理念、大运河题材影视作品的国家形象建构与传播、国际传播视阈下抗战电影的叙事维度、中国电影的域外叙事与国家形象塑造、中国首部科幻大片《流浪地球》在国际主流媒体和社交媒体的传播

---

① 吴玫：“国际传播：以辩证求和谐”，《全球传媒学刊》，2008 年第 3 期，第 8—12 页。

② 姜飞：“发展中的中国国际传播思想及其世界意义”，《出版发行研究》，2019 第 11 期，第 70—76 页。

③ 任玥、李智：“新闻的“话语图示”——论对外新闻传播中的跨语言书写”，《国际新闻界》，2020 年第 10 期，第 86—98 页。

④ 黄晓勇、薛翔：“西方三大通讯社的中国主题摄影作品：视觉修辞的视角”，《现代传播（中国传媒大学学报）》，2020 年第 3 期（总 42 期），第 101—106 页。

⑤ 王魏：“中国影视剧海外传播作用分析”，《中国广播电视学刊》，2020 年第 9 期，第 85—88 页。

效果等。[①] 张梓轩、邵鹏、吴志远和张同道等学者关注到纪录片的国际合拍是一种融合自塑与他塑的国家形象塑造方式，合拍纪录片可以“他塑”中国形象的共情叙事与共情传播方面的独特性，外籍在华人士拍摄纪录片可以促进外宣合作与共情传播能力。在新媒介技术全球化发展的背景下，社交媒体平台的兴起和发展改变了传统的信息传递和接收模式，为国际传播提供了新思路。邵云、汤景泰、师文等分别以脸书、推特为研究对象，探讨如何利用社交媒体的传播特点更好地达到提升城市国际形象的目的，张毓强、李习文、刘朝霞、潘皓、张红芸、田玉霞等集中发力，探讨“李子柒短视频现象”。在当前中国的国际传播实践中，媒介是提升国际传播效能，实现文化间沟通、民心相通的重要路径。

3. 服务于国家利益需要的国际传播研究

刘建平认为，美国公共外交的经验给我们的启示是，必须在建立有效的传播外交基础上，完善和架构全球化时代的中国国际传播战略。中国要在全球化时代的国家间竞争中取得有尊严地获取利益，就必须能够有效地传播自主观察世界、有效解释自我的知识与思想，建立国际传播的交流平衡，努力避免处于被微观、被解释的反传播地位。[②] 在以国家利益为最高原则这一问题上，张昆等提出了国际传播的“五级瀑布模式”。他认为，随着国际关系的发展、信息的膨胀和媒介权力的提升，媒介在外交政策中的地位不断升级。传统上的秘密外交、精英外交转变成了媒体外交、公共外交。这样，外交决策体系就由多个级别组成，成为信息流通和决策传输的“五级瀑布模式”。其中，第一级是“社会经济精英”，第二级是“政府—政治系统”，第三级就是大众传播媒介系统，第四级是民意领袖，第五级是公众。[③] 刘小燕则提出了“国家对外传播＝国家（对外）行为＋解释国家（对外）行为”这一框架，她将“国家对外传播的载体”框定为国家的政治外交、军事外交、文化

① 刘爽、张昆：“紧随时情、议题多元：当前中国国际传播研究现状”，腾讯网，2021 年 12 月 1 日，https://new.qq.com/omn/20220121/20220121A0247V00.html（检索于 2022 年 3 月 24 日）。

② 刘建平：“从美国的公共外交认识国际传播”，《新闻与传播》，2010 年第 12 期，第 42—53 页。

③ 张昆等：“国际传播中国家利益实现的可能性”，《北京大学学报》，2006 年第 6 期，第 10—12 页。

外交、经济外交、能源外交、体育外交以及舆论外交（包括媒体外交）等，这与传统上将大众传媒作为国家对外传播载体的认知有所不同。[①] 这些新的认识与思考，充分体现了全球化时代的中国探讨，对我国国际传播战略的调整与制定都有非常积极的意义。

三、任重而道远：我国国际传播成就与挑战

近年来，随着党中央外宣工作不断推进，我国国际传播也积累了丰富的实践经验，国际传播布局趋于合理化，资源整合效率不断提升，战略传播能力取得重点突破。具体表现在：一是以政府推动为主力的国际传播主体联合效应明显。中央和地方政府积极推动国际传播顶层设计和传播平台的双边搭建，国有和私营企业在民族品牌的海外宣传方面主体意识日益增强，智库和非政府组织在国际传播格局中的地方性实践能力显著提升。二是以“人类命运共同体”为叙事核心的国际传播内容辐射式引申。中国故事主题覆盖政治、经济、文化、生态等多领域，中国故事内容涵盖古代传统文化、改革创新文化、制度价值文化等多维度，中国故事叙述包括政务宣传、文学描述、日常科普等多形式。三是以数字技术为支撑的全媒体国际传播渠道更加多元化。以中央和地方电视台以及主流报刊为代表的官方媒体积极承担着理念传播者、合作推进者和舆论引导者的历史责任，以网络新媒体技术为支撑的非官方媒体主动扮演着理念践行者、合作实施者和舆论制造者的正面角色，以科学家、思想家、企业家为代表的知识型意见领袖主动承担着理论创新者、专业阐释者和知识普及者的顾问角色。

我国国际传播实践任重而道远，总结来看，其中主要的挑战来自三个方面：首先，西强中弱的国际舆论格局。“他塑”中国形象是西方世界理解中国的基本法则，然而，这种基于意识形态的“他塑”也造成了我国在国际舞台上长期处于失语状态。一方面，我国国际舆论议程设置能力匮乏，导致只能被动回应负面议题，缺乏主动制造议题的大局意识；另一方面，我国话语权争夺缺乏战略理论和实践方法，长期“话语游击战”并不能形成制度层面被其他国家认同的共同理念。据 2014 年相关调查称，中国媒体关于国际事

---

① 刘小燕：“国家对外传播载体解析”，《国际新闻界》，2009 年第 9 期，第 29—34 页。

件报道约 80% 来源于美国媒体的相关报道[①]，尽管我国部分省级国际频道高度重视新闻节目在引导国际舆论、争夺国际话语权中的重要性，但所取得的成效仍不明显。其次，文化差异的信息沟通障碍。人是悬在由他自己所编织的“意义之网”上的动物。透过这张由人们所编织的“意义之网”，背后是国家、民族、地区的不同文化，世界因文化的差异而丰富多彩，但是，不同的宗教、历史、文化也造成了国际传播中的沟通障碍。中国传统遵循“万物负阴而抱阳，冲淡以为和”的中庸辩证法理念，西方则遵循“非我即他”的二元对立形而上学思维，这必然导致双方文化接触中的冲突和难题。另外，传播受众国在历史、文化、宗教等方面的差异也会导致信息沟通障碍。最后，政策阻隔的地方保护主义。近年来，发展中国家地方保护主义不断抬头，当地政府和集团出于自身发展和利益需求，通过出台硬性规定如贸易保护政策等排斥与中国进行政治、经济和文化交流，有些发展中国家受到“选边站”思维的影响，为了表示亲近西方主流舆论的态度，拒绝接受我国一切传播信息，这就导致许多大型基础设施项目的搁置，最终造成资源的浪费和对中国形象的负面影响。

除了这些外部挑战，我国国际传播也存在一些内部结构性问题，如：传播格局顶层设计系统化不足、传播理论中国化特色不明显、传播主体跨域合作尚在探索、传播内容本土化改造能力有待增强、传播效果评估体系需继续完善等。

第四节　国际传播赋能海外利益的价值与意义

我国海外利益是国家利益的重要组成部分，也是国家利益的海外延伸。国际传播的根本原则是维护国家利益，维护我国海外利益是维护中国国家利益的重要部分。“国家利益至上”是我国国际传播最根本的战略原则。何谓国家利益？西方学者阿姆斯特茨（Mark R. Amstuts）的解释是：“国家利益

① 翟慧霞：“皮尤调查特点及国际舆论引导——以近三年美国皮尤全球调查周边国家民众对华认知为例”，《对外传播》，2015 年第 1 期，第 24—26 页。

的概念通常指国家相对其他国家而言的基本的需求和欲求。”[①] 我国学者王逸舟对国家利益的定义是：“指民族国家追求的主要好处、权利或受益点，反映这个国家全体国民及各种利益集团的需求与兴趣。”[②] 阎学通对国家利益的界定是：“一切满足民族国家全体人民物质和精神需求的东西。在物质上国家需要发展与安全；在精神上国家需要国际社会的尊重与承认。”[③] 随着全球化的发展，国内政治的国际化和国际政治的国内化相互作用，国家利益的内涵和外延也在逐渐拓展，保护中国海外利益安全，促进中国海外利益的可持续发展是国际传播指导实践的重要使命。

作为“一带一路”建设的“排头兵”，我国海外项目常常成为舆论发酵的旋涡中心。2008 年 3 月 15 日，知名英文杂志《经济学人》在封面上刊登了这样一幅图片：一群人骑着骆驼、举着中国国旗，正从沙漠中穿越而来，封面标题则是显眼的黑体英文——The new colonialists（新殖民主义者）。该图片意为：中国对非援助和投资实际上是为了获得非洲资源尤其是石油资源，以此为中国强行披上了殖民者的外衣。“殖民化”的噱头深深地刺激了发展中国家的苦难历史记忆，不仅从宏观上影响了中国与非洲地区国家交往的合作化进程，也让中国海外利益随时面临风险与威胁。又如，中国旨在提高“一带一路”沿线国家基础设施水平的合作项目，被曲解为中国在其中“必定存在地缘政治的考量”。[④] 我国海外投资项目成为国外敌对势力和当地反对项目的民众攻击、打压中国的借口，导致中国海外利益受到严重损害，多个合作工程项目未能如期进行，海外人员人身安全面临威胁。类似的风险案例如华为孟晚舟事件、缅甸密松水电站停建、五矿秘鲁邦巴斯铜矿资源冲突等。这些风险事件对我国海外利益的发展与安全造成了巨大的损失，很多损失在一定程度上是由于中国海外利益舆论预警能力不足、传播能力不够以及与当地沟通不畅所造成的。可以看出，国际传播对我国海外利益发展与安全具有重要影响，是总体国家安全观下实现我国海外利益可持续发展的一部分，

---

① Mark R .Amstutz.,*International Conflict and Cooperation*,Boston:McGraw Hill,1999,p.84.

② 王逸舟：“国家利益再思考”，《中国社会科学》，2002 年第 2 期，第 160—170+208 页。

③ 阎学通：《中国国家利益分析》，天津：天津人民出版社，2001 年，第 43 页。

④ 欧亚、任远哲：“新冠肺炎疫情下的‘一带一路’：国际舆情与应对策略”，《国际传播》，2020 年第 4 期，第 12—16 页。

也是打造与我国海外利益相匹配的软实力必然要求。从传播学 5W 内在传播机制的角度看，国际传播赋能海外利益的价值与意义主要有以下几个层面。

一、政策机制层面：从宣传到战略

2021 年 5 月 31 日，在中共中央政治局关于加强我国国际传播能力建设学习会议上，习近平总书记发表重要讲话，提出“构建具有鲜明特色的战略传播体系，着力提高国际传播影响力、中华文化感召力、中国形象亲和力、中国话语说服力和国际舆论引导力”。我们党历来重视对外传播工作，这一次领导人主持会议的召开是自党的十八大以来，我国对构建多主体、全方位的大外宣格局的再一次重申，并将其重要意义提升到战略层面。这意味着争取国际话语权成为政府工作的重点之一，意味着营造有利的外部舆论环境正式进入政府重要议程，更意味着构建具有中国特色的国际传播体系迫在眉睫。将国际传播从宣传维度提升到战略意义的关键在于挖掘国际传播赋能海外利益发展与安全的着力点。政策机制是国际传播赋能效果得以彰显的基础，也是我国海外利益最直接的保障。

聚焦国际传播赋能海外利益的重要载体和实施对象之一——海外中资企业。自国家推出“走出去”战略和一系列方针政策以来，增加企业的国际化意识，改进企业的传播能力，帮助企业更好地融入当地环境成为政府工作中的重要方面。“一带一路”倡议的实施，让这些利好政策更加集中且系统化。在“中国一带一路网”和“走出去公共服务平台”等政府主导的官方政策平台，为中国企业“走出去”提供相关政策支持和营商信息，如：为企业了解投资对象国的基本国情和当地环境的《“一带一路”国别投资指南》①，该指南中涉及引导企业与东道国当地政府、公众建立有效双边沟通机制的对策建议；为企业熟悉投资对象国社会舆情进而避免相关风险的《境外中资企业机构和人员安全管理指南》提到：“通过积极回馈社会，主动承担起相应的社会责任，为当地社会做出适度的贡献而获得多方认可，通过各项具体措

① “‘一带一路’国别投资指南”，一带一路网，2021 年 11 月 23 日。2021—11—23.https://www.yidaiyilu.gov.cn/zchj/zcfg/54355.htm（检索于 2022 年 1 月 15 日）。

施，树立良好的社会形象，收到良好的社会效益。”[①]

二、传播主体层面：从一元到多元

国际传播主要行为体经历了从一元（政府）向多元（政府、企业、其他社会组织、个人）的演变。[②]

（一）政府

其中，政府是国家意志的代表，是最强势的传播主体，也是国际传播中的核心主体。它所传播的信息具有最高权威性，可以在一个国家、地区甚至整个世界形成一致性注意，并形成影响较大的世界舆论，对我国海外利益的发展具有巨大的推动作用。政府包括母国政府和东道国政府。

1. 母国政府

母国政府是制度层面推进我国海外利益发展与安全的重要保障，也是国际传播中最具权威的主体。对于新兴市场国家的对外投资与海外利益拓展而言，国有企业是重要的参与者，大量国有企业的国际化背后往往有政府参与的因素。母国政府通过介入国有企业与东道国政府的沟通互动，降低国有企业的海外投资风险。事实上，中国海外投资面临较高的“外来者劣势”，但对于海外的重大投资项目以及获取关键战略资源的并购，中国政府将代表企业与东道国政府“接触”，提升企业的议价能力，促进交易的完成。[③]而当我国海外项目面临舆论风险和无端指责时，中国政府则是影响国际舆论场形成的最高代表。中国外交部声明：“中国政府一贯鼓励中国企业在遵守国际规则和当地法律基础上开展对外经济合作，我们也希望有关国家能够为中国企业投资、经营、合作提供公平、透明和公正的环境，不要再出于其他目的

---

① “境外中资企业机构和人员安全管理指南”，商务部对外投资和经济合作司，2018 年 3 月 21 日，http://fec.mofcom.gov.cn/article/jwaq/article02.shtml（检索于 2021 年 11 月 23 日）。

② 程曼丽：《国际传播学教程》，北京：北京大学出版社，2005 年，第 51 页。

③ Buckley P J,Cleg L J,Voss H,et.al., “A retrospective and agenda for future research on Chinese outward foreign direct inverstment”, *Journal of International Business*, Vol.14,No.3,2017,pp.1–46.

为中国企业的正常运营设置不必要的人为障碍。”[①]

2. 东道国政府

东道国政府是他国权威代表，是国际传播中的主动性受众，与传播主体（包括中国政府和海外中资企业等）的互动关系一定程度上影响了我国海外利益的发展与安全。跨国公司进入东道国以后，其母国文化传统不可避免会和当地文化产生冲突。无论是道德观念还是宗教信仰，跨国公司在当地的出现都有一个适应和被当地人接受和认可的过程。这一过程往往不是一帆风顺的。西方学者爱德华·格莱汉姆（Edward M. Graham）《全球性公司与各国政府》中指出，国家优先权及目标并不一定与企业相一致。依附论重视企业所有权的根源，将跨国公司看成帝国主义进行经济剥削的一种新形式。[②]中国海外利益的行动者，中资企业的进入可能会对东道国一些竞争力不强的企业形成压力，但这只是投资效应的次要方面。中国海外利益的拓展，不是为了掠夺东道国资源、破坏当地环境、攫取不正当利益，而是通过投资，力争实现与投资所在地的合作共赢与共同发展。然而由于复杂的东道国政治局势以及多党执政等政治体制的差异，东道国政府常常成为影响国际传播整体效能的关键一环，有时甚至因其权威性言论会威胁到我国海外利益的发展与安全。以菲律宾北铁项目被判终止为例，菲律宾反对派公开发表言论质疑中国项目招标过程不合规、项目建造费用过高、项目涉嫌贪污等，这三点指证并没有强有力的证据，但在菲律宾媒体连续进行负面报道的发酵后，却造成了强大的舆论效果，致使北铁项目在迫于民众压力的情况下最终流产，使中非合作关系受到损害。但是，我们也应注意到东道国政府官员的正面言论在客观上对中国形象的宣传具有重要作用。例如，在美国国务卿蓬佩奥指责中国在斯里兰卡制造“掠夺性债务”言论时，斯里兰卡总统戈塔巴雅表示，自2009年内战结束以来，中国一直在帮助斯里兰卡发展基础设施，没有“债务陷阱”问题。斯里兰卡的外交政策建立在中立基础上，在对外交往中始终

---

① “关于对华为的‘担忧’外交部回应了”，《人民日报》，2018年12月11日，https://baijiahao.baidu.com/s?id=1619525533046413513&wfr=spider&for=pc（检索于2021年12月21日）。

② [美]爱德华·格莱汉姆:《全球性公司与各国政府》，北京：北京大学出版社，2000年，第86页。

坚持独立和拥有主权，无论在什么情况下都不会为了维护外交关系而牺牲国家独立、主权和领土完整。①

（二）国际组织团体

除了东道国政府，一些全球性、地域性的国际组织，如联合国、世界贸易组织、“一带一路”国际合作发展基金委员会等在世界范围内享有较大影响力的传播主体，也会影响中国海外利益的发展与安全。但是，也要注意非政府组织同样也是世界权力博弈的平台，是多种声音竞争的场域。当前大部分国际组织是二战后由西方国家主导建立起来的，带有鲜明的西方中心主义色彩。在重大国际问题发生时，西方国家往往以国际组织为平台，通过一套显著或隐晦的“制造国际共识”机制，霸占话语权制高点，引导国际舆论，进而谋求西方国家的不正当利益。② 例如，世界卫生组织是联合国下属的专门机构，是全球卫生治理的重要协调者。世卫组织在疫情突发初期提出对中国实验室进行病毒溯源调查，以响应某些西方国家的“实验室病毒源头论”。这不仅损害了中国形象，也误导了国际社会对新冠肺炎疫情的科学认知。又如，缅甸信息管理协会的数据显示，截至 2017 年 3 月，在缅甸注册的本地非政府组织（LNGO）有 164 个，国际非政府组织（INGO）有 132 个，社团/社区组织（CESO）有 21 万多家。但实际数量远不止这些，据不完全统计，有约 1000 个 INGO 在缅甸开展活动。部分 INGO 受限于缅甸官方机构繁杂的行政批复程序、管制条例，并没有进行官方注册，其中有些 INGO 以企业子公司身份进行注册，以使自身在缅活动合法化。近年来，在缅甸 INGO 的活动涉及多个领域，包括政治、经济、法律等，其撰写的许多调查报告主导了人们对缅甸的了解与认识。这些 INGO 的进驻给缅甸带来资金、项目和工作岗位，在为缅甸的民主转型提供技术指导和资金支持的同时，也在一定程度上影响了缅甸社会对我国在缅合作项目的看法。对于中资企业而言，在缅

① “斯里兰卡总统反驳关于中国‘债务陷阱’言论”，《人民日报》，2020 年 10 月 9 日，https://baijiahao.baidu.com/s?id=1681879801768068840&wfr=spider&for=pc（检索于 2021 年 12 月 21 日）。

② 吴瑛、乔丽娟：“从制造共识到重构共识：提升中国声音在国际组织的影响力研究”，《社会科学》，2021 年第 11 期，第 28—39 页。

甸 INGO 对项目的质疑与反对，极大阻碍了许多中缅合作项目的顺利进行。①面对在缅甸国际非政府组织掀起的舆论风波，通过国际传播赋能我国海外利益化解舆论危机，是在缅开展合作及维护中国海外利益的重要内容。

（三）个人

个人也是国际传播中的主体之一，在互联网技术赋能支持下，个人成为中国海外利益发展与安全中不可或缺的一员。尤其是以专家学者等具有相关领域权威性和影响力的“意见领袖”为代表。意见领袖，是指活跃在人际传播关系网络中，经常为他人提供信息、观点或建议并对他人施加个人影响的人。②“意见领袖”研究来源于保罗·拉扎斯菲尔德开展的“伊里调查”，调查主要围绕媒介对当时美国大选所产生的作用进行。调查结果显示，舆论传播往往先影响意见领袖，再通过意见领袖影响到其他人。在信息的“两级传播”中，意见领袖起到了举足轻重的作用。在互联网空间，“意见领袖”成为连接个人与社会、线上与线下的中介平台，有时甚至左右舆论走向。在充分认识到“意见领袖”的影响力作用后，中国海外利益的发展与我国国际传播配套实施，积极践行“形象走出去”战略，主动邀请国外相关意见领袖免费参观体验，让国外民众身临其境地见证到中国先进的科学技术和管理经验后，发挥其个人舆论影响作用，影响社会群体对中国海外合作项目的整体评价。从海外利益的重要行为体——海外中资企业来看，企业创始人（一把手）、企业新闻发言人、企业国际传播部门、企业驻外员工也是构成国际传播的主体。③

总之，在中国海外利益安全保护和可持续发展过程中，其国际传播的行为主体不仅局限于政府、社会组织、个人或者企业同盟，在海外中资企业内部拥有多重身份的外籍员工合作者等也是国际传播主体中的一分子。因此，思考如何整合传播主体资源，在“人人参与、人人尽力、人人享有”的共享发展理念下，如何激发全社会传播主体共同促进国际传播对中国海外利益的

① 丁琪琪：《国际非政府组织对中资企业投资缅甸能源行业的企业行为影响研究》，昆明：云南财经大学，2020 年，第 29 页。

② 郭庆光：《传播学教程》，北京：中国人民大学出版社，2003 年，第 189 页。

③ 靳旭鹏：“中国企业国际传播的四大传播主体”，《对外传播》，2021 年第 8 期，第 51—52 页。

发展与安全，是未来将关注和研究的重要问题之一。

三、媒介平台层面：从官方到全域

融媒体时代，媒介资源高度丰富，为国际传播提供了更加多样化的传播手段和传播场景。以技术为驱动的媒介融合恰好与世界政治经济权力转型的过程形成耦合，由此加深了当前国际传播媒体格局重构过程的复杂性。[①] 一方面，西方国家试图通过传统媒体和新兴媒体平台的抢先搭建，以及技术资源的垄断，继续控制国际话语体系，但另一方面，随着以发展中国家为代表的全球新兴经济体的崛起，获取世界话语权成为普遍诉求。例如，“今日俄罗斯”国际新闻平台在与 BBC、CNN 的舆论对抗过程中，已经成为打破英语媒体西方垄断的重要力量。以资金、技术、人才等为基础搭建的媒介平台已然成为新一轮软实力竞争的关键方面。自 2010 年以来，我国主流媒体拓展海外布局，初步建成了全球采编发网络，增加了对中国海外利益的全面、真实、公正、平衡和本土化报道，增进了当地民众对中资项目的了解和信任，为中资企业的国际发展创造了有利的舆论环境。同时，《人民日报》、新华社、《中国日报》、中央电视台、中国国际广播电台等国家级主流媒体也在三大社交媒体平台开设了账号，积极传播中国企业新闻。以新华社为例，2012 年开始在脸谱、推特、优兔上开设账号，试水海外社交媒体业务，2015 年初把账号统一为 New China，整合全社资源，组建专门队伍，重新调整传播策略，对冲被污名化的全球中国形象，塑造一个全面立体的负责任大国形象。同时，顺应数字媒介融合传播带来的机遇，我国积极布局海外社交媒体，拓展数字化媒体平台等传播渠道，获得了较高的国际媒体关注度。以华文媒体为例，海外华文媒体传播中华文化方式丰富，路径多样，而且更加贴近当地受众的习惯，不仅在海外华人圈中具有强大的影响力，而且对当地人也具有较强的吸引力。[②] 代表性华文媒体如新加坡《联合早报》、美国《中美邮报》、马来西亚《星洲日报》、法国《欧洲时报》等对报道中国海外项目的发展具

---

① 王润珏、胡正荣：“融媒体时代国际传播的新特点与新格局”，《国际传播》，2017 年第 5 期，第 31—36 页。

② 彭伟步、焦彦晨：“海外华文传媒的文化影响力与中国文化软实力的建设”，《新闻界》，2011 年第 5 期，第 123—127 页。

有重要意义。总之，多样化媒介平台的搭建对中国海外利益发展与安全具有重要意义，它为实现“人人都是传播者，人人都是受益者”的共享理念的落地，提供技术和媒体平台支持，通过建立相关运行机制和信用机制，促进信息共享、资源共享、渠道共享，凝聚亿万公众的力量，在发挥国家级媒体的旗舰作用的同时，以多种声音、多种方式扩大国际传播的效果。

四、传播内容层面：从广采多容到精准聚焦

“一带一路”沿线相关项目的成功开展和全球中国形象是构成国际传播内容的一部分。冷战结束后，随着国与国之间经贸往来的日益频繁和新媒体技术的不断发展，中国产业发展中的海外项目成为国际传播中展示中国形象和维护海外利益的一个重要方面，“大国工匠”与“中国制造”为世界搭建了认识新时期中国发展能力的内容交互平台。以纪录片为例，纪录片素有国家、民族的“全家福”的美誉，作为大众叙事媒介兼具真实性与艺术性，在视觉表达上更易于为不同文化背景以及意识形态的受众所接受。在中国和以色列合拍的5集系列纪录片《中国制造》中，回顾了改革开放40年来特别是在实行社会主义市场经济的20多年里，我国制造业领域取得的世界瞩目的成就。其中，《中国制造——世界工厂》一集从以色列的视角详细回顾了中国如何凭借充足的原材料资源和低廉的劳动力成本成为名副其实的“世界工厂”，改变了西方媒体中“中国制造”等同于“低质量”“瑕疵品”的歪曲宣传。纪录片《对望·丝路新旅程》第四集《永恒的通途》展现了丝路上的通信互联，我国自主创新型高科技制造企业的典范——华为公司，在智能终端设备制造、手机SOC制造及移动通信领域取得了令全球华人为之骄傲的成就。以中国企业发展为内容主题的“一带一路”题材电视纪录片将中国人民的勤劳勇敢和中华民族的工匠精神传播出去，让当地人民领略到了大国工匠精神的质朴和伟大。

第一章
总体国家安全观下的我国海外利益发展与安全

改革开放40多年来，中国与世界的互动日益密切，中国政府、企业、民间组织、公民的国际活动空间得到前所未有的拓展，延伸到海外的中国国家利益急剧扩大，海外利益越来越成为国家利益的重要部分。[①]我国海外利益的广泛出现、大量延伸和急剧增长是改革开放的一个必然结果，反映了中国与世界高水平的互动。日益增加的海外利益是中国维持与世界合作关系的重要利益纽带，也是中国坚定不移地推行改革开放战略、通过与世界紧密互动方式进行现代化建设的重要环节。

与此同时，2020年全球政治与安全形势在新冠肺炎疫情的冲击下呈现更多的冲突性和竞争性。现有的多边治理机制，在应对全球性危机时进一步凸显其短板。此外，近年来传统安全风险在印太地区越发突出，台海、南海和南亚地区的军事冲突压力持续升高，突发的全球性疫情使得公共卫生安全在全球治理中的重要性进一步提升。[②]在此背景之下，我们应更加重视海外利益的实现与维护，这不仅涉及中国与世界的关系，还涉及国内稳定和公民福利改进，体现中国在百年未有之大变局下统筹发展与安全的决心和智慧。中国作为迅速崛起的发展中大国，如何有效促进和保护不断拓展的、巨大的海外利益，是一个必须认真探讨的重大课题。

众多学者对我国海外利益的研究在内容上逐渐丰富、结构上逐步调整，但同时我国学术界对海外利益这一概念所包含的内容还存在一定的分歧。结合我国海外利益的现实情况与相关学者的研究，本文将从政治利益、经济利益、文化利益和其他利益四个方面，对新时期我国海外利益的内容进行详细论述。

---

① 汪段泳、苏长和：《中国海外利益研究年度报告（2008—2009）》，上海：上海人民出版社，2011年，第13—14页。

② 高凌云、程敏："统筹推进和加强我国海外利益保护"，《中国发展观察》，2021年第5期，第30页。

第一节　我国海外政治利益发展与安全

一、我国海外政治利益的内涵

海外政治利益是国家核心利益的重要组成部分，是一系列与国家主权、政权有关的政府境外权力，属于无形利益，其层次较高，是国家追求的长远利益与战略目标。[①] 新时期我国海外政治利益经历了一系列的发展与转变，根据海外政治利益所涉及的不同内容，可以将其细分为以下三类：维护国家主权独立和领土完整的国家生存利益；维护国家政治制度和意识形态的国家稳定利益；以及提高国家的国际地位和制度能力的国家发展利益。

随着国际秩序的演进以及新冠肺炎疫情的出现，当前世界面临的不稳定性、不确定性更加突出，中国和美国等大国进入一个战略博弈期[②]，中国的海外政治利益将会是战略博弈的重点领域之一，必然面临着诸多的风险与挑战，也就是说，中国的海外政治利益与国家政治安全相互关联、密不可分。[③]

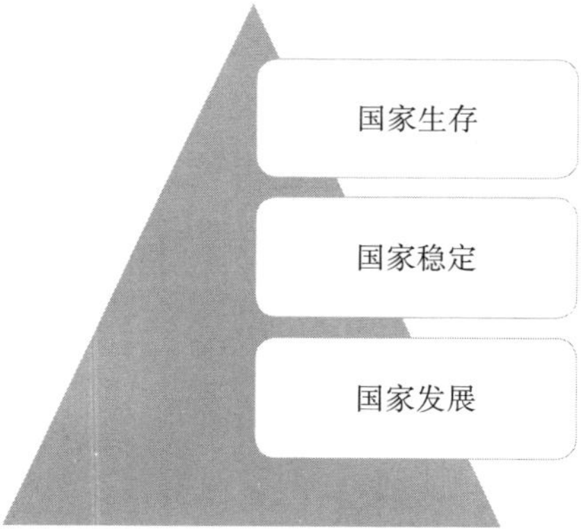

图 1–1　海外政治利益的主要内容

① 阎学通：《中国国家利益分析》，天津：天津人民出版社，1996 年，第 83 页。

② 易化："中美关系：全面对抗的时代到来了吗？"，《大江南北》，2021 年第 7 期，第 20 页。

③ 于军、程春华：《中国的海外利益》第 1 版，北京：人民出版社，2015 年，第 92—93 页。

（一）维护国家主权独立和领土完整的国家生存利益

“主权”是一个国家的根本属性，指国家在其有限的领土上独立自主地处理自己的对内和对外事务的最高权力。[①] 维护国家主权独立与领土完整，是我国海外政治利益的关键部分，也是其他海外利益得以实现和维护的基础。

新中国成立后，我国政府废除了西方国家强加给中国的一系列不平等条约，最大限度地维护了我国的国家主权。“在中国 14 个邻国中，已有 12 个邻国与我国签约划定了陆地边界，其中包括缅甸（1960 年）、尼泊尔（1961 年）、蒙古国（1962 年）、老挝（1991 年）、越南（陆地边界 1999 年）、俄罗斯（2005 年）等。”[②] 已划定的边界约占中国陆地边界总长度的 90%，为我国维护稳定的周边外交环境奠定了基石。其中中苏（俄）边界和中越陆地边界的成功划定，彻底改善了中国的周边战略形势。中国与俄、哈、吉、塔几千公里的陆地边境线一举划定，从战略上根本解除了北部漫长边界如芒刺在背几十年的后顾之忧。中越陆地边界条约的生效，使一度困扰中国周边战略安全全局的南方边界获得长治久安，同时标志着中国与邻国的陆地边界，除中印（以及中国与不丹）边界外，基本得到全面解决，从而使得中国的陆地边界获得了前所未有的安全和国际法保障。[③]

然而，我国在国家领土主权的完整、统一和安全上，仍然尚未完全实现，仍然面临着一定的政治风险。首先，为中国国内法所规定的中华人民共和国的国家领土并不完整。迄今为止，中国尚未完成与所有邻国的划界勘界，与一些周边邻国存在重大的领土主权纠纷，其中尚有大面积的中国领土，即已划入中华人民共和国版图的领土（陆地与海域），长期以来却为外国占有或者实际控制。[④] 其次，中国的国家领土主权尚未实现统一，这主要是指台湾还未统一。最后，中国国家领土主权尚存在重大的现实安全问题及安全隐患。

---

① 马小军：“中国国家领土主权再认识：完整、统一与安全”，《世界知识》，2010 年第 14 期，第 16 页。

② “外交部条约法律司司长谈中国与邻国的划界工作”，外交部网站，2005 年 8 月 31 日，https://www.fmprc.gov.cn/web/ziliao_674904/tytj_674911/tyfg_674913/t209314.shtml（检索于：2021 年 11 月 12 日）。

③ 马小军：“中国国家领土主权再认识：完整、统一与安全”，《世界知识》，2010 年第 14 期，第 16—17 页。

④ 于军、程春华：《中国的海外利益》第 1 版，北京：人民出版社，2015 年，第 92—93 页。

自新中国成立以来的中国周边外交关系总体是和平的、和睦的，但中国也曾经多次因为领土主权纠纷与邻国发生战争。如钓鱼岛及其附属岛屿自古以来就是中国的固有领土，中国对此拥有充分的历史和法律依据。但是，日本方面无视大量历史事实，声称钓鱼岛为日本的“固有领土”，在2010年爆发了“日本政府购买钓鱼岛事件”。又如2020年6月15日，印度公然违背与中国达成的共识，悍然越线挑衅，在中印边境加勒万河谷地区双方发生激烈的肢体冲突。因此，只要存在着与周边邻国的领土主权争议，中国领土主权的安全隐患就将一直存在，中国的海外政治利益也将无法得以全面保障。①

除了长期存在的隐患与风险之外，近年来，随着国际格局的变化以及网络和新技术的普及，我国的国家主权受到了新的挑战。其中包括超国家组织和机构对国内政治生活的影响，跨国公司的活动、互联网对国家有形边界的“侵蚀”、国际关系的日益制度化等等，都在不断地挤压国家主权空间。

（二）维护政治制度和意识形态的国家稳定利益

中国的发展道路即中国共产党领导下的中国特色社会主义道路。政治制度事关中国的核心利益。作为一个尊重民主和主权的社会主义国家，中国政府正在全身心地投入到社会主义的建设中，努力将中国建设成为一个富强、民主、文明、和谐美丽的社会主义国家，正积极创造公正、公平、合理、正义的社会，并且致力于参与全球治理，促进人类命运共同体的发展。②然而，在国际社会中存在着中国发展道路与西方发展道路之争，近年来中国发展取得巨大成就，西方国家为了维持西方发展道路的“正确性”地位，巩固“西方中心主义”，一直在“民主”“人权”等问题上攻击中国的政治制度和意识形态，企图降低中国发展道路在国际社会中的地位，以和平演变的方式对中国进行意识形态渗透。因此，中国坚决维护本国的政治制度和意识形态的过程，正是维护其海外政治利益的过程。

西方国家对我国政治制度与意识形态的攻击，从中国决定走社会主义发展道路到现在一直存在着。1949年新中国成立，中国和西方政治意识形态

① 胡波：“中国周边海洋形势‘近患’与‘远忧’并存”，《世界知识》，2021年第5期，第29—30页。

② 逄锦聚：“在世界百年未有之大变局中坚持和发展中国特色社会主义经济发展道路”，《经济研究参考》，2020年第16期，第94—95页。

由分歧到直接对立。美国为遏制社会主义发展，对新中国完全采取敌视政策。美国国务卿约翰·福斯特·杜勒斯在纽约发表演说，明确提出了和平演变社会主义的六项政策（1957 年 4 月 23 日）。同年 6 月他又在旧金山发表演说，明确提出要将中国和平演变的希望寄托在中国第三代或第四代身上。在杜勒斯的鼓吹下，美国的艾森豪威尔政府正式提出了“和平取胜”战略，以促进社会主义国家“内部的变化”。尤其是以贷款、贸易、科技等各种手段诱压东欧国家，促使它们向西方靠拢。罗纳德·威尔逊·里根是一位坚决反对共产主义的总统，其政府极力在社会主义内部孕育“自由的种子”，参与的组织每年可以从国会得到巨额拨款，用于向社会主义国家内的“自由力量”提供资金支持。在西方国家不遗余力的围攻中，20 世纪 90 年代国际社会主义事业进入低潮。但中国坚持走社会主义道路，其发展模式获得了巨大的成功。[①]在这种背景下，为了破坏和削弱中国的发展，西方国家扶持了藏独、东突独、台独、港独等多股反华势力，为其出资、站台，甚至直接操纵。

自新冠肺炎疫情突发至今，以美国为首的西方国家一直以“非实事求是”的态度来对待新冠肺炎病毒以及中国的抗疫成果，沉迷于人为地制造“政治病毒”，不断地攻击中国的制度，提出中国抗疫“反人权论”，企图给中国社会带来不稳定的因素。[②]在武汉刚刚封城而西方国家疫情没有暴发时，西方媒体在报道疫情相关新闻时常常提及“封城”的举措侵犯自由和人权，指责中国的抗疫是在“反人权”的情况下进行的。[③]到后来中国采用“健康码”等方式追踪人口流动所带来的疫情风险时，西方媒体则将其看作是对民众个人隐私的侵犯。按西方国家的人权理论来看，这种说法似乎显得义正词严，一下子站在了道义的制高点。实际上，在应对新冠肺炎疫情中，对政府来说，给所有人以自由的权利很容易实现，但保证尽可能多的人拥有健康权和生命权，却并不容易实现。在疫情中，政府应保证大多数人活下来作为维护人权的重点，而不是狭隘地把自由权看成唯一人权，给自己枉顾人民的健康权和生命权找借口。健康权和生命权是最基本的人权，中国是把生命安全和身体

① 李庆功：“美国的全球战略‘里根主义’”，《瞭望周刊》，1986 年第 28 期，第 32—33 页。

② 刘瑞生：“传播的‘常态’与‘变态’——关于西方对我国的疫情舆论战的解析与应对”，《世界社会主义研究》，2020 年第 5 期，第 21—26 页。

③ 程璐、黄明理：“后疫情时代西方对华舆论泛政治化批判之批判”，《中国矿业大学学报（社会科学版）》，2020 年第 10 期，第 4—6 页。

健康放在第一位的。这与中国一直强调的坚持生存权和发展权是首要的基本人权一致。在疫情防控期间，健康权、生命权就是最实实在在的人权，也是最大的人权。

以人权问题攻击中国的政治制度，破坏中国社会稳定乃至干涉中国内政等西方有愈演愈烈之势。2020 年 3 月，瑞士良好棉花发展协会（BCI）总部以中国新疆维吾尔自治区持续存在“强迫劳动”和其他“侵犯人权”行为为由，宣布无限期取消所有对新疆棉企的担保认证，将新疆棉产品列入了国际贸易“黑名单”。随后，德国 H&M 集团（海恩斯莫里斯服饰）称将不再使用新疆棉，因而引起了国民的强烈不满，该品牌也遭到了全国上下的一致抵制。① 美国战略与国际研究中心（CSIS）以及澳大利亚战略政策研究所，分别在 2019 年 10 月和 2020 年 3 月炮制了两份歪曲中国新疆政策的报告，并将重点对准使用包括棉花在内的新疆产品和劳动力的外国知名品牌的产业链。在这之后，CNN、BBC 等西方主流媒体迅速炮制了有关新疆骨肉分离、妇女被迫绝育、宗教自由受打压的虚假新疆人权事件，甚至将扶贫、就业转移等中国内政污名化为强迫劳动。② 事实上，自“一带一路”倡议实施以来，新疆作为推进“丝绸之路经济带”核心区的战略地位更加凸显，美国炮制新疆“强迫劳动”议题，将产业发展、人权、意识形态等相捆绑，混淆视听，不仅破坏了新疆民族团结、破坏了新疆各族人民的生存权和发展权，更是以疆制华，粗暴干涉我国内政，破坏我国稳定发展大局的恶劣行径。

（三）提高国家国际地位和制度能力的国家发展利益

随着综合国力持续增强和国际地位不断提高，对我国主权安全构成较大威胁的敌对势力已不复存在，我国的海外政治利益从追求国际社会的政治认同转为国际角色认同，主要体现在追求对外政治交往和扩大国际影响力。截至 2021 年 10 月，我国已与 180 个国家建立了外交关系，在全球共有 287 个大使馆和其他代表处，其中，驻外使馆共 177 个，领事馆共 99 个，另外，我国还有 11 个常驻联合国、世界贸易组织等国际组织的代表团、使团或代

① 李司坤、邢晓婧、李萌、高雷：《H&M 抵制新疆棉花惹众怒——网友：希望扭曲事实又想挣中国人钱的公司好自为之》，《环球时报》，2021 年 3 月 25 日，第 3 版。
② 杨富强：“棉花、学术与政治引发的话题——郑国恩攻击新疆棉花原因探讨”，《新疆大学学报（哲学·人文社会科学版）》，2021 年第 6 期，第 82—84 页。

表处。[①]其次，中国是联合国安理会常任理事国中派员参与维和行动最多的国家，也是缴纳维和摊款最多的发展中国家。这一定程度上显示了我国在世界舞台上日益增长的外交政治实力和地位。[②]一方面，以公平、互利、共赢为准则，坚持以积极的开放态度加强国家间的合作与协调，不断扩大对外交往的频率和范围；另一方面，积极参与国际事务处理，在塑造公正合理的国际新秩序中发挥越来越重要的作用。

表 1-1　中国外交机构的类型与数量

区域	驻外使馆	驻外总领馆	驻外团、处
亚洲	45	39	11
非洲	54	9	
欧洲	42	27	
北美洲	15	10	
南美洲	11	7	
大洋洲	10	7	
总计	177	99	11

数据来源：中国外交部

中国与世界的联系越来越密切，相互依赖也不断加深，中国在国际关系中发挥的作用以及议题设置能力和规则制定能力，逐渐成为中国海外政治利益中的重要组成部分。在全球组织层面，中国的海外制度利益分布在西方大国建立起来的世界政治经济组织之中；在区域层面，中国的海外制度利益分布在中国与周边国家以及其他区域国家建立起来的一系列区域性政治经济组织之中。[③]国际制度既是催生海外利益的外生变量，又是发展、维护和实现海外利益的重要手段。

① 数据根据中国外交部网站发布整理。https://www.fmprc.gov.cn/web/ziliao_674904/2193_674977/（检索于 2021 年 9 月 12 日）。

② 贾平凡："为推动南南合作贡献中国力量"，《人民日报》（海外版），2021 年 7 月 22 日。

③ Wei Chen, "Diplomacy and Protection of China's Overseas Interests: Theoretical Exposition and Research Agenda," *Journal of China and International Relations*,Vol.2,No.2,2014,p.34.

二、我国海外政治利益的重要性

目前，中国在全球政治治理、经济治理、能源治理等国际制度架构上，都有着重要的利益。全面参与国际经济协调机制的建设，利用和修订相关规则是促进我国长期可持续发展的内容之一。参与国际规则、国际制度的制定和建设，也是国家“软实力”的重要表现之一。中国在改革开放之后，开始融入国际社会的进程，参与的国际组织数量越来越多，在国际制度利益逐渐成为中国海外利益的重要部分。尽管当前的国际制度大多数是由西方发达国家主导建立的，但中国正由一个局外人慢慢向局内人转变，从旁观者向积极的建设者转变。目前的国际制度对于我国的海外利益发展，既有促进作用，也有阻碍作用。利用其中的促进作用以发展自身，同时逐渐修正对自身的阻碍部分，处理好与西方大国的关系，联合尽可能多的国家，发挥多边外交的作用，是能够提高我国国际地位和制度能力的。①

2013 年，中国国家主席习近平提出共建“一带一路”倡议，是牵动世界经济关系、影响国际制度与格局的重大事件之一。自倡议提出以来，我国与沿线国家秉持共商共建共享原则，双向投资蓬勃发展。2013 年到 2020 年，中国对沿线国家累计直接投资达 1360 亿美元，沿线国家在华新设企业累计达 2.7 万家，实际投资累计约 600 亿美元。②“一带一路”国际合作的成就与经验除了可以通过上述数据得以体现之外，还从许多视角和维度显现出来。从中国提升自身国际地位的需求，特别是中国与外部世界的关系角度看，“一带一路”国际合作的最大成果是进一步提升了中国作为负责任大国的道义感召力和政策影响力。③特别是在新冠肺炎疫情背景下，“一带一路”相关国家守望相助，共克时艰，中国为许多沿线国家提供抗疫物资与经验。另一方面，从影响国际格局、提升制度能力的角度看，“一带一路”建设为世界各国双边合作与多边合作的新格局、实现区域一体化与普惠式协同发展提供了现实可能。通过倡导和推动的“一带一路”国际合作，中国为国际社会找到了超

---

① 刘新华：“论中国的海外利益”，《当代世界》，2010 年第 8 期，第 53 页。

② 于洪君：“‘一带一路’倡议提出八年来，成果与挑战并存”，中国“一带一路”网，2021 年 8 月 25 日，http://m.thepaper.cn/baijiahao_14206804（检索于：2021 年 11 月 20 日）。

③ 王卫星：“全球视野下的‘一带一路’：风险与挑战”，《人民论坛·学术前沿》，2015 年第 9 期，第 6—18 页。

越意识形态分歧、超越社会制度差异、超越地缘利益纷争和超越发展水平鸿沟、共谋发展进步的新方向和新路标。[①]“一带一路”倡议建设不仅提高了中国与世界联动发展的能力和水平，拓展了中国利用两种资源两个市场的效能与潜能[②]，提升了中国的道义形象，更重要的是为广大发展中国家，为“一带一路”合作伙伴，提供了新的发展机遇。

第二节　我国海外经济利益发展与安全

一、我国海外经济利益的内涵与重要性

海外经济利益是本国政府或企业在全球市场开展经济活动时产生的利益[③]，中国海外经济利益，是指中国的自然人、法人或者国家所拥有的，在中国有效的主权管辖区域或行政管辖区域以外存在的，受到国际合约、当地法规或中国国内法规保护的经济利益。[④]海外经济利益是国家海外利益的直接表现形式，在海外利益战略格局中居于核心地位，可有效推进其他领域海外利益的发展。

20世纪90年代，冷战结束后，世界进入和平发展时代，国际政治经济格局出现重大变化，政治走向多极化，经济走向全球化，国际相互依存成为国际经济合作的基本特征。各国所面临的能源、人口、环境、粮食等发展问题，成为世界性问题，靠个别国家无法得以解决，通过跨国的经济合作可以推动全人类共同利益的形成。其次，跨国贸易和跨国投资成为时代趋势，各国再也不能闭关锁国，越来越多的国家开始实行开放政策，国家间的相互依

① 李志勇：《“走出去”与中国海外利益保护机制研究》第1版，北京：世界知识出版社，2015年，第72页。

② 凌胜利：“中国周边地区海外利益维护探讨”，《国际展望》，2018年第10版，第49—50页。

③ 唐昊：“关于中国海外利益保护的战略思考”，《现代国际关系》，2011年第6期，第1—8页。

④ 李众敏：“中国海外经济利益保护战略刍论”，《国际政治经济学》，2012年第8期，第3—6页。

存成为国际社会中难以回避的客观事实，国际社会的各个成员彼此之间在政治、经济、技术、文化等领域形成了相互联系、相互影响、不可分割的关系，其中经济上的相互依存是这一关系的基础。①

中国在改革开放后，积极参加各种国际经济合作，与世界的相互依存度正不断提高，利益重叠交织的趋势越来越明显。中国与世界有着越来越多共同利益与追求目标。中国的海外经济利益，正在与世界经济利益的交织与重叠中不断扩展。与此同时，以美国为首的新贸易保护主义持续升温，逆全球化浪潮四处蔓延，我国海外经济利益面临的安全风险也不断增加。

二、我国对外投资稳步增长，涉及领域日趋广泛

过去几十年间，中国对海外能源矿产资源进口的高度依赖、对海外市场的依赖等因素，推动着中国海外利益拓展的步伐。通过对外直接投资和承揽工程项目，中国已经积累了极为庞大的海外利益。对外直接投资表现为中国企业入股国外公司或者在当地设立新企业，海外工程投资项目则主要是中国企业海外承揽大型基建项目，如公路、铁路和水电设施等等。一部分项目以中国援建的形式出现，也有部分项目中国将获得一定期限的经营权。

直接投资成为新时期我国海外经济利益维护的新重点。官方统计数据显示，2020 年中国对外直接投资 1537.1 亿美元，同比增长 12.3%，流量规模首次位居全球第一。2020 年末，中国对外直接投资存量达 2.58 万亿美元，次于美国（8.13 万亿美元）和荷兰（3.8 万亿美元）。除了投资金额稳步增长之外，2020 年中国对外直接投资涵盖国民经济的 18 个行业大类，近七成投资流向租赁和服务、制造、批发和零售、金融领域，四大行业流量均超过百亿美元。②

① JosephS.Nye: *Bound to Lead:The Changing Nature of American Power*,New York:Basic Books,1990,pp.188–267.

② “商务部、国家统计局和国家外汇管理局联合发布《2020 年度中国对外直接投资统计公报》”，中国商务部网站，2021 年 9 月 29 日，http://www.mofcom.gov.cn/article/ae/ai/202109/20210903203247.shtm（检索于 2021 年 11 月 22 日）。

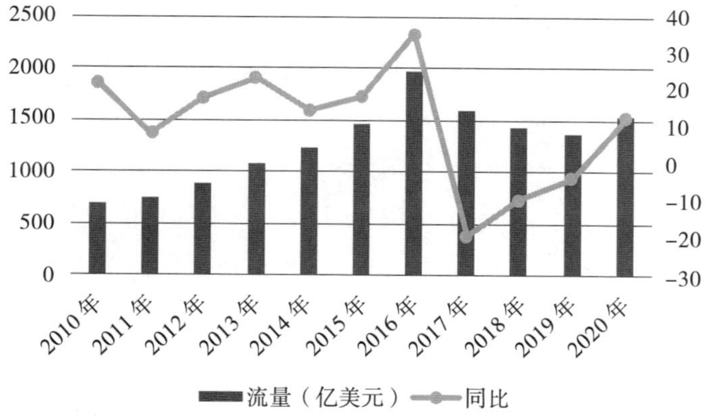

图 1-2 2010—2020 年中国对外直接投资流量

数据来源：中国商务部《中国对外投资合作发展报告（2021）》

对于不断增长的中国对外直接投资金额与不断拓展的投资领域，西方大国给予了密切的关注。美国传统基金会和美国企业研究设立了“中国全球投资追踪”数据库（The China Global Investment Tracker），记录了自 2005 年以来中国超 1 亿美元的对外直接投资或工程内容，以方便对中国海外投资利益进行系统分析。[①] 该数据库认为，中国的海外投资与工程已经触及世界的各个角落，近年的增长多集中于“一带一路”倡议的沿线国家。“一带一路”倡议作为中国向世界传授发展经验的平台，自提出以来，中国对该区域相关国家的投资逐年稳步增长，2013 年至 2020 年中国对沿线国家累计直接投资 1398.5 亿美元，中国的海外经济利益有相当大一部分分布在“一带一路”倡议的沿线区域中。“一带一路”倡议的沿线国家多为发展中国家，大部分国家内部的基础设施尚不完善，面临着资金匮乏、技术落后等问题，中国对沿线国家的投资，不仅带来了资金，更带来了技术，成为推动沿线发展中国家建设基础设施的关键因素，改善了当地民众生活，实现区域内互联互通，使得社会经济得以迅速发展。

从上述数据来看，中国的对外投资金额，相较过去取得了显著的进步，但从另一个维度来看，我国的对外投资仍有相当大的进步空间。中国已经是世界第二大经济体，大型企业数量和规模都已经达到世界第二。但“对外直

① 胡炜：“美国传统基金会的对华研究”，《国际资料信息》，2007 年第 1 期，第 34—37 页。

接投资绩效指数”（OND）仍然很低，我国对外投资绩效与在世界经济中所处的地位是不相称的。对外直接投资绩效指数（OND）是一个国家对外投资的流量占世界对外投资流量的份额与该国 GDP 和世界 GDP 份额的比率，当数值为“1”说明达到世界平均水平。国家统计局报告显示，截至 2020 年，美国是 1.1，而我国却只有 0.69。①

另一方面，我国对外投资所面临的风险也值得注意。由于中国对外投资对象的分布范围较广，中东、北非、中亚、欧洲等地区近年来恐怖袭击等突发事件显著增加，中国在东道国所投资的项目或企业，容易受当地的突发事件影响，同时也会因当地的营商环境、政府治理能力、国家对腐败的控制水平等因素而产生不同的影响。②除此之外，中国的对外投资不断增长，一定程度上改变了由西方发达国家主导的国际经济格局，引起西方国家对中国的投资的抹黑，认为中国的对外投资是基于政治目的的考量，是用资金在受投资国换取政治利益。③以汉班托塔港为例，2010 年由中国与斯里兰卡共同投资建造的汉班托塔港部分完工并投入运营，但由于受斯里兰卡国内外双重不利因素影响，汉班托塔港经营陷入困境。中国企业经科学评估港口的盈利空间及自身能力后，决定接手港口的运营管理，以实现双方共赢。④然而此举却被西方诬蔑是中国向“脆弱国家”投资修建大型基础设施的真实目的，在于诱使这些国家落入“债务陷阱”，中国通过取得该基础设施的运营权或者控制权，影响这些国家的政治决策，增强自身影响力。⑤因此，我国不仅要为对外投资主体提供全面而准确的信息，以降低投资风险，还需要为中国投资营造良好的舆论环境，才能在确保项目安全的同时实现利益发展的目的。

① 李冰、田世慧：“‘一带一路’沿线国家 IFDI 的投资效率研究”，《经济论坛》，2021 年第 10 期，第 61—72 页。

② 张娜：“‘一带一路’下对外投资合作的共赢机制”，《中国外资》，2021 年第 18 期，第 44—45 页。

③ 张坤：“‘一带一路’下我国海外直接投资风险研究”，《中阿科技论坛》，2021 年第 10 期，第 6—8 页。

④ 毛鉴明：“中国企业投资汉班托塔港口的实践及经验探析”，《印度洋经济体研究》，2020 年第 3 期，第 139—152+158。

⑤ Addis, Amsalu K.,Asongu,S.: Chinese and Indian investment in Ethiopia: infrastructure for‘debt-trap diplomacy’exchange and the land grabbing approach,International Journal of Emerging Markets,Volume 16, Issue 6,pp.998–1025.

中国的对外投资作为海外经济利益的重要组成部分，仍有相当大的发展空间，需要我们对其安全与发展两手抓，既为对外投资主体提供更为详尽的信息，帮助其规避海外突发事件所带来的负面影响，又要为对外投资主体和项目营造一个良好的舆论环境，以确保其投资能带来利益。

三、我国境外企业数量不断增加，中国品牌影响力逐渐增强

“走出去”是国家和企业发展到一定阶段的必然选择，企业发展到一定阶段，会面临瓶颈，只有走出国门，开拓更大的国际市场，才能更好地分享资源、市场、技术、管理、人才、信息等等。[①] 从中国境外企业的规模上看，商务部网站 2019 年 12 月 5 日对外投资备案核准信息发布的数据显示，经商务主管部门备案设立的境外中资企业（机构）已达 56222 家，在“一带一路”沿线国家设立的境外中资企业数量超过 1 万家，中国在海外有 3 万余家企业正在开展各项业务，经济体量达到 6 万亿美元。中央企业在“一带一路”沿线国家建设的 3000 余个项目，约占项目总数的 60%。[②]

世界 500 强企业的分布常常被当作国家实力的综合表现，同时也体现了一个国家的民族品牌在国际市场上的影响力。2000 年，美国所拥有的世界 5 百强企业是全球各个国家中最多的，而中国在当时仅仅存在 10 家，这也成为两个国家经济层面、国际地位的真实写照。20 年的迅猛发展历程中，中国境内世界 500 强企业的数量显著增加。2020 年的数据显示，美国拥有世界 500 强企业数量为 121 家，日本拥有 53 家，但是从数据来看，20 年内，其减少的数量非常多，但是相比较中国，却由 10 家增加到了 124 家[③]，可以说，世界 500 强企业分布进行了一轮重新“洗牌”。

---

① “中国企业‘走出去’更要‘走进去’”，《人民日报》（海外版），2020 年 4 月 8 日，http://fec.mofcom.gov.cn/article/tzhzcj/xgzx/202004/20200402952699.shtml（检索于 2021 年 9 月 12 日）。

② 数据来源：中华人民共和国商务部网站，2021 年 9 月 29 日，http://hzs.mofcom.gov.cn/article/date/202110/20211003207274.shtml（检索于 2022 年 6 月 7 日）。

③ 《世界 500 强企业榜单》，财富中文网，2021 年 8 月 2 日，https://www.fortunechina.com/fortune500/index.htm（检索于 2022 年 6 月 7 日）。

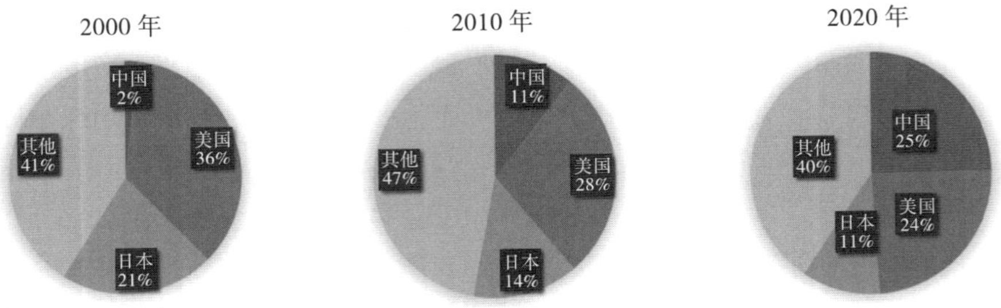

图 1–3　2000 年、2010 年和 2020 年世界 500 强企业各国占比

数据由财富中文网世界 500 强榜单整理得出

中国企业发展大多数起步比较晚，依托着世界经济风向的转型而进一步扩大了经营规模。境外的中国企业对东道国的经济贡献明显，在提升东道国就业率的同时还增加了东道国的税收，促进了东道国社会基础建设。如中国－白俄罗斯工业园区、中老铁路等一大批正在建设中的项目。此外，像阿里巴巴、腾讯等企业，依靠着国内庞大的市场，也在海外市场中实现经济目标，为国家打造了另一面的品牌形象。

不可忽视的是，中国企业在海外市场也面临着各种各样的挑战。2008 年金融危机之后，世界经济处于深度调整中，我国海外企业所面临的国际环境十分复杂。贸易投资保护主义日益多样，一些国家频繁以反倾销、气候变化、知识产权保护等为借口，对我国的投资设置各种准入壁垒，增加企业“走出去”的难度。其次，由于不同国家在历史发展、文化习俗等方面存在较大差异，中国企业在开拓海外市场时难免会出现“水土不服”的情况。[①] 这就要求企业与海外公众多交往、多沟通，善于利用海外传播技巧，与海外公众形成情感共振。以国家电网公司在巴西建设的美丽山二期项目为例，企业在工程建设的同时，还在线路沿途新建、修复了超过 1970 公里的道路和 350 座桥梁，向亚马逊地区沿线居民捐献了 760 批防治疟疾专用物资，帮助亚马逊地区贫困居民建设现代化工厂[②]，实实在在的举动造福着巴西人民，让该工程成为闻名巴西全境、受当地民众尊敬的互惠标杆项目。

---

① 胡仁杰：“‘一带一路’背景下中国企业海外利益保护策略研究”，《时代经贸》，2020 年第 14 期，第 45—47 页。

② 耿晓康：“美丽山的中国故事——中国特高压落地巴西”，《国家电网报》，2021 年 11 月 5 日，第 1—2 页。

世界各经济体之间的关系日趋紧密，一方面中国离不开世界，我们的企业只有融入国际分工，才能获得更广阔的市场、更丰富的资源、更广泛的信息、更先进的技术、更优秀的人才；另一方面世界也离不开中国，无论是应对欧美金融危机，还是推动亚非拉发展中国家快速发展，都需要我们和世界其他国家继续合作。“走出去”的中国企业，既是中国海外利益的重要部分，也是中国崛起的标志之一。[①]

四、我国经济长期稳定发展，对海外能源资源需求与日俱增

能源资源利益是指对中国发展具有重要意义的能源资源获取的安全保障，包括各种能源和各种矿产等。中国的海外能源资源利益大致包括海外资源能源供应的安全利益、运输通道利益、能源资源价格与市场利益、新能源全球市场利益、能源资源全球治理的国际规则等等。[②]能源资源是中国经济发展必需的战略性大宗商品，是国家振兴必备的生产要素，具有政治、经济、安全等多种属性，对我国海外经济利益的实现具有重要意义。

从资源总量上讲，我国属于资源丰富的国家，然而从人均资源拥有量上看，我国又属于资源匮乏的国家。除了钨和稀土等少数几种矿产之外，我国绝大多数的矿产都有总量不足的问题。因此，在中国经济长期保持较快的发展速度的情况下，国内拥有的资源总量难以满足经济发展所需，这是中国资源对外依存度不断上升的必然。[③]以天然气为例，国家统计局数据显示，在2020年，我国天然气对外依存度将达到43.1%（见图1–4）。[④]尽管在2014年前后，世界经济曾出现短暂低迷的状态、中国经济发展的新常态为海外能源利益压力提供了缓冲空间，为维护海外资源利益提供了喘息的机会与战略

① 数据来源：中国商务部：《中国对外投资合作发展报告（2020）》。http://www.mofcom.gov.cn/article/gzyb/（检索于2021年9月12日）。

② 于军、程春华：《中国的海外利益》第1版，北京：人民出版社，2015年，第85页。

③ 孙永生：“一带一路：中国海外利益安全风险防控”，《智库理论与实践》，2017年第6期，第17—25页。

④ “中美贸易谈判达成重要共识，两国贸易往来将深入拓展”，广北控股官网，2018年5月28日，http://www.weinvestment.cn/news/detail/id/132（检索于2022年6月7日）。

的机遇。然而，我国目前缺乏对经济发展所需要的石油、矿产、农产品等资源能源的定价权，长此以往资源能源的高度对外依存仍会限制我国海外经济利益的发展。①

图 1-4　2009—2020 年中国天然气进口量与对外依存度

数据来源：国家统计局、北广投资管研究院整理得出。

国际能源资源运输通道是中国海外经济利益的重要组成部分。中国的海外能源利益从国家类型上看，主要分布在发展中国家，从地理位置上看，主要分布在中东、非洲、中亚、东北亚等要地。我国东北（中俄油气管道）、西北（中亚油气管道与中俄油气管道）、西南（中缅、中巴油气管道）和海上（波斯湾、印度洋至马六甲海峡的油气航线）等四大战略通道，加上中吉乌铁路、欧亚大陆桥等通道，都对我国能源来源多元化与能源安全具有重要战略意义。②整体来看，世界现有的海上要道，均与我国的海外利益密切相关，若遭遇战争或特殊气候等情况，正常的能源资源及其他货物的进出口可能无法得到保证，国内正常的社会生活、经济运行和国防安全必然会受到重大影响。确保我国海外经济利益中的能源资源利益能进一步发展且得以保护，未来我国需要着力建设"丝绸之路经济带""21 世纪海上丝绸之路"等能源通道，

① 张文木："中国能源安全与政策选择"，《世界经济与政治》，2003 年第 5 期，第 11—16 页。

② 胡海晨、王春豪、曲荣成："一带一路视阈下的国际能源合作"，《石河子大学学报（哲学社会科学版）》，2020 年第 1 期，第 8—13 页。

坚持投资与贸易并重、海陆通道并举，着力拓展进口通道。①

“一带一路”倡议的提出，之所以能缓解中国在能源资源利益上所面临的危机，是因为其既链接着能源产地，又链接着能源市场，通过建立互联互通的“一带一路”共同能源交易市场，有利于实现能源利用效益的最大化，实现区域能源一体化以及能源产业链与价值链一体化。以新能源为例，光伏发电和风能发电是中国新能源开发的优势产业，中国的光伏产业占据全球 50% 以上的市场份额，是世界光伏产品制造第一大国，同时中国也是全球最大的风电市场和风力发电机组生产基地。②“一带一路”沿线国家是这些产业的潜在市场，为我国新能源产能转移提供了广阔的空间与机遇，不仅能缓解能源供需矛盾、优化双方的能源结构，还有利于产业结构调整，使中国海外经济利益处于发展的良性循环中。

第三节　我国海外文化利益发展与安全

一、我国海外文化利益的内涵与重要性

广义语境下的“海外利益”，除了海外的经济利益外，国家的文化吸引力等海外“软实力”也应该被纳入海外利益的范畴。因此，海外利益究其本质可分为物质利益和文化利益，前者是有形的显性利益，例如经济利益、资源利益、安全利益等，后者则更侧重于无形的隐性利益，如国家形象维护、正向认同等。③一国的文化包含着国民的意识形态、民族精神、国家形象等丰富内容，是一个国家具有稳定性、持久性的软实力，而海外文化利益，则是一种非物质的无形利益，主要指本国价值观念、传统文化、风俗习惯等在境外交流与传播的自由，以及得到国际社会认可的国家形象和影响力，由此

---

① 王晓涛：“国际能源合作之光照亮‘一带一路’”，《中国经济导报》，2018 年 10 月 23 日，http://www.ceh.com.cn/ep_m/ceh/html/2018/10/23/05/05_52.htm（检索于 2021 年 11 月 25 日）。

② 支彤、范超、刘钦壮：“打造‘一带一路’国际能源合作示范先行区”，《中国电力报》，2021 年 10 月 20 日。

③ 李海龙：“中国海外文化利益维护研究”，《行政管理改革》，2021 年第 8 期，第 57—59 页。

直接关系到本国其他海外利益，是促进其他海外利益发展的精神动力。①

海外文化利益的重要性，可以从其工具、利益和安全三个角度出发。从工具层面看，一方面，海外文化利益是海外利益的重要内容，另一方面，它也是维护一国利益的重要工具。在愈加激烈的国际竞争中，海外文化利益已经成为国家的重要资源。丰富的海外文化利益，有助于促进国家对外交流，提升国家话语权，增强国家文化软实力，扩大友好的国际“朋友圈”，在提升国家形象、塑造安全环境、维护国家利益等方面发挥着重要作用。从利益的角度来看，国家间的文化交融，能够为其他利益的实现提供条件。②例如，一国海外经济利益的实现，既要靠政府之间的正式许可，也要靠企业与当地市场的融合，还要靠当地民众的接纳。例如一些硬实力难以实现的目标，软实力可以发挥意想不到的效果。③从安全的角度看，安全的本质是维护利益。国家实力的增强，会带来利益维护范围和内涵的拓展，国家安全战略的范围和内涵也会扩大，文化利益必然会被纳入国家安全的范畴，海外文化安全就涉及海外文化利益的维护。同时，优良充足的海外文化利益也是维护国家整体安全的重要手段。军事、经济实力对安全利益的实现起到关键作用，如我国多次在海外发生安全危机时，动用军舰和飞机撤侨，赢得广泛好评，彰显大国担当的风采。但这些举措代价比较大，如果能够在前期与当地民众建立更加密切的关系，在当地社会营造出对中国友好的安全小环境，在危机发生时当地社会力量协助保护中国海外利益，可大幅降低维护成本。④

对于中国而言，海外文化利益同样是实现大国发展的必要支撑，必须加强对文化等非物质性海外利益的维护。文化不能直接改变客观世界，但是文化可以改造人，而人是按照自己的意识来改造客观世界的。在对外交往过程中，海外文化利益的维护和拓展对于提升国家软实力、塑造良好的国家形象

---

① 陈晔：“试析中国海外利益内涵及分布”，《中国与世界》，2012 年第 7 期，第 45—46 页。

② K.J.Holsti, *Interantional Politics: A Framework of Analysis*, Englewood Cliffs:McGrew-Hill,1998,p.69.

③ 王发龙：“中国海外利益维护的现实困境与战略选择——基于分析折中主义的考察”，《国际论坛》，2014 年第 6 期，第 30—35+78 页。

④ 周鑫宇：“公共外交的‘高政治’探讨：权力运用与利益维护”，《世界经济与政治》，2015 年第 2 期，第 96—110 页。

会起到意想不到的积极作用。[①]海外文化利益的维护和拓展主要是靠中国传统文化和现代发展经验的两个“走出去”：既要把传统文化的精髓整理好、向外推广，也需要把中国成功发展的经验和教训进行总结，为人类文明留下厚重独特的知识财富。

二、中国传统文化的海外传播

近代中国经历了西方列强的殖民侵略，加上人口众多、经济基础薄弱等因素，使得中国在发展初期更为注重经济发展，往往忽略了我国优秀传统文化的自我继承与海外传播。因此，自改革开放以来，中国为人类社会创造了巨大的物质财富，但是，世界对中国文化的了解却并不与中国的经济发展相匹配。向世界传播中国传统文化精髓与现代发展的成功经验成了中国海外文化利益的重要内容。

（一）作为传播内容的中国传统文化资源

尽管中国传统文化历史悠久、博大精深，但我国海外文化利益目前仍缺少一个独具特色的“核心文化理念”。“核心文化理念”需要两个特征：第一是能够代表国家文化特色，第二是能为外界所广泛接受。[②]例如，美国对外传播的“核心文化理念”是“物质、自由、民主”，日本是“科技、创新、爱国”，法国是“高雅文化的力量”。[③]相比之下，中国对外文化宣传中的“和”文化不够具体，国外民众由于缺乏对中国传统文化的了解，有时难以理解其内容与本质。只有通过我们对中国传统文化进行发掘、整理，去其糟粕、取其精华，并把这些优秀的传统文化向世界展示，中国的国家形象才会大幅改善，文化软实力才会大幅提升。[④]

除此之外，因我国目前缺少对传统文化强有力的保护机制，不少传统文

① 张婧：“探析中西传播差异 彰显华夏传播魅力——评《中华文化海外传播的新境界：中西传播思想的分野与对话》”，《传媒》，2021年第21期，第96—100页。

② 李海龙：“中国海外文化利益维护研究”，《行政管理改革》，2021年第8期，第57—59页。

③ 张建英：《文化安全战略研究》，北京：国防大学出版社，2011年，第161—163页。

④ 陈晔：“试析中国海外利益内涵及分布”，《中国与世界》，2012年第7期，第45—46页。

化项目流失海外，或被其他国家利用，严重损害了我国的海外文化利益。如韩国近年来申请成功的非物质文化遗产项目“拔河”“江陵端午祭”“风水”“东医宝鉴”等等，均来源于中国，是中国传统文化的一部分。又如一个个流传已久、原汁原味的中国故事，被美国电影公司拍成《功夫熊猫》《花木兰》等等，中国的优秀素材被美国融入美式价值观，广而告之。虽然美国电影向来是以世界各国历史故事为题材，博采众长，原本文化相互交流、借鉴无可厚非，但许多中国主题的美国电影，却通过一些角色加深对中国固有的负面形象，甚至是对中国人进行丑化。① 如在《花木兰》真人版电影中，新加坡籍华人李连杰戴的皇帝帽子和脸上画的单眼皮、山羊八字胡，颇像西方人黄祸论中的东方大反派傅满洲的固有形象。

（二）作为传播平台的中国海外文化机构

中国在向海外推广优秀的传统文化时，往往采用在海外设立传播中华民族优秀传统文化教育机构的方式，现阶段最典型的代表就是孔子学院。因此，我们在了解孔子学院在世界的分布情况的同时，一定程度也能了解中国海外传统文化利益的分布现状。孔子学院是中外合作建立的非营利性教育机构，致力于适应世界各国（地区）人民对汉语学习的需要，增进世界各国（地区）人民对中国语言文化的了解，加强中国与世界各国教育文化交流合作，发展中国与外国的友好关系，促进世界多元文化发展。②2004 年 11 月 21 日，全球第一所“孔子学院”在韩国首都首尔挂牌，到 2019 年底，我国已经在世界的 162 个国家和地区建立了 500 多所孔子学院和 1000 多个中小学孔子课堂，遍布全球多个国家和地区。③

随着“汉语热”的持续升温和与此相伴随的孔子学院在全世界各国迅速发展，国内外许多学者纷纷加入到“孔子学院热”的讨论中来。有学者认为

① 曾向红、李琳琳：“国际关系中的污名与污名化”，《国际政治科学》，2020 年第 3 期，第 81 页。

② 吴瑛：“试析中国海外利益内涵及分布让物质文化先走出去——基于对海外孔子学院的调查”，《对外传播》，2010 年第 9 期，第 42—43 页。

③ 赵云彩：“孔子文化符号的国际传播及应对策略”，《大众文化》，2021 年第 18 期，第 224—225 页。

这是“东学西渐”的又一次开始。[①]部分观点认为孔子学院的建设传播了东方文化中的和谐价值观，东方文化中的智慧或许有助于解决西方文化思维模式下人类面临的一些困境，促进和谐世界的发展，孔子学院建设是文明间的对话，体现了文化的民族性与时代性的统一，有助于保持旺盛的文化生命力，促进自身文化建设不断创新和发展。[②]

然而，我国文化是否真的做到了“走出去”呢？调研数据显示，海外许多民众并不了解孔子学院，有基本了解的民众对孔子学院的认可度也不容乐观，更为关键的是，多数海外民众并不了解孔子与儒家文化在中国文化传统中的意义。以2014年的报告为例，对世界8个国家的普通民众进行了调研访谈，通过调研，受访的普通民众中对孔子学院有基本了解的共计960人，在全部受访人数中占比24%，认可孔子学院和中国文化中心在其国家设立的受访者占比为57%。对孔子学院和中国文化评价较低的国家有日本（34%）、南非（41%）、英国（45%）等国。而在中国文化的代表元素这一选项，武术、中医药、中餐是海外受访者最为熟知的，相反，作为中国文化经典的孔儒思想、文化典籍则很少被海外民众提及。[③]也就是说，对海外民众而言，孔子文化符号、儒家文化相对还是较为陌生的，在这方面仍有许多工作要做。

三、中国现代发展经验的海外传播

中国现代化建设的快速发展，成为许多国家关注和研究的对象。中国也积极向世界传播发展经验，以期促进全世界的共同发展。回顾中国的发展道路，很多学者对中国的发展经验进行了总结，并提出了自己的观点，主要观点有“北京共识”“中国经验”等。[④]尽管中国和世界经济的融合度越来越高，但是世界对中国的了解与中国国际地位并不匹配，如何更客观、更科学地总

① 郭扶庚：“孔子学院：中国‘软实力’的标志”，《东北之窗》，2017年第10期，第56—57页。

② 汤哲远：“全球化视野下孔子学院建设的时代意蕴”，《北京高等教育（高教版）》，2007年第1期，第8—12页。

③ 中国外文局对外传播研究中心：“中国国家形象全球调查报告（2014）”，《对外传播》，2015年第3期，第27—29+61页。

④ 黄培昭、吴刚：“中国的发展经验对世界各国具有借鉴意”，《人民日报》，2021年8月13日。

结中国的经济发展经验和教训，将制度的生命力以及中国在国际事务中的亲和力传播出去，以便有效地扩大中国海外文化利益，并为其他发展中国家提供借鉴，也是我国海外文化传播面临的一个突出课题。

民富国强是我们的目标，“内外兼修、和平融入”是我们和平崛起的战略。近年来，被部分学者称为“中国模式”或“北京共识”的说法事实上代表了的中国的“软实力”，包括吸引力和影响力的增长。这主要体现改革开放以来中国所积累的经济发展经验和成长道路的吸引力。其核心是在保持独立的同时实现经济公平的、高质量的增长，将重大的经济改革和小规模的政治改革有机结合起来。① “中国模式”是发展中国家在全球化背景下实现现代化发展战略的典范，尤其是在拉美国家产业空心化和原苏联东欧国家转型面临困境后，中国的发展道路对国际社会尤其是广大发展中国家越来越具有吸引力是非常自然的事情。虽然“中国经验”还存在很多需要继续挖掘的方面，但只要我们加大宣传力度，它完全可以成为中国软实力的重要组成部分。事实证明，近年来中国的发展道路与和平的外交行为已经塑造了良好的国际形象，受到越来越多的国家人民的认同。②

“一带一路”倡议正是中国发展经验向海外传播的重要品牌和平台。“一带一路”倡议是中国应对百年未有之大变局向世界提出的中国理念和方案，自 2013 年提出以来，该倡议从起初的设想已经变成了实实在在的国家间合作。“一带一路”倡议下的跨国合作与投资，除了能为双方带来经济增长与产业结构优化外，还向世界传达了中国关于国际秩序的理念以及主张，传播中国发展经验与道路，以期望建构一个更加具有包容性、认同感的国际话语体系。③

在世界多极化和经济全球化的格局下，面对日趋复杂的国际国内形势，中国需要增强有形国力的同时增强自身的“软实力”。在中国现代化进程中，提升国家“软实力”的重心在于提升自身的文化价值观和政治价值观及其吸引力和认同能力。现代社会诸多方面存在着复杂的矛盾和冲突，良性的现代社会不

① 王智军：“中国模式及其世界命运”，《社会主义研究》，2005 年第 3 期，第 16—22 页。

② 胡宗山：“大国经验与中国的崛起应对战略”，《华中师范大学学报（人文社会科学版）》，2006 年第 5 期，第 4—10 页。

③ 王铭玉、崔雪波：“‘一带一路’背景下的对外话语体系与建构”，《山东外语教学》，2021 年第 5 期，第 12 页。

是简单主张让某一种利益或价值压倒其他利益和价值，而是要尽量形成各种利益和价值相互平衡和相互制约的格局。依靠“软实力”打造“硬实力”，进而实现现代化是目前世界各国都在探索的发展道路。

此外，海外中国研究中心、驻外记者群体、海外中国公司、海外工作者等，也是中国与国际社会增进理解、加强沟通的重要参与者。社会、价值和观念的联系较利益对彼此的关系的嵌入更为深入。通过观念共识实现互信共赢，对中国的海外利益发展至关重要。

四、中国的国家形象与国际认同

海外文化利益是国家交往中塑造良好的国际形象、提升国家软实力的重要手段。21 世纪的中国前所未有地走近世界舞台中央，成为推动世界和平的参与者、建设者、引领者，为讲好中国故事提供了丰富资源、坚实基础。中国已站在世界舞台的聚光灯下，对外传播迎来新的发展机遇。实现我国的海外文化利益，就要将中国的文化、价值理念、社会制度和发展经验介绍出去，有助于提高中国在国际上的影响力和道德感召力。同时，国际认同也在中国海外利益中占据相当重要的地位。[①] 在此意义上，中国的国际形象也是内政的延伸，善待自己的公民，保障国内政治经济和社会结构的良好运行，也是中国能否增进与其他国家的关系，更顺畅地与国际社会对接、更好地参与国际机制建设的重要前提。

近年来，我国越来越重视在海外的国际形象建设。2019 年，当代中国与世界研究院进行了第二次关于中国国家形象的全球调查，调查覆盖了亚洲（中国、日本、韩国、印度、印尼、沙特阿拉伯、土耳其）、欧洲（英国、法国、德国、意大利、西班牙、荷兰、俄罗斯）、北美洲（美国、加拿大、墨西哥）、南美洲（巴西、阿根廷、智利）、大洋洲（澳大利亚）、非洲（南非）等世界各大区域的 22 个国家。据调查结果显示，中国整体形象好感度持续上升，全球治理表现亮眼。2019 年，海外受访民众对中国的整体印象为 6.3 分，较 2018 年提升 0.1 分。其中，中国的国家形象获发展中国家高度评价，对中国形象好感度较高，达 7.2 分，呈持续上升趋势（如图 5 所示）。另一方面，

① 彭奕奕：“西方媒体眼中的中国国家形象研究”，《新闻传播》，2021 年第 24 卷，第 18—19 页。

中国参与全球治理形象获得更高认可。2019年，中国在科技、经济、文化、安全、政治、生态等各领域参与全球治理表现的认可度均有提升，其中文化、安全领域认可度上升4个百分点，其他各领域均上升3个百分点。在中国参与全球治理的实践中，海外受访者最为认可的三个领域为：科技（66%）、经济（63%）和文化（57%）。①

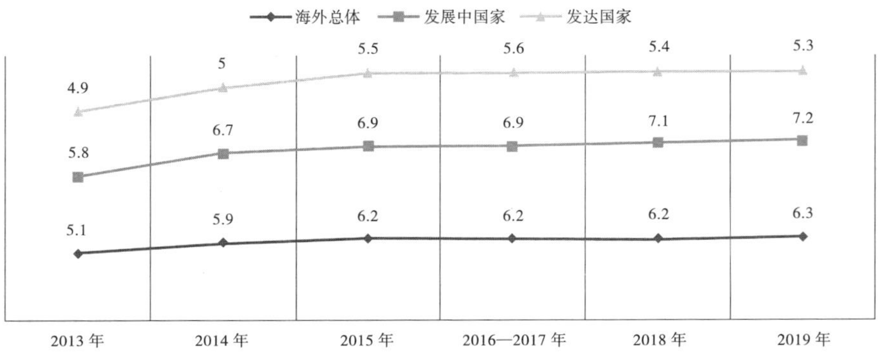

图 1-5　2013—2019 年中国国家形象总体得分走势（满分为 10 分）

数据来源：中国国家形象全球调查分析报告（2019），当代中国与世界研究院课题组

新冠肺炎疫情的全球突发，暴露出各国公共卫生体系的不足、全球产业供应链的脆弱以及全球治理能力和治理体系的短板，优化和完善全球治理成为国际社会的当务之急和共同心声。中国在促进全球抗疫合作和完善公共卫生治理等领域发挥了积极作用，得到广大发展中国家的普遍认可。新冠肺炎疫情的全球蔓延在一定程度上加速了全球传播秩序变革的脚步，疫情不仅是对中国公共卫生治理能力的一场大考，也是对中国国家形象塑造与能力提升的一次检验。当前，国内国际舆论场中民众的认知仍处于一个重要的互动磨合期，精准塑造和传播新时代中国国家形象处于重要窗口期。②

新冠肺炎疫情加速了我国构建数字社会治理体系的进程，也让海外民众更加关注和了解中国方案和智慧。我国应把握机遇，秉持相互尊重、相互欣赏、

① Academy of Contemporary China and World Studies, “The 2019 Report of Global Survey and Analysis of China’s National Image”, *FRONTIERS*,Oct,2020,pp.90–92.

② 邢丽菊、赵婧：“新媒体与中国国家形象的国际传播”，《现代国际关系》，2021年第11期，第51—59页。

相互借鉴、相互成就的态度，坚持国际通行的规范和标准，主动在国际舆论场中讲好中国故事、展示中国形象。国内主要智库要进一步提升国际化水平，不断提升与国际同行及知名媒体合作的广度和深度。同时着眼后疫情时代，中国国家形象建设应以引领全球治理的大国形象为主要定位，以广大发展中国家特别是“一带一路”共建国家为联盟受众，以海外社交平台用户为主要对象，以融通中外的话语体系为主要路径，努力使我国的大国形象赢得更多认可。

第四节 我国海外其他利益发展与安全

海外利益是一个内容丰富的课题，我国学术界尚未对海外利益的定义和具体内容给出统一的界定，已有的研究也较为零散。历史上看，海外利益问题源自海外商业拓展。对海外利益采取具有法律基础的有组织的保护措施，可远溯至 2500 年前的古希腊时期。[①] 在经济、政治、文化逐渐实现跨国融合的漫长历史进程中，随着海外利益对整体国家利益的贡献逐渐加大，对海外利益的认识逐渐从局限于经济利益的“低政治”上升为国家核心利益的“高政治”[②]，对海外利益保护的外交实践也从最初的民间自治行为发展成为官方外交的重要工作内容。今天的海外利益不再是一个单纯的经济、外交或政治的概念，而是被承认为整体国家利益不可分割的重要部分，海外公民的人身财产安全、地球环境以及国家新疆域问题等等，许多以往不被纳入国家战略视野的议题，由于中国不断进行的海外经济与政治活动，也被纳入海外利益中来。

一、我国海外公民利益

海外公民利益是本国公民在境外的人身与财产安全、行动自由及其他合法权益。[③] 随着中国对外开放和“走出去”战略的实施，中国公民出境人数

① Graham H Stuart., *American Diplomatic and Consular Practice*,New York: D. Appleton-Century Co.,1936.p.23.

② 周鑫宇：“公共外交的‘高政治’探讨：权力运用与利益维护”，《世界经济与政治》，2015 年第 2 期，第 96—110 页。

③ 汪段泳：“中国海外公民安全——基于对外交部‘出国特别提醒’（2008—2010）的量化解读”，《外交评论》，2011 年第 1 期，第 60—75 页。

快速增长，越来越多的中国公民选择出境旅游、工作、留学。[①] 尽管受新冠肺炎疫情的影响，我国公民出境人数大幅度降低，但在2020年前，我国海外公民的群体规模相当庞大，海外公民的人身和财产权益已经遍布世界各地。据中国国家移民管理局统计，2019年我国出入境人员达6.7亿人次。[②]

我国海外公民主要有以下几种类型：1. 出境旅游。出境旅游规模在中国快速增长，2014年，中国公民出境旅游首次突破1亿人次，2015年，中国公民旅游目的地已经扩大到151个国家（地区），2018年，中国公民出境旅游达到1.49亿人次。2. 出国留学。根据教育部2019年3月发布的数据，2018年，我国出国留学生人数达到66.21万。3. 对外劳务。截至2018年12月底，我国对外劳务合作累计派出各类人员951.4万人。海外侨胞方面，中国在全球近200个国家（地区）拥有超过6000万名海外侨胞。[③]

近年来，"一带一路"倡议逐渐从理念转化为行动，从愿景转变为现实，建设成果丰硕。随着"一带一路"沿线国家的范围不断扩大，前往"一带一路"沿线国家投资、旅游、留学和工作的中国公民和中资企业也越来越多。他们的安全问题直接关系到"一带一路"建设的顺利推进。2019年1月21日，习近平主席发表重要讲话，强调世界大变局加速深刻演变，全球动荡源和风险点增多，中国外部环境复杂严峻。要加强海外利益保护，确保海外重大项目和人员机构安全；要完善共建"一带一路"安全保障体系。[④] 这就要求我们必须清楚掌握海外中国公民和中资企业的主要安全风险情况，这样才能有针对性地做好"一带一路"安全保障体系建设工作。

2019年，外交部和驻外使领馆共处置各类海外安全事件7.9万起，据媒体公开报道，涉及中国公民海外安全事件共376起。其中，社会治安问题是海外公民利益安全面临的最常见风险，抢劫等社会治安事件约占中国公民

---

① 陈奕平、许彤辉："新冠疫情下海外中国公民安全与领事保护"，《东南亚研究》，2020年第4期，第139—142页。

② "2019年出入境人员达6.7亿人次"，国家移民管理局，2020年1月6日，https://www.nia.gov.cn/n741440/n741567/c1199336/content.html（检索于2022年6月7日）。

③ "国家移民管理局：2019年出入境人员达6.7亿人次"，中华人民共和国中央人民政府网站，2020年1月5日，http://www.gov.cn/xinwen/2020-01/05/content_5466693.htm（检索于2021年11月25日）。

④ "习近平在省部级主要领导干部坚持底线思维着力防范 化解重大风险专题研讨班开班式上发表重要讲话，强调提高防控能力着力防范化解重大风险 保持经济持续健康发展社会大局稳定"，《人民日报》，2019年1月22日，第1版。

境外全部安全事件的25%。[①]虽然暴恐袭击和武装冲突在境外安全事件中占比较低，但其伤害性与影响力较大，且近年来针对中国公民的恐怖袭击事件有上升趋势。[②]此外，在个人出国不断增多的情况下，中国公民在海外的行动自由和旅游便利也受到诸多现实困扰。

人民安全是国家安全的宗旨，是国家利益的重要组成部分。海外公民利益安全主要取决于其所在国的社会稳定情况，但也与母国政府能力密切关联。来势汹汹的新冠肺炎疫情、美国对华战略竞争与西方国家种族歧视的影响，使得海外中国公民安全和权益维护面临更加复杂的形势，如出入境受阻、族群歧视、医疗安全等方面的实际困境。[③]与此同时，国际环境面临的不确定性更为突出，中国公民在海外遭遇暴力滋扰、恐怖袭击、疾病疫情、自然灾害等各种安全风险事件的趋势也随之上升。在埃及、利比亚国内局势动荡的情况下，中国政府积极采取了护侨、撤侨措施，将数万公民迅速撤离危险地区，这种安全保护措施，就体现了海外公民利益与国家政府能力之间的关系。

二、我国海外环境利益

随着气候变化问题在世界范围内引起越来越广泛的关注，全球气候问题成为国际关系和全球治理的重要议题，深刻影响着国家发展战略与经济发展模式、国家利益与社会福利的权衡、国际责任与地缘政治关系的博弈等。[④]能源安全成为当今世界各国普遍关注的非传统安全问题，节能减排成为国际关系的突出问题。此外，无论是大国还是小国，只要存在于地球上，就会受到地球环境的影响，远在南极的冰川融化也会对世界的气候环境造成重大影响。因此，中国的海外环境也应受到重视。

中国作为负责任的大国，为了实现人类命运共同体的可持续发展，一直

① 夏莉萍："外中国公民和中资企业的安全风险——基于中国驻外使馆安全提醒之分析"，《国际安全研究》，2019年第6期，第127—130页。

② 张春旺、张秀明：《世界侨情报告(2020)》，北京：社会科学文献出版社，2020年，第81页。

③ 陈奕平、许彤辉："新冠疫情下海外中国公民安全与领事保护"，《东南亚研究》，2020年第4期，第142—145页。

④ 赵斌："群体化：新兴大国参与全球气候治理的路径选择"，《国际论坛》，2017年第2期，第8—13页。

以来积极参与世界气候环境的治理，另一方面，从长远来看，环境污染、气候变暖等问题所带来的负面影响也在不断地影响着中国的发展。“一带一路”沿线国家是我国对外投资与贸易的重要目的地，是我国许多海外利益的所在地，当前在全球气候变暖的趋势下，“一带一路”相关国家由于地理环境、气候环境十分复杂，且一部分处于热带亚热带等沿海地区，加上不少国家发展滞后、基础建设等配套设施欠缺，如地震、海啸、台风等自然灾害一旦发生，必然会导致重大损失。如2010年海地的地震对中国在海地的人员和财产安全造成了重大影响，2018年7月5日，两艘载有127名中国游客的船只返回普吉岛途中，突遇特大暴风雨，分别在珊瑚岛和梅通岛发生倾覆，该沉船事故造成47名中国游客遇难。

环境治理是典型的全球公共事业，需要各国投入大量的资金、技术和专业人员，收益不明确且周期较长，气候治理需要削减全球各国碳排放量，既会导致各国经济发展的减缓，也会影响各国的发展方式和全球的能源革命。同时，治理收益仍存在诸多不确定性，低碳经济的效益还不够明显。另外，强制减排任务分配导致发达国家和发展中国家之间相对收益差距较大，发达国家减排动力受阻。而各国都是站在本国立场上带着固有认知参与合作，尤其是发达国家和发展中国家时常存在利益分歧，在环境治理责任的分配问题上难以达成共识，国际环境合作只能在环境治理和各国利益之间反复磋商寻求总体平衡。[①] 国际环境合作要求各国必须承担相应的治理责任，但是合作中各国存在着大量“搭便车”行为，其进程往往是曲折艰难又容易陷入困境。[②] 因此，中国参与全球气候环境治理，使气候问题得以改善，并且是以公平合理的方式进行改善，对于中国维护自身的海外利益来说也是非常重要。

除自然灾害导致的人员财产损失之外，我国的海外环境利益也常常受人为的环境污染影响。如2021年4月13日，日本政府宣布将自2011年存放在福岛电站的123万吨核废水排入大海。据相关科学家分析，此举所造成的环境危害是全世界性的，核废水将影响世界海洋经济的发展，对全人类的生产、生活、健康造成巨大的威胁。[③] 而中国作为日本的邻国，一旦核废水被

---

① 李志斐、董亮、张海滨：“中国参与国际气候治理30年回顾”，《中国人口·资源与环境》，2021年第9期，第199—202页。

② 张丽华、刘殿金：“责任转移视域下全球气候治理及中国的战略选择”，《理论探讨》，2020年第5期，第41—42页。

③ 隋鑫、张光政等：“国际社会严重关切日本核污染水排海问题”，《人民日报》，2021年11月3日。

倾倒，我国的海洋产业与沿海地区都会受到巨大的危害。

三、我国海外新疆域利益

新疆域利益包括海洋、陆地通道、太空、网络等国际公域中的安全利益。“全球公域”指主权国家管辖之外的人类共有资源、区域和领域。[①] 在经济全球化的背景之下，西方国家出现了“利益边疆”等新概念，不断地拓展国家利益的边界，以谋求国家利益的最大化，如信息边疆、文化边疆、战略边疆以及经济边疆等，都被视为国际政治的“新边疆”。“新”表现在新的时代特征，即在新的历史条件下，大国的国家海外利益开始突破本土地理疆界向全球拓展，在更深刻、更广阔的层面融入世界，边疆观依据国家利益的拓展而演进。[②]

随着中国的崛起，海外利益的疆界已经扩展到包括极地在内的全球任何一个角落，地球上任何地方的风吹草动都可能牵涉到我国的安全利益，并影响到国内的政治经济和社会生活。中国国家利益的疆界还包括海权意义上的深海疆界，世界每一个战略意义的海峡和战略通道都涌动着财富的气息并直接体现着中国的国际利益，一旦深海疆界的安全受传统和非传统意义上的威胁，贸易和能源的受阻立刻会反映到国内社会和政治中。作为国家“高边疆”的外太空领域也同样如此，通讯卫星、间谍卫星等高边疆之争直接决定着我国军事行动的指挥中枢是否畅通，决定着在涉及国家命运的军事斗争中是否能占得先机。在网络日益多元且自由的时代，互联网疆界上的安全，在某些特定的情况下能成为影响一国舆论、民意、政情、社会政治经济的温度计，甚至是国家间进行舆论心理战的重要工具，西方某些势力无时无刻不通过互联网对中国民众进行价值观的渗透，并利用互联网引发中国内部社会危机。[③]

以网络安全为例，自 2013 年美国的“棱镜门”事件后，信息安全问题

① 韩雪晴:“全球公域战略与北约安全新理念”,《国际安全研究》, 2014 年第 4 期，第 53—79+157 页。

② 于军、程春华：《中国的海外利益》第 1 版，北京：人民出版社，2015 年，第 99 页。

③ 王义桅、冯绍雷、刘涛：“成立国家安全委员会应对大安全挑战”，观察者网，2013 年 11 月 14 日，https://www.guancha.cn/WangYiWei/2013_11_14_185548.shtml（检索于 2021 年 11 月 30 日）。

再次被摆到了世界面前。中国的发展离不开信息安全，截至2021年4月，中国网民数量达到10.11亿，互联网普及率达71.6%[①]，公众的日常生活已离不开互联网。其次，企业在国际市场参与竞争时，其商业机密的安全是企业保障核心竞争力的重要内容，涉及我国海外经济利益的保障。同时，信息技术的发展，带来了云计算、大数据、物联网等新技术的广泛应用，信息储存、处理、网络化使信息安全问题更加复杂。当国家、商业机密和公众信息被监听时，将严重损害国家主权，对国家安全产生负面影响。目前，发达国家、新兴国家以及其他国家尚未在互联网治理规范上达成一致，主要的分歧集中在发达国家提出的一旦认为本国受到破坏公共数据、扰乱金融市场、窃取信息数据等威胁，就能根据“动能打击原则”（kinetic effects）予以“武力”回应。目前治理的规范仍存在着模糊性，网络空间权力的界定不准，安全危害标准不清晰等特点，导致很难认定某些行为是否造成事实的安全侵害，部分国家的打击结果，又可能会侵害到另一部分国家的合法权益，导致“信息战”爆发的可能性增大，成为国际关系中的又一个权力“战场”。[②]

综合上述内容，我国的海外利益在国际社会中的存量越来越大，所涉及领域也越来越广泛，其所面临的风险与挑战也在与日俱增。海外利益的发生、拓展与维护是大国成长必须经历的一个阶段。目前我国海外利益所面临的风险具有高复合性、高传导性、高不确定性与高成本性四大难点。[③]新冠肺炎疫情、逆全球化和信息化将各种风险叠放加大，新媒体、人员交往、投资、移民运输等，均有可能加深和加剧我国海外利益现存的风险。如果将海外利益的发展看作进攻，那么维护海外利益的安全则是防御，如何对我国海外利益面临的风险进行有效规避与管控，进一步将中国海外利益拓展，是我们未来亟须解决的课题。

---

① “第十九次中国互联网络发展状况统计报告”，人民网，2021年4月28日，https://baike.baidu.com/reference/10663881/09d0LEzaf73tCZHziJFk12-dOdLYsmWnTFIbQRmtXddX6beXTorfmLXahMmBR8pIbcXAp5JI0XGQB98BVFs1lt9MTCiDR8qUM（检索于2021年11月30日）。

② 任琳：“全球公域：不均衡环球化世界中的治理与权力”，《国际安全研究》，2014年第6期，第24—28页。

③ 韩立群：“维护和拓展我国海外利益面临严峻挑战”，《世界知识》，2019年第12期，第58—59页。

第二章
国际舆论背景下我国海外利益发展与安全

第一节　严峻复杂的国际舆论环境

“60多年来，中国共向166个国家和国际组织提供了近4000亿元人民币援助，为发展中国家培训各类人员1200多万人次，派遣60多万援助人员。”[①]然而，这样的“默默奉献”却并没有得到世界的普遍肯定，甚至还被部分西方国家诬蔑中国借对外援助来扩大自己的国际影响力，并换取欠发达国家地区的不平等利益。对外援助的“事倍功半”从侧面反映出了我国面临着严峻复杂的外部舆论环境。由此，针对外部舆论环境提出三个问题：首先，国际舆论是什么？其次，国际舆论环境何以变得重要？最后，国际舆论环境对我国海外利益发展与安全产生什么影响？

一、从硬实力竞争到软实力战略

国家战略决策是以外交关系为背景在国家层面的决策，是国家谋求与外部环境最优动态平衡的全局性、长期性的决策，不仅关乎国家战略目标，更关乎核心国家利益。在国家战略决策的实施过程中，软实力常常被看作“权力的第二张面孔”，“军事威胁和经济制裁并不是国际政治中促成改变的仅有手段，设置议程并施以诱惑也能达到同样的效果。”[②]相对于通过“胡萝卜加大棒”[③]的威胁利诱以达到最终目的的硬实力，“软实力”更强调在价

① 张中祥：“中国对外援助为什么会遭到前所未有的质疑”，《武汉大学学报（哲学社会科学版）》，2019年第3期，第179—184页。

② ［美］约瑟夫·奈著：《软实力》，马娟娟译，北京：中信出版社，2013年，第47页。

③ “胡萝卜加大棒”是激励方式中的一种。这种暗喻是指运用奖励和惩罚两种手段以诱发人们所要求的行为。它来源于一则古老的故事“要使驴子前进”就在它前面放一个胡萝卜或者用一根棒子在后面赶它。在国际关系中，胡萝卜多指代经济援助，而大棒多指政治、经济、物资方面的限制封锁，甚至是武力攻打。

值观念、生活方式和社会制度上的吸引力和同化力。“软力量使用的是不同的手段(既非武力，也非金钱)来促进合作，即由共同的价值观产生的吸引力及为实现这些价值观做贡献的正义感和责任心。”① 软实力既与国内环境中的政治、经济、文化、军事等要素相关，又影响着国际关系中的外交博弈、贸易往来、文化交流、战争冲突等。我国学者认为“将文化、观念、国际制度、发展模式和国家形象等共识度高的要素作为软实力的核心资源要素具有更重要的战略意义”。② 虽然，约瑟夫·奈在 20 世纪 90 年代初期提出“软实力”这一概念后并没有马上引起当时各国的强烈震动，甚至被认为“美国能够凭借言行来降低敌人的威胁是个纯属虚构的主张”。③ 然而，当全世界在以强硬的军事手段对付恐怖主义和地区竞争而收效甚微之时，软实力逐渐走向了全球战略布局的重要位置。

千禧年之初，美国兰德公司完成了美国全球软实力战略报告《美国信息新战略：思想战的兴起》。该报告就美国开展软实力网络竞争提出了系统性的政策建议，包括创建“特种媒体部队”，随时派遣到发生冲突的地区搜集与传播信息以及建立国际组织推行美国的价值观念等。英国提升软实力主要是通过英国广播公司（BBC）的全球扩张计划来实现的。2016 年 11 月 16 日，英国广播公司世界新闻部宣布了 20 世纪 40 年代以来最大的一次全球媒体扩张计划，将推出多语种服务并加大在社交媒体平台的传播力度，而“不会说英语的人”成为这次计划中的首要群体。2021 年，品牌价值评估与战略咨询机构 Brand Finance《2021 年全球软实力指数排名》④ 中，德国成为全球软实力排名第一。然而，在一项关于“国际声誉”(Reputation) 的排名中，中国得分仅有 5.5 分，远低于以色列、土耳其等国，位于全球中等偏下。这份报告一定程度上反映了中国在国际舆论环境中的艰难处境。

① [美] 约瑟夫·奈：《软实力：世界政坛成功之道》，吴晓辉、钱程译，北京：东方出版社，2005 年，第 42—43 页。

② 门洪华、于永群：“中美软实力比较 (2017—2020)”，《国际关系研究》，2021 年第 4 期，第 3—31+155—156 页。

③ 唐晋主编：《论剑：崛起进程中的中国软实力》，北京：人民日报出版社，2008 年，第 4 页。

④ 《2021 年全球软实力指数排名》是一项基于对来自 100 个国家的 7.5 万多名受访者进行的大规模实地调查结果，其评分指标共有 12 个，分别为：知名度、美誉度、影响力、商业和贸易、国家治理、国际关系、文化和遗产、媒体和通讯、教育和科学、人与价值观、新冠肺炎疫情应对力、奖牌。该报告具有一定的参考价值。

二、被垄断的话语和崛起的声音

软实力的核心要素之一是“舆论引导力”。习近平主席日前强调：“必须加强顶层设计和研究布局，构建具有鲜明中国特色的战略传播体系，着力提高国际传播影响力、中华文化感召力、中国形象亲和力、中国话语说服力、国际舆论引导力。”[①] 所谓“国际舆论引导力”，是指通过多种传播媒介的力量影响国际公众感知，使得一国的政治理念、社会制度与习俗文化等得到国际社会的认可并得以确定其合法化地位。“当一个国家在某议题上传播的信息为国际社会所接受和认同，这个国家在世界舆论中的相关引导力和影响力就会明显提高，其博弈及处理该议题的软实力优势乃至综合实力也会随之大幅增加。”[②] 然而，冰冻三尺非一日之寒，中国的国际舆论引导力提升之所以举步维艰，从外部因素上看，这和被西方国家主导的国际舆论环境有着重要关系，其在西方话语议程设置框架下所培养出的“国际共识”垄断了他国受众认知中国的信息渠道，潜移默化地影响国际受众对中国的态度。

在当今全球化及“大国无战争”时代，这种舆论政策上升到战略纬度并在全球发起话语攻击时就演化出了以国家为主体的国际舆论战。“信息时代对外政策的一个主要目标就是必须在世界的信息传播中取得胜利。”[③] 事实上，舆论战古已有之，但真正得到应用和推广还要归因于两次世界大战中的战略需要。当下，在互联网平台等技术媒体的支持和各国政府的重视下，国际舆论战已进入高度专业化、系统化和战略化层次，其宣传手段和宣传内容都得到了极大丰富。近年来，随着我国综合国力的不断提升，部分国家将中国作为国际舆论战中的“假想敌”，利用先进的媒介手段对中国发起了猛烈的舆论攻击，中国所面临的舆论环境比以往任何一个历史时期都更严峻。在全球新冠肺炎疫情突发后，中国第一时间向世界各国提供援助，分享经验，积极配合世界卫生组织的抗疫安排，但并没有得到欧美等西方国家的公正评价和积极肯定。甚至出现了将病毒标签化的民族主义趋势，对中国抗疫成就污名

① “习近平在中共中央政治局第三十次集体学习时强调加强和改进国际传播工作展示真实立体全面的中国”新华社，2021 年 6 月 1 日，https://www.sohu.com/a/470532651_121106884（检索于 2021 年 12 月 3 日）。

② 马新民：《新闻的力量》，北京：中国人民大学出版社，2009 年，第 3 页。

③ 美国前商务部长罗斯科普夫所言。转引自 [美] 丹·席勒：《数字资本主义》，南昌：江西人民出版社，杨立平译，2001 年，第 131 页。

化的议程设置，炮制出“中国病毒论”“中国道歉论”“中国赔偿论”等一系列非事实恶性言论。在面临如此严峻的国际舆论形势下，中国也在逐渐以更加积极主动的姿态表明中国态度，破解负面舆论陷阱。以日本在钓鱼岛争端中的国际舆论动员为例，日本在对钓鱼岛全球认知普及和强化命名上颇费苦心，这使得国际社会及主要媒体在表述中日岛争时，大部分采用的是“Diaoyu Islands”与“Senkaku Islands”两名并记法。可以看到中国外宣与日本外宣在舆论战中的对冲效应，其结果是国际社会在此问题上的折中取向。近年来，我国在应对国际舆论战中的“预案能力”大幅增强。在南海仲裁案上，“新华社报道时效也全面领先西方三大通讯社海外社交媒体账号。新华社首条推特快讯比时效第二的美联社早 45 分钟，比专注于突发事件的西方媒体 BBC Breaking 和 CNN Breaching 推特账号也分别领先 29 分钟和 35 分钟”。[①]

除了中国，拉丁美洲、非洲与亚洲的发展中国家近年来也在寻找在国际舆论场中的立身之地。如卡塔尔的半岛电视台、巴西的环球集团、印度的宝莱坞等，然而，不可否认的是就当前国际舆论环境的实际情况而言，话语权仍然掌握在以美国为主的西方发达国家手中，缺少发展中国家的声音，这也难免会出现针对中国的华为孟晚舟事件、新疆棉事件和缅甸密松水电站冲突等负面报道，严重损害着中国影响力的全球提升和中国海外利益的发展与安全。

三、作为新型非关税壁垒的国际舆论

在中美博弈的时代语境下，“负面舆论”越来越成为国际贸易中的新型非关税壁垒，成为推行贸易保护主义和单边主义的一把“利刃”。以美国为例，自 2008 年金融危机以来，国内经济不景气导致失业率节节攀升，就业问题成为民众最关心的问题。美国的贸易保护主义者常常将贸易与就业问题捆绑在一起，认为“美国制造业就业机会的减少主要归因于从国外大量进口和服务外包等因素”。[②] 例如，美国媒体巧妙利用中国少数行业的个别事故，

① 邓玉山、凌朔：“南海仲裁案国际舆论战的经验和启示—以新华社英文报道为例”，《对外传播》，2016 年第 12 期，第 30—31 页。

② Kletzer，L. G.，“The Impact of International Trade on Wages: Trade and Job Loss in US. Manufacturing,1979—1994”, *Social Science Electronic Publishing*, Vol.17,No.3,2001,pp.81–82.

通过媒体宣传将“made in China”等同于劣质品和产品质量不过关这一极具偏见的错误阐释传达给了世界范围内的广大消费者，逐渐演化成一场“中国制造”的信任危机，以此来转移其国内的社会矛盾，中国也因此常常遭受他国的指责和不公正待遇。除了在基础制造业方面对“中国制造”发起污名化议程设置外，在技术性贸易方面，中国被诬蔑为“信息窃取者”；在低碳贸易方面，中国被扣上了“人口众多罪”，除此之外，“人权”和“民主”等西方普遍关注的议题也成为他们对华舆论攻击的武器，损害着中国的对外贸易。“美国总喜欢抓住中国的人权做文章，其实背后目的是从消费者层面引发对中国产品的厌恶情绪和抵制心理，以达到遏制中国产品进口的目的。”①

近年来由部分西方国家发起的舆论攻击所产生的负面效应正在呈现全球溢出的态势，直接威胁到了中国与“一带一路”倡议沿线国家的经济交往和政治合作。如：2011 年 10 月 12 日中缅密松水电站开工仅一年半即被缅甸登盛总统叫停，使中国蒙受重大经济损失。在项目停建之前，海外媒体对项目的负面报道不断，议题包括项目对环境的破坏性影响、项目的安全性隐患、对移民安置不力等问题。中方在该实践过程中的应对策略较为被动，中国企业海外形象受损严重。据此，西方国家主导下的负面国际舆论媒体议程设置俨然成为新时期大国竞争中的新型非关税壁垒，也成为遏制中国和平发展的手段。

四、不断扩大的国际舆论朋友圈

国际舆论有正面舆论和负面舆论之分。在应对日渐复杂的国际舆论环境中，来自第三视角的正面舆论成为提升中国全球影响力的重要方面。海外华人、发展中国家新闻媒体、中立的发达国家新闻媒体以及部分联合国成员逐渐融入了对中国发展外部环境有利的国际舆论朋友圈。

2020 年 4 月，随着中国国内疫情防控形势好转，并积极援助“一带一路”沿线国家抗疫，国际舆论关于“一带一路”倡议的正面声音明显增多，中国方案受到国际舆论的肯定与支持。以亚洲媒体为代表的国际舆论对中国开展积极有效的抗疫行动、支援他国抗疫表示赞赏，认可“健康丝绸之路”是抗

① 李钢、孟丽君：“舆论对国际贸易的影响：以美国进口贸易为例”，《世界经济》，2019 年第 8 期，第 146—169 页。

疫的重要力量，并认为其具有巨大发展空间。新加坡亚洲新闻台（CNA）称，一些发展中国家在疫情中暴露了医疗基础设施的薄弱之处，“健康丝绸之路”的帮助称得上雪中送炭。斯里兰卡国家电视台报道称，中国交建集团港口城项目公司在抗击疫情的同时推动复工复产，体现了中国企业的担当。《俄罗斯报》发表题为《“一带一路”获得免疫力》的文章称，“一带一路”倡议在疫情防控期间显示出强大的生命力，尤其是在应对瞬息万变的全球形势方面具有很大潜力。

以上种种报道显示，虽然国际社会中仍然是西强中弱的舆论格局，但中国的国际舆论朋友圈也呈现出扩大的趋势，这为中国争取舆论同盟进而扩大全球影响力，实现“一带一路”倡议的稳步实施具有重要的意义。

第二节　影响世界的媒体力量——以印度主流媒体涉华报道为例

随着我国综合国力的不断增强，世界主流媒体涉华报道也开始增多。媒体的声音越来越成为反映不同国家民声，甚至影响政府外交决策的关键因素，对涉华报道议题的延展化，倾向特征的多样化以及倾向原因的深层研究分析，将有利于从舆论引导角度保障我国海外利益的拓展，化解海外利益风险危机。

作为亚洲最大的两个发展中国家，中印关系的整体走向成为构筑全球政治环境的重要因子。2019 年 5 月，莫迪领导的印度人民党在总统选举中大获全胜，开启了中印合作的 2.0 时代。作为超级传媒大国，印度主流媒体不仅是窥探中印关系的晴雨表，更是影响中国在印甚至整个环孟加拉湾地区海外利益的社会舆情操控者。2022 年 4 月 30 日，印度财政部下属执法机构发布公告，以涉嫌非法汇款为名，扣押“小米”在印度账户的 555 亿印度卢比（约合人民币 49 亿元）。此行动显示出，印度针对中国企业的相关调查正在逐步升级，中国在印海外利益受到不同程度的威胁，中国全球影响力受到严重影响。因此，本节选取印度主流媒体涉华报道作为代表性案例，以此分析国外媒体对我国海外利益的影响及我国应采取的相关对策。

一、印度主流媒体盘点

印度媒体生态主要由两种语言系统构成：印地语和英语。印地语媒体主要面向民间，其涉及的新闻内容与日常生活息息相关，多反映国内的社会问题；英语媒体是印度重要的涉外新闻渠道，这和受众体的文化水平有着重要关系。“在印度，由于官僚、受教育的阶层以及对外交政策有影响力的人士都讲英语，因此印度英文媒体对外交决策具有很重要的舆论影响力。”[①]对华报道涉及印度外交和国际局势动态，印度主流媒体会采取英语为主要的媒体语言来迎合国内的社会精英，并形成沟通西方的桥梁。其中，有四家主流媒体报纸由于其广泛的影响力，而成为表达印度政府与民间在涉华问题上态度和倾向的窗口。

（一）《印度斯坦时报》

《印度斯坦时报》创刊于 1924 年，与印度独立运动有着直接的渊源关系（“印度斯坦”是历史上对北印度的称谓），因而在印度有着较为广泛的受众基础。目前，在新德里、孟买、加尔各答、勒克瑙、巴特那、兰契、博帕尔和昌迪加尔同时发行版本。据印度流通审计局统计，仅 2017 年 11 月份，该报的发行量就高达 993645 份。[②]近些年随着互联网技术的不断发展，《印度斯坦时报》也开始进军数字媒体，又因其读者多为中产阶级以上的社会精英，因此在印度具有较强的舆论引导力。该报以消息报道为主，其消息多源于印度政府、中国官方和美国主流媒体，政治立场较为中立。

（二）《印度时报》

《印度时报》于 1838 年在孟买创办，初名《孟买时报》，是目前全球发行量最大的英文对开日报，其网络版也是点击量最大的英文报纸。读者群为知识分子、商人、官员，在国内声誉较高，常常受到印度宣传部和报刊主编会的嘉奖。稿源不仅来自国内，同时也会采用美联社、《纽约时报》等西

---

① 唐璐：“印度主流英文媒体报道与公众舆论对华认知”，《南亚研究》，2010 年第 1 期，第 1—14 页。

② 张林、赵婷：“印度主流英文媒体的中国认知分析”，《东南亚南亚研究》，2018 年第 2 期，第 90—96+110 页。

方主流媒体的报道。该报内容较为严肃，在全球新闻方面对美国、英国、巴基斯坦、南亚关注较多，近些年的涉华报道也在不断增多，关于中国的代表性观点多出自此报。同时，《印度时报》也是最早派出驻华记者的印度媒体。[①]但由于其明显的右翼立场，对中国的报道部分存在偏见。

（三）《印度教徒报》

《印度教徒报》是历史悠久、在印度南部有较大影响力的英文日报，也是印度第一家开办网络报纸的媒体。其自称办报宗旨为“不左倾、不反动、不进步，但信仰自由”，并在华盛顿、伦敦、东京、新加坡等地设有驻外记者。该报内容广泛多样，设有政治、商业、娱乐、运动等多个板块，新闻评论是其主要特色。该报虽不以长篇报道见长，但舆论基调较为积极，有明显的左倾倾向，近些年对中国“一带一路”倡议十分关注。

（四）印度报业托拉斯

印度报业托拉斯始于1947年，成立后兼并了印联合通讯社和路透社印度支社。在印度国内设有132个分社，并在北京、纽约、伦敦、莫斯科等地设有国际分社，且与新华社、路透社、法新社等100多家外国新闻媒体机构签有新闻交流协议。关于中国的报道消息来源主要包括中国领导人讲话、外交部等官方机构表态、各国政界和军界人士、学者、西方媒体等。[②]对华报道较为客观积极。

二、印度主流媒体涉华报道的认知转向

印度媒体是一个体量庞大的多声部集合。世界报业协会（World Association of Newspapers）2010年发布的调查报告称，自2005年以来，印度日报种类多达2700种，这使得印度有偿报纸数量多于世界上其他任何国家。[③]

① 梁建平：“立足竞争——印度报业管窥”，《新闻与写作》，2001年第8期，第46页。

② 付蕾、沙涛：“2018年以来印度英文媒体‘一带一路’报道分析”，《国际传播》，2019年第2期，第71—79页。

③ 王云：“印度传统媒体发展态势”，《海外传媒》，2011年第3期，第59—61页。

印度主流媒体作为非官方机构在言论发表上享受极高的自主权，政府很少直接对媒体舆论施加影响。媒体在印度不仅扮演着政府政策的阐释者和政府行为的监督者，更是在公众对华舆论引导方面发挥着不可小觑的作用。2019 年，在印度经历了全民大选后，印度主流媒体涉华报道立场随着世界政治局势和国内政治变革也呈现出了新特征、新变化，从时间上来看，印媒自 2017 年 6 月以来经历了三次认知转向。

（一）第一次转向：2017 年 6 月敌视状态下“大国威胁”的负面舆论引导

2017 年 6 月 18 日至 8 月 28 日，历时两个多月的“洞朗对峙”使中印两国关系陷入紧张局面，印度国内媒体的对华报道也随之进入敌对状态，炒作“中国威胁论”成为重要话题之一，中国军队即将“入侵”印度的报道屡见不鲜。从官方层面来说，“洞朗对峙”暴露了印度政府的战略野心和对华态度，而从民间舆论层面则反映了印媒体对华报道的意识目的与现实利益，即在与官方立场一致的前提下，寻求中国形象妖魔化的标签价值。“妖魔化中国”最早是指西方媒体运用一种变形、夸张、扭曲的失实报道对中国形象进行刻意的诋毁。新华社记者李希光在《“妖魔化中国”的背后——美国传媒是如何讲政治的》指出：“美国报人对于来自中国的消息，已经完全不在乎这些东西是否编造或高度夸张。他们只是一心一意地要把中国人描写成妖魔。”[①] 与英美等西方国家长期保持高度联系的印度媒体在对华报道方面也是如出一辙。其实，早在 2017 年洞朗事件爆发以前，“中国威胁论”的基调便时时弥漫在印度主流媒体之中。2011 年印度《经济时报》发表的《中国的“和平”威胁》文章中，就已经谈到“中国的这种所谓的‘非接触战争’可以理解为中国特色的和平崛起，其实质是威胁”。[②] 随后对中方较为友好的《印度斯坦时报》也表现出了这种倾向。2017 年的“洞朗事件”印度媒体更是将反华报道推向了新高潮，从军队边界对峙转向印度全民贸易抵制。《印度时报》一篇报道称：“当前，对中国的贸易抵制的呼声成为印度的主

① 郭军伟：《西方媒体“妖魔化中国”的问题探源与辨析》，兰州：兰州大学，2012 年，第 84 页。

② 李忠林：“印度媒体反华报道及其对中英关系的影响”，《和平与发展》，2012 年第 6 期，第 60—64+71 页。

流。”[①] 这一时期印度主流报纸多以“威胁”“抵制”的妖魔化标签给中国崛起扣帽子，使我国海外利益因此受到不同程度的破坏。

（二）第二次转向：2018 年 4 月友好状态下“中印合作”的正面舆论回暖

中国国家主席习近平和印度总理莫迪在武汉举行的非正式会晤掀开了中印关系的新篇章。首先，印度主流媒体给予了这次非正式会晤高度评价。《印度斯坦时报》称“习近平和莫迪的武汉会晤是两国引领亚洲新伙伴关系的起点”；印度报业托拉斯以“莫迪和习近平进行心与心的交流”为题，对中国大方示好；甚至一向对中国持右翼立场的《印度时报》也认为“武汉非正式会晤将决定印中关系的未来走向”。[②] 其次，印度主流媒体在这次会晤后加强了对中印关系的全面报道。不仅涉及中印两国在世界政治格局的重要地位，指出在以美国为首的西方国家开始实施贸易保护主义后，新兴的超级大国印度和中国必须强化在世界秩序中的重要角色，因此两个邻国之间的稳定和平就变得至关重要。而且，印媒将报道的内容拓展到其他非传统领域，除了边界问题、商贸交易，更是强调加强两国在打击恐怖主义、开展民间艺术以及宗教电影交流等方面的合作。印度媒体甚至对“一带一路”倡议也采用了较为宽容的言辞。最后，印度主流媒体开启了对华报道的正面舆论连锁效应，一扫过去负面标签和民族情绪引导。在主流媒体接连发声后，印度泰米尔语媒体如《每日太阳报》《每日钟声》《莲花日报》均以热情温暖的大标题以及亲切友好的两国领导人的图片形象来肯定此次会晤的重要价值。此次会晤之后，两国领导人均出席了上合青岛峰会、南非金砖国家峰会，并进行了亲密友好的交流，媒体紧随印度政府态度，对中国表示了极大的关注，如 2018 年 8 月 2 日《印度时报》的一篇报道中称：“武汉非正式会晤确保了两位领导人之间的相互信任、理解和支持。”[③] 该文章还提到中印两国在接下来的时间里将加强军事合作和民间交往，避免边界冲突。又如，《印度

---

① Malini Goyal：“How China beats India hollow in trade and dominates Indian homes，markets and economy” *Times of India*，July 16，2017.

② TIMSOFINDIA：“Modi-Xi's informal summit ends :Key takeaways”，*Times of India*，Apr 29，2018.

③ Swati Mathur：“Faceoff with China over Doklam resolved with diplomatic maturity, MEA tells Parliament”，*Times of India*，Aug 2，2018.

斯坦时报》称："尽管中印双方存在分歧，但我们将努力解决这些分歧，确保两国进步与繁荣。"[①]2018年下半年，密集的对华报道将中印两国融洽的氛围推向了高潮。尽管质疑中国的声音一直存在于印度媒体之中，"大国威胁论"的舆论基调已不是主流。印度媒体开始意识到，作为亚洲最大的两个国家，中印只有强强联合才能实现一个共惠的未来，在西方意识形态不断攻击的当下，印度不再选择一味地依附英美强权，而是更懂得了如何在大国之间制衡的道理，这为2019年中印合作关系的继续升级创造了良好的舆论环境。

（三）第三次转向：2019年5月以来"空间维度"的众声喧哗

这里的"空间维度"是指媒体的公共话语空间，其概念得益于哈贝马斯（Jürgen Habermas）在《公共领域的结构转型》中所提出的"公共领域"观点，他认为"公共领域是介于国家与社会之间进行调节的一个领域，公共领域原则上向所有公民开放"。[②]过去，印度媒体是介于印度政府和民众双重空间的独立领域，但现在越来越多外部势力的介入，使得印媒主体不断膨胀，形成了一个多元话语空间，构筑了众声喧哗的舆论场，我国海外利益时而成为其政治空间博弈的"牺牲品"。

首先，印媒主体的空间扩张表现在政府与媒体在涉华问题上的"强强联合"。传统上我们在对印度媒体对华报道进行研究时，多强调"弱政府，强社会"的观念，以此来凸显印度媒体和政府的"弱关系"及其新闻自由度。事实上，印度在"莫迪效应"的持续发酵下，政府与媒体的关系已经在发生着改变，"强强联合"成为其携手并行的新面貌，媒体的导向性也决定了新时期印媒在对华报道上的"亲政府"特征。这一特征在有关中美贸易战的报道中表现尤为突出。从官方态度来看，莫迪政府在中美之间极力周旋，以寻求印度发展的双重机遇。对待美国方面，莫迪政府不再一味屈服于美国的霸权主义，提出"印度制造"计划；在"配合"美国"印太战略"的同时购买俄罗斯的航空导弹系统；对待中国方面，虽然在边境问题以及中国南海动向上随时保持着警惕的姿态，但对中国制造业和电商发展却表示了极大的兴趣。正如《印度时报》

---

① Sutirtho Patranobis: "Narendra Modi, Xi Jinping meeting during SCO to take Wuhan consensus forward" *Hindustan Times*, June 8, 2018.

② 杨礼银：《哈贝马斯的话语民主理论研究》，北京：北京师范大学，2006年，第56页。

引述“小米”首席执行官雷军的话：“印度是小米公司在中国以外最重要的市场。”[①]然而，这样的“兴趣”有时是建立在对我国海外合法利益的剥夺上。受新冠疫情影响，中国在印度市场的投资近两年有所放缓，据印度中国商会《中资企业在印度发展报告（2021年版）》（下称“报告”），由于印度新的投资政策限制等原因，在印度的中资企业已从2019年年底的超过1000家，减少到2021年10月底的约700家。2022年2月17日，有关单位在商务部例行新闻发布会上表示：“中方注意到，包括中国企业在内的外国投资者，对印度投资环境的担忧正在加深。外国投资者为印度当地创造了大量就业机会，对印度经济发展作出了积极贡献。希望印方改善营商环境，公平、透明、非歧视地对待包括中国企业在内的所有外国投资者。”[②]有鉴于此，印度涉华部分报道也开始呈现着“中立的声音”，而这“中立的声音”不仅是印度主流媒体对华了解加深的表现，更重要的是官方政治意识的媒体化，争取舆论阵地的策略手段。一方面，表示印度的强大国力并不会受到世界局势的影响。如“这个世界可能会受影响，但印度不会”，“这对印度来说是个好机会，但是莫迪政府必须连任”。[③]另一方面，指出印度将在变动的政治博弈中坐收渔翁之利。印度媒体评论多表示出中美俄等世界大国对印度而言既是朋友也是敌人的态度，混乱时期是抓住机遇迎头发展的绝佳时期。

其次，印媒主体的空间扩张还表现在外媒“圈地运动”的深入，其根本原因在于印度社会与西方国家的文化亲缘性。所谓“文化亲缘性”是指双方虽然在地理空间内表现出极大的差异，但不同主体在心理、宗教、意识形态等思想空间方面却趋于一致，具有共同的文化属性和高度的亲缘特征。由于历史、意识形态等多种原因，印度民众在心理、文化方面更加亲近和信任西方世界，对于邻邦中国反而保持着高度的警惕和较深的思想隔膜。这就导致了两种结果：第一种结果是，印度主流媒体欢迎外媒的直接介入。对于这一结果体现了印度主流媒体和西方媒体的互动性，以及西方媒体对印度市场的敏锐嗅觉。印度拥有数量最多的熟练掌握英语的中产阶级群体，他们中的大

① TIMSOFINDIA：“China trade war:How it may impact India”，*Times of India*，May 14，2019.

② 援引自 https://baijiahao.baidu.com/s?id=1725065826687803696&wfr=spider&for=pc

③ Swati Mathur：“US-China trade war:How it may impact India”，*Times of India*，May 16，2019.

部分还拥有在欧美等国的留学经历，这使得大量西方主流媒体加强了与印度本土媒体合作，谋取市场份额。如 Quartz、BuzzFeed、《华盛顿邮报》都纷纷建立了印度版网站，BBC 连续多年进行印度主题的新闻项目和数字新闻内容的开发，而《印度时报》则有近四分之一的美资控股。第二种结果是，印度主流媒体对华报道信息源的西化倾向。过去，印度媒体对华报道多源于印度政府高官、退休将领、智库专家，以及非政府的战略分析师等。印度媒体虽然受意识形态的影响，常常将中国视为最大的竞争者，但仍然保持着媒体话语的本土性。自中美贸易战爆发后，中国在西方媒体中逐渐成为问题焦点，印度主流媒体将审视中国的话语权力交给了“他者”——西方主流媒体，以看似置之度外、保持中立的媒体视角进行非印度式报道。例如 Facebook 和 Twitter 称《中国正在传播虚假信息》引自《纽约新闻》；《中国导弹威胁着美国基地》引自 Facebook；《美中贸易战可能会对印度钢铁行业带来冲击》引自彭博社。诸如此类的对华报道在印度主流媒体新闻板块里占据着越来越高的比重，甚至一些西方学者的专栏文章也被印媒直接署名转发。印度媒体在走向众声喧哗的舆论场时，其独立性和自由度也面临着严峻的挑战。

最后，印媒主体的空间扩张也是利益集团“蛋糕瓜分”的结果。在印度，媒体是政党斗争的重要舆论阵地和政治舞台，而利益集团的资金支持则是在政党斗争中取得胜利的关键。由于印度主流媒体大多与家族财团有着密切的关系，如《印度快报》由戈卡恩家族财团控股；《印度时报》由戈卡恩家族及贾殷家族控股；《印度斯坦时报》由比拉家族控股，等等。这些家族财团为了其自身发展常常出巨额资助能让他们得到“恩惠”的领导者，以换取长远的现实利益。以莫迪领导的印度人民党为例，在印度大选的过程中，由于有印度几大财团的鼎力支持，印度人民党竞选经费十分充足，莫迪通过购买媒体广告，左右媒体报道风向，制造中国话题等方式，顺利把握住了印度民众的民族主义情绪及心理，以“振兴印度”为口号，在大选中获得了压倒性的胜利。利益集团的介入，使得印媒主体不断膨胀，在对华报道上体现了利益导向和政党倾向，报道内容也成为换取自身利益的筹码。

总起来看，自 2017 年 6 月至今，印度主流媒体涉华报道所发生的三次转向既是国际局势风云变幻的结果，更是印度政治形态不断演变的必然选择，主流媒体在不断打破官方与民间的话语空间时，也在创造自己的社会价值，同时也对我国海外利益的发展与安全产生着不同程度的影响。

三、印度主流媒体涉华报道的议程设置

近些年，随着中印关系的不断加深，印度主流媒体涉华报道议题也发生着较大的变化。议题的选择与安排往往体现了印度政府的外交立场，也成为影响社会舆论的政治手段。对于议题内容的观察是了解印度政府、民众及主流媒体对华态度偏好的重要切口，也是新时期中国把握舆论风口，打造中国形象与保障我国海外利益的关键一步。印度主流媒体涉华报道议程设置的变化主要体现为以下三点：

（一）从中国外交事务到国内、国际事务的全面关注

对中国外交事务的关注，一直以来是印度主流媒体报道的重点，它反映了印度对中国国际地位变化的敏感态度。同为发展中国家，中国的进步与发展也时时牵动着印度政府和人民的神经。过去，外交事务一度成为印度主流媒体涉华报道的第一内容取向，在一份 2011 年《印度教徒报》对华报道内容分析的数据中，涉及中国外交内容的报道共 21 篇，占总量的 42%。其中反映中印关系的最多，有 8 篇。[①] 作为重要的主流媒体机构，《印度教徒报》对于涉及中国国家利益的外交事务格外关注，尽管存在对中国外交事务的质疑和批判，但是也肯定了中国在国际舞台上发挥的重要作用，例如，中国通过举行奥运会、世博会等方式向西方世界传播了自己的传统文化，这不能不说是一次成功的文化外交。

近些年，随着中国综合国力的不断提升，印度主流媒体对华报道上呈现出全面关注的新态势，这表现在媒体视角的下移和扩展。“下移”是指印度主流媒体不再仅仅关注国家层面的政治经济问题，报道内容还包括了中国民间层面的社会问题，如医疗保险、民生建设及文娱体教等。有学者将近些年印度主流媒体对华国内事务报道分为三大类，“一类是社会问题，包括死亡、暴力、娱乐等；第二类是政治问题，包括腐败、立法、军事等；第三类是经济问题”。[②] 印度主流媒体对中国社会问题越来越关注有两方面原因。一方

---

① 常宁：《印度主流英文报纸对中国形象建构研究——以〈印度教徒报〉为例》，上海：上海交通大学，2011 年，第 135 页。

② 郭学堂、杨晋辉、曹向辉：“莫迪政府上台以来印度主流媒体涉华报道分析——以《印度时报》和《印度教徒报》网站为例”，《印度洋经济体研究》，2017 年第 4 期，第 54—68+139 页。

面，与中国有关的报道往往可以吸引大批民众的眼球，获得很高的市场关注度。中国如何应对泥石流灾害、如何治理雾霾、如何发展铁路交通等，这类社会话题成为印度主流媒体每日推送的“调味剂”，不仅让人们知晓中国社会发展的实时动态，也让中国逐渐揭下神秘的面纱，成为百姓口中的一道“家常菜”。另一方面，对中国国内事务的有选择性报道也是印度主流媒体政治策略的表现。在针对敏感性事件时，印度主流媒体有时直接转引 BBC、CNN 新闻，在立场态度方面表现出较为激进的语调，甚至直接歪曲事实真相，肆意抹黑中国政府。这样充满反对色彩的新闻报道反映了印度政府近期的战略意图，是在国际局势日渐紧张的情况下，通过恶意塑造作为“他者”的中国“硬形象”而完成自身“印度崛起”形象的手段，更是分散群众对印巴紧张现状注意力的舆论策略。

媒体视角的“拓展”，是指印度主流媒体不再只是关注中国与其他国家的双边外交动态，更是将印度自身参与其中，形成了多边关系的思维转变。这种多边关系的报道丰富了叙事主体，以多声部的话语方式形成看似中立的叙事立场，实则增强了印度自身的存在感与重要性。这一特点在印度媒体报道中巴关系时尤为突出。例如，印度修改宪法取消印控克什米尔地区的自治地位，引发印巴重大外交危机，这将对地缘格局产生影响。印度主流媒体在报道这一事件时，以“由于莫迪的行动，巴基斯坦只能依靠中国的肩膀哭泣”(Thanks to Modi’s moves, Pakistam has only China’s shoulder to cry on)为标题，暗喻“中印巴”三国之间的关系，并写道：“巴基斯坦外交部长急忙赶去北京，与中国探讨对印度崛起的不安全感。”[①] 通过对中国与巴基斯坦抱团取暖的刻画，塑造印度强国的形象特征是印度主流媒体涉华报道的惯用手法，这也预示着其未来报道方式的多元化和策略性。

（二）从中印边境安全到中国周边动态的持续观察

边境安全一直是牵动中印关系的导火索，也是印度主流媒体最为关注的焦点。中印边境争端由来已久，是历史因素与现实因素共同作用的结果。然而，印度媒体对于该问题的深挖添势，无疑为中印关系走向合作共赢蒙上一层阴影。2017 年 6 月洞朗事件的爆发将近些年中印边境争执推向了顶峰。

① IANS：“Thanks to Modi’s moves,Pakistan has only China’s shoulder to cry on”，*Times of India*，Aug 9，2019.

尽管事件最终以和平的方式解决，但是印度主流媒体对洞朗地区表示出了持续关注的态势，不仅如此，印度媒体官方网站开通的评论功能，也使得大量印度民众在网站上呼吁“印度主权，不容侵犯”。

然而，随着中国“一带一路”倡议的不断深入发展，印度主流媒体对华报道议题也发生了明显变化，对中国在“一带一路”倡议背景下与周边国家的动态活动表示了极大的关注。“2017 年全年，《今日印度》对‘一带一路’的报道为 362 篇，这意味着几乎每天都有一条新闻播出。”[①] 而在关于“一带一路”的相关报道中，“中巴经济走廊”是其关注的第一焦点。印度媒体的主要观点是担忧“中巴经济走廊”建设会威胁印度国家主权，认为中巴经济合作意在削弱印度的利益版图。例如《印度时报》的一篇报道提到：“‘中巴经济走廊’是‘一带一路’倡议的一部分，随着走廊穿越巴基斯坦占领克什米尔，印度向中国表达了强烈的抗议。”[②] 另外，印媒对中国与东南亚、南亚国家的合作往来也给予了大篇幅报道。例如，印度主流媒体援引印度专家的评论，认为 2017 年中缅油气管道的开通使得中国与缅甸建立了更为紧密的联系，其最终目的是占领孟加拉湾和印度洋。作为“印度洋上的明珠”，连接南亚、东南亚、中东以及东非地区的重要航运枢纽，斯里兰卡与中国的合作也被印度主流媒体时时紧盯。2017 年 7 月，中国招商局港口控股有限公司与斯里兰卡在科伦坡正式签署协议，由中方租赁斯里兰卡汉班托塔港。这一决定彻底激起了印度媒体敏感的神经，开始鼓吹中国在印度洋上开展军事活动，损害印度海洋利益。印度报业托拉斯转述斯里兰卡驻华大使的话：“考虑到印度的担忧，斯里兰卡不会允许中国在汉班托塔港开展所谓‘军事活动’”[③]，以此来“提醒”斯里兰卡向印度看齐。除此之外，中国与泰国、孟加拉国基础设施建设项目的推进也经常让印度主流媒体忧心忡忡，“大国扩张将削弱印度在南亚影响力”的基调不绝于耳，这严重影响了我国海外利益的舆论生长环境，甚至威胁了我国海外利益的发展与安全。

---

① 蔡马兰、罗舒悦：“‘一带一路’倡议在国际媒体报道中的形象分析——以印度英文主流媒体《今日印度》为例”，《中国报业》，2018 年第 12 期，第 28—31 页。

② PTI：“China，Pakistan discuss measures to step up CPEC security”，*Times of India*，Jul 31，2019.

③ 谢来、唐璐、住瑞卿：“斯里兰卡人：和中国打交道要比与其他大国打交道好”，环球网，2017 年 8 月 2 日，https://oversea.huanqiu.com/article/9CaKrnK4r6o（检索于 2021 年 12 月 23 日）。

（三）从经贸政治化到经贸共同体的多维思考

经济通常是衡量国家发展水平的第一要素，自然成为印媒眼中评价“龙象之争”的关注焦点。印度有许多集中报道中印经济发展的新闻媒体，《经济时报》就是其中有着较大影响力的纸媒。在 2011 年的一份报道中，《经济时报》称：“印度将在 2050 年超越美国成为世界第二大经济体，而由于印度有优于中国的强大‘人口红利’，有取代中国成为世界最大经济体的潜力。”①

在过去，类似这样的报道比比皆是，印度主流媒体涉华报道的政治化倾向为印度的“大国梦”打了一剂强心针，引导印度民众树立了一个“强国”的幻象。但这样的报道策略也产生了一个严重的后果——经贸政治化的舆论常态与贸易保护主义情绪的抬头，最终可能会演变成对我国海外利益的侵犯。印度主流媒体常常援引商业组织的研究报告呼吁印度政府保护本国制造业，增加对中国出口印度商品的限制，谨防“中国商品入侵”。媒体对华报道的炒作取得了“立竿见影”的效果，直接导致了印度中资企业市场份额急剧冷缩，更是限制了中印贸易互通往来，抑制两国经济增长的潜力。

然而，随着中国“一带一路”倡议落地实施项目不断取得成功，印度主流媒体也看到了“一带一路”这辆经济发展的顺风车所带来的现实效益，因此，在对华报道上呈现出了多维思考的新态势。尽管印度右翼保守势力仍把“贸易畅通”“资金融通”看作中国资本扩张的政治企图，但越来越多理性的声音出现在印媒舆论场中，他们主张在经贸共同体视阈下打造经济与政治分开的合作机制。例如，《印度斯坦时报》主张印度对华外交“政治和经济领域脱钩”，并认为政治观点商业化不利于两国经贸往来。印度主流媒体之所以有这样的变化，根本原因是“一带一路”倡议对印度经济确实有不可否认的价值，在中印关系日益向暖的当下，印媒对经贸往来给予积极的评价和引导，将更有利于争取惠实的项目进账，促进社会的发展。另一方面，摒弃经贸政治化也是印度当下在中美贸易战中自保和寻求机遇的必然手段。

印度主流媒体涉华报道在经历了三次认知转向后，表现出更加开放多元的话语姿态。但同时消极的声音也一直存在于印媒舆论场中，并且仍占主导地位，直接影响了我国在印度，甚至在整个环孟加拉湾地区的海外利益。“冰

① PWC, “India to replace US as 2nd largest economy by 2050”, *The Economic Times*, Jan 7, 2011.

冻三尺，非一日之寒”，中国对印宣传应该更具有针对性、策略性和长远性。一是要对印度媒体的不实报道予以及时回应，在坚守舆论底线的前提下降低消极声音的社会影响；二是要讲好中印故事，摒弃以往一味宣传中国政策法规的“硬”叙事模式，在中印文化交流的历史长河中，挖掘两国友好往来的民间“小”故事，寻找人类命运共同体的时代母题，激发两国民众的“命运共同感”；三是加强中印文化、宗教、教育等“软外交”，让印度媒体、民众身临其境地感受真实的中国，让“民心相通”成为中印关系持久向暖的精神纽带。

第三节　中国理念的世界回响——以缅甸对“一带一路”倡议的接受度为例

自2013年中国国家主席习近平在访问哈萨克斯坦时首次提出共同建设“丝绸之路经济带”以来，作为“21世纪海上丝绸之路”与“南方丝绸之路”以及“孟中印缅经济走廊”的重要一环，缅甸在中国“一带一路”倡议格局中具有越来越重要的作用。中缅关系从历史上看，整体呈现出睦邻友好的态势。自古以来，两国人民就以“胞波”（兄弟）相称，早在2000多年前，一条连接普洱与伊洛瓦底江的茶马古道就见证了中缅贸易的盛世。“一带一路”倡议的提出，更是将中缅关系推上了历史发展的新进程。然而，在缅甸激烈的民主改革进程中，中缅关系由于国内形势的变动常常出现波折，从密松水电站和中缅油气管道以及莱比塘铜矿项目曾经的搁置，到中缅铁路和昆明—皎漂经济特区被质疑，都显示出中缅关系在宏观稳定的趋势下，内部冲突不断起伏。这导致缅甸内部对于中国“一带一路”倡议的观望和怀疑，甚至影响我国海外利益的发展与安全。

一、缅甸对“一带一路”倡议的疑虑与关切

缅甸西南临安达曼海，西北与印度和孟加拉国为邻，东北与中国接壤，东南连接泰国与老挝。缅甸地处海陆战略要冲，是唯一连接东亚、东南亚和南亚的陆上交通枢纽，是从东亚腹地进入印度洋最便捷的交通要道，也是从

陆地进入东南亚的跳板。敏感的地缘政治特征使得缅甸成为中、美、印等大国利益竞争与合作的焦点。[①]正因如此，缅甸对我国“一带一路”倡议充满疑惑和关切，主要体现在以下几个方面。

（一）“一带一路”倡议是和平发展的顺风车还是超级大国崛起的战略布局？

从整体上看，缅方对于“一带一路”的评价是期待和认可的。2014年，缅甸总统登盛在加强互联互通伙伴关系对话会上提出；“中国提出建设‘丝绸之路经济带’和21世纪海上丝绸之路的倡议，将为本地区乃至世界带来和平、稳定与繁荣。”最大反对党民盟对“一带一路”倡议的反应同样积极，2016年8月20日，昂山素季访华期间，在双方共同发布的《联合新闻稿》中，缅方重申了欢迎“一带一路”倡议的立场。9月12日，缅甸副总统吴敏瑞在会见中共云南书记兼省长陈豪时也表达了同样的立场，缅甸愿意支持并积极参与“一带一路”建设，推动“孟中印缅经济走廊”建设。[②]2020年，缅甸战略与国际问题研究中心联合创始人哥哥莱表示：“缅甸在参与共建‘一带一路’方面拥有巨大潜力。得益于一系列合作项目，缅甸科技水平、铁路运输网络、工业园区有望得到进一步发展和提高。我们将继续积极参与共建‘一带一路’。”[③]缅甸渴望搭上中国经济腾飞的顺风车，“一带一路”的提出为正处于社会转型期的缅甸提供了有利的外部发展条件，谋求与中国全方位多层次的合作，打造政治互信、经济互补、文化互通的“人类命运共同体”，促进东盟地区在和平中共享繁荣成为缅甸对华外交的着力点，也是对待中国“一带一路”倡议的积极回应。

但另一方面，缅甸对于中国的“特殊意义”也受到以美国为首的西方国家的抹黑，认为缅甸是中国实施印度洋“珍珠链战略”的6颗珍珠之一，通过中缅油气管道的建设以及皎漂深海港的开发，完成中国在西部地区的军事

① 戴永红：《环孟加拉湾地区研究：地缘政治、区域合作与安全治理》，北京：国际文化出版公司，2021年，第56页。

② 李晨阳、宋少军：“缅甸对‘一带一路’的认知和反应”，《南洋问题研究》，2016年第4期，第20—30页。

③ “共建一带一路必将给缅中人民带来更大福祉”，人民网，2020年6月5日，https://baijiahao.baidu.com/s?id=1668606426522668500&wfr=spider&for=pc（检索于2022年2月14日）。

布局，解决威胁中国能源安全的马六甲困局，以此抗衡美国对于中国海上能源运输的控制。缅甸国内也有人悲观地认为自己会因此沦为超级大国能源竞争的翘板。另一方面，在部分缅甸人士看来，缅甸是中国“一带一路”倡议抗衡美国“重返亚太”战略布局的“牺牲品”。通过重返亚太的战略主张，美国希望获得亚太地区的话语权，巩固与亚太地区各盟国以及亲美伙伴的关系，同时钳制并防范亚太地区新兴大国的发展。[①] 因此，美国有意拉拢缅甸来搅乱中国与东南亚国家交往的和平局面，通过鼓噪“中国威胁论”使得包括缅甸在内的周边国家，如印度、老挝、泰国等国对“一带一路”倡议的目的性产生强烈质疑。

（二）中国“一带一路”倡议会给缅甸的发展带来什么机遇与挑战？

中国提出“一带一路”倡议是为了与周边国家加强区域合作，基础设施的互联互通是“一带一路”建设的优先领域，也是中缅两国项目对接的重点合作领域。[②] 在国家间合作领域，基础设施建设成为沟通中缅关系的“敲门砖”。中缅油气管道的修建，不仅缓解了中国西部能源紧张的局面，而且为缅甸当地提供了就业机会，推动了管道沿线的城市化进程。另外，中缅国际铁路走向基本与中缅油气管道平行，中缅昆明—皎漂铁路完全建成后，将深入推动中缅经济交流、加快缅甸经济发展、对促进泛亚铁路西线贯通有十分重要的意义。尽管中缅间大型基础设施建设合作具有不可低估的发展潜能，但是包括密松电站、中缅铁路以及中缅油气管道等众多项目目前也仍有利益风险。其主要原因在于：中缅发展的严重不平衡使得缅甸对于中国经济的迅速腾飞感到恐慌，而中国企业在没有开展彻底而详尽的民意调查活动之前盲目地“走出去”，使得许多民生项目在面临民间舆论压力下被草草搁置。云南大学缅甸研究中心 2013 年在缅甸政府组织下对缅甸普通民众做了一份关于“中国对缅投资与援助”的调查活动，调查结果显示，75% 以上的受访者认为中国在缅投资意在获得缅甸的自然资源，仅有 2.3% 的受访者认为中

① 陈飞羽、罗圣荣：“美国重返亚太与中缅关系”，《东南亚纵横》，2017 年第 3 期，第 86—92 页。

② 李晨阳、宋少军：“缅甸对‘一带一路’的认知和反应”，《南洋问题研究》，2016 年第 4 期，第 20—30 页。

国投资是为帮助缅甸发展经济，提高缅甸人民的生活水平。[①]很多缅甸民众对于中缅官方合作项目的误解使得“一带一路”倡议在缅甸的接受度降低。另外，比起大型基础设施建设，缅甸民众更关注民间互惠项目，但目前缅甸国内了解“一带一路”的人群仅限于从事政策研究、与中国打交道的官员、科研人员以及对口企业管理人员，一般民众对于中国“一带一路”在缅甸的具体开展知之甚少。教育、医疗、文化交往等领域的合作未形成广泛的普及性，导致“一带一路”在缅甸民间成为曲高和寡的独角戏，是否能真正让缅甸人民感受到友邦大国的温暖成为缅甸民众最为关切的问题。

（三）缅甸政治转型过程中能否平衡同西方和中国的关系？

1989 年以美国为首的西方国家对缅甸实施了单方面的制裁，缅甸出于“维稳”的需要被迫断绝了与西方世界的联系，从而选择对华“一边倒”的外交政策，以满足国家发展需要。[②]自登盛政府 2011 年执政以来，加快了缅甸的民主转型。而以昂山素季为核心的民盟作为缅甸第一大党，在推动缅甸民主政治改革过程中也发挥着重要的作用。伴随着国内经济层面强有力的改革，政治层面朝野和解，破除积弊以及处理民地武问题时采取以对话为主、武力打击为辅的新方式，缅甸外交也迎来了历史发展的新时期、新挑战。直至 2021 年 2 月 1 日军方重新执政后，缅甸民主转型出现波折，内政外交陷入困境，加之新冠肺炎疫情暴发，缅甸处于近 10 年来最困难时期。中方一再声明对缅甸局势的关切，表示“中国是缅甸山水相连的近邻，缅甸局势直接关乎中国利益”。[③]因此，在“一带一路”倡议下，如何加强与中国相关合作以帮助缅甸实现民主转型是缅甸最为关心的问题。

综上而言，由于中国“一带一路”倡议在缅甸普及宣传的力度有限，导致缅甸官方的观望态度和缅甸民众对中国倡议知之甚少，结合缅甸复杂的国内形势，“一带一路”倡议是大国崛起的策略还是和平外交的成功典范？缅

① 喻文才：《“一带一路”战略背景下的中缅合作机遇与挑战》，武汉：华中师范大学，2016 年，第 42 页。

② 戴永红：“以跨喜马拉雅合作为战略支点构建中国西部边疆‘安全三角’”《南亚研究季刊》，2017 年第 2 期，第 89—96+6 页。

③ 中国代表呼吁各方为缅甸国内政治和解营造有利外部环境，新华网，2021 年 6 月 19 日，http://www.xinhuanet.com/world/2021-06/19/c_1127578152.htm（检索于 2022 年 3 月 3 日）。

甸将在中国复兴之路上得到哪些有利于自身发展的因素？这些问题都是缅甸社会的主要关切。

二、主动设置关键议题，回应缅方相关疑虑

中国的“一带一路”建设，充分依靠中国与相关国家的多边机制，借助有效的区域合作平台，在复兴古丝绸之路的倡议下，高举和平发展的旗帜，构建与邻国的友好关系，共建政治互信、经济融合、文化包容的责任共同体、利益共同体和命运共同体。中国的目标是使“一带一路”成为沿线各个国家的共同愿景和共同行动，是各方共同参与的“交响乐”，而不是中国一家的“独奏曲”，是合作共赢的“团体操”，而不是“赢者通吃”的“独角戏”。[①]

以水电站、道路、码头、输油管道等大型基础设施建设合作为重点，中缅还将在区域安全、经贸互惠、环境保护、教育医疗、文化交流等新兴领域发掘巨大合作空间。因此，在“一带一路”倡议议程设置上要着力关注以下几个方面内容。

（一）和谐稳定的区域安全是“一带一路”倡议下中缅合作的首要前提

制约缅甸社会安全的一个不可忽视的因素就是长期存在的少数民族地方武装（民地武）问题，这不仅造成缅甸国内政府动荡，并且对于中缅边境安全构成了重大威胁。例如，克钦地方势力的反对成为密松电站搁置的重要原因，而中缅原油管道开通“迟到”也和缅甸国内复杂的政治形势有关系。因此，妥善解决“民地武”问题，推动缅甸国内构建稳定的社会格局，是中缅合作的重要条件。中方愿意秉持政治互信原则，为缅甸官方与民地武搭建和平谈判的桥梁，并在充分尊重本土居民文化习俗、宗教信仰的前提下积极开展跨境区域合作项目开发，为消除缅甸地方贫困、提供就业机会等方面贡献力量。

“金三角”毒品问题一直是桎梏缅甸社会安全的毒瘤。“金三角”区域在缅甸境内主要包括缅甸北部的掸邦、克钦邦，湄公河又是“金三角”形成

① 石源华：“‘一带一路’与中国周边合作全覆盖”，《中国周边外交学刊》，2015 年第 2 期，第 22 页。

的一个重要地理原因，河流穿过包括中国在内的6个国家。中缅边境毒贩猖獗，严重威胁区域安全和稳定，而以种植罂粟为业的农民却常常陷于贫困的泥潭。“一带一路”提出了“责任共同体”，中方将与缅甸开展更加高效的跨境扫毒合作，积极引导取代罂粟种植的新型农业发展模式，严厉打击跨境贩毒团伙，加强健康知识宣传力度，建立从官方到民间的全方位禁毒网，为中缅合作创造一个安全稳定的发展环境。

（二）基础设施建设是“一带一路”互联互通倡议下中缅合作的重中之重

由于缅甸国内民族与宗教冲突问题由来已久，加之缅甸不健全的商业环境和融资体系，严重阻碍了缅甸基础设施建设。但另一方面，缅甸的交通设施，如航空、公路、铁路、港口不发达，具有巨大的建设潜力。以中缅跨境公路为例，从云南昆明到缅甸仰光，全长上千公里，将连接缅甸重要的经济特区和资源开发地，为中缅资源优势互补开通道路。缅甸铁路网的不健全、电力供应的严重缺乏、港口建设的落后等问题都需要外界给予支持和帮助。在信息化发展的今天,中国将用更加科学高效的方式助力缅甸基础设施建设。通过与现代科技的结合，运用云计算、大数据、物联网、移动互联网、人工智能等新技术，建立贯穿设施建设中的调研、设计、施工、运维等各个阶段的控制平台，及时掌握和解决建设中的各类问题，推动中缅基础设施建设合作跨入新阶段。

（三）贸易投资合作是“一带一路”经济倡议下中缅合作的核心内容

“贸易畅通”的提出，引导中方着力研究解决对缅投资贸易便利化、结构化问题，消除中缅投资和贸易壁垒，结合两国比较优势创造资源互补，为中缅企业投资营造良好的商业环境。例如，云南省向缅甸出口的商品主要包括机电产品、化工产品和纺织品等，扩大了我国西部地区的出口市场。进口产品是缅甸的各种矿产资源和初级农产品，在弥补了云南原料市场缺口的同时也为内地和沿海省份提供了工业原料。[①]这样的优势互补平台的搭建将有

① 王浩骅、浅谈：“‘一带一路’战略下滇缅边贸发展现状及对策”，《国际经贸》，2015年第16期，第12页。

利于中缅边境贸易的可持续发展。中国有足够的资金、技术，有能力成为缅甸最重要的贸易伙伴。另外，值得注意的是，中国企业在走出国门之前，需要对缅甸热门投资行业进行详尽的调研分析，并充分尊重缅甸的风俗习惯和宗教信仰，在确保资源合理配置的前提下有针对性、系统性地与缅甸开展睦邻友好的投资合作，谨防出现“烂尾楼工程”。

“资金融通”是“一带一路”建设的重要支撑。从亚投行到丝路基金，从经济走廊到自由贸易区，“一带一路”倡议将谋求互利共赢的四方来客纳入中国发展的朋友圈。在2017年“一带一路”国际高峰论坛中，国家主席习近平在演讲中表示，中国将加大对“一带一路”建设资金的支持，向丝路基金新增资金1000亿元人民币。中国同老挝、柬埔寨、缅甸等国的规划对接工作也在全面展开。中国有信心也有能力建设东南亚经济贸易互联互通网络，建立起一批具有地区影响力、号召力的经贸合作基金和合作体系，从而将区域合作推向新高度，带动环孟加拉湾地区国家走向“利益共享体”。

（四）环境保护是“一带一路”绿色倡议下中缅合作的新契机

环保是每一个国家都要面对的发展问题，如何平衡经济效益与生态效益是可持续发展过程中的重要内容。“一带一路”绿色倡议在中缅合作投资贸易中突出生态文明理念，将地区环境保护纳入大型基础设施修建的合作范围之中。以中缅第一高公路桥六丙公路兑房河特大桥顺利合龙为例，其成功的关键不仅在于中缅双方技术合作上的创新，而且也充分考虑到了复杂的地理环境和人文习俗，以最大的努力保护了当地脆弱的生态环境。未来油气管道海底部分的建设，将充分考虑到海洋的多样性因素，而水电站、公路等建设也将关注到对当地生态的影响。在相互学习与沟通中探索绿色发展模式。另外，中国致力于在生态环境、生物多样性和应对气候变化等方面与缅甸的合作，共建绿色丝绸之路。“中缅友好生态示范林”项目的推广落实，为促进当地就业，增强两国人民环保意识，推动友好合作关系提供了契机。

（五）新时期“一带一路”倡议将更加关注教育、医疗、农业、文化等民生领域的中缅合作

“民心相通”是“一带一路”建设的社会根基。增强与缅甸人民的互利

互信，文化交流，促进中缅双方民间交往，让更多缅甸民众在教育、医疗卫生等基础服务领域中感受到中国担当与邻国友谊。2016 年 8 月，习近平主席在会见昂山素季时曾指出："中缅合作今后要向农业、水利、教育、医疗等更直接惠及民生的领域倾斜，使更多民众受益。"昂山素季针对中缅合作也提出了关键性的意见，她表示"中国在缅甸投资要更加成功，最重要的不是政策，而是民众的接受程度"。民众的反应直接影响中国与缅甸合作的设施建设与企业投资贸易"走出去"的接受度。

教育合作领域，以缅北为例，"因为滇缅双方'山川同脉，江河同流'，滇缅跨境民族历史同源，传承共同的风俗习惯，民族心理交往密切，双方跨境民族在经济、文化、教育、宗教等方面往来频繁"。[①] 加之，中缅边境贸易日益频繁，中国对缅准入政策宽泛，留学奖学金丰厚，吸引了众多缅甸学生来华进修。云南作为与缅甸毗邻的省份，在提供教育资源方面占据主导优势。像"中缅'互联网'及跨境电子商务实用技术线上培训班"这样的短期培训与交流活动，为缅甸高校学子搭建了学习先进电子商务理念、技术和发达的物流运营模式平台。而作为西部大开发的核心区域——四川省，则为众多来华缅甸学子提供了长期丰富的游学教育课程，为全面理解中缅关系、国际形势，"一带一路"建设在缅甸的实施培养了专门人才。

医疗卫生是与民众切身利益息息相关的重要方面。中缅医疗合作由来已久，新冠肺炎疫情突发以来，中国不仅与缅甸政府共建医疗救助中心还提供了设备耗材。在为缅方医护人员提供长期的医疗培训方面，中缅双方针对诸如高发病率的白内障治疗等开展了一系列的医疗合作，中国向缅甸提供了全面医疗救助，如中国"2017 健康快车缅甸光明行"行动在首都内比都开展，为 2000 多名患者实施免费的复明手术，而且为缅甸医护人员提供在多个医疗领域具有针对性的培训机会，"授人以鱼不如授人以渔"，新思维下的中缅医疗合作，将更有利于沟通两国人民的友谊，开辟睦邻友好的民间交流新空间。

缅甸农业发展将与中国内地需求形成资源互补平台。缅甸农业资源丰富，可耕地面积 1077 万公顷，人均耕地面积 0.2 公顷，农业是缅甸国民经济的支柱产业，农业总产值约占国内生产总值（GDP）的四成，农产品出口

① 刘静："'一带一路'战略背景下推进滇缅教育合作的现状，挑战与前景"，《印度洋经济体研究》，2015 年第 4 期，第 123—144 页。

占外汇总收入的14%。[①]尽管缅甸自然条件优越，但由于农业技术落后，农业生产率低下，限制了缅甸农业经济的发展。随着“一带一路”合作在缅甸的开展，中缅不仅局限于农作物品交换、培育、栽种等技术方面的合作。中国政府以及地方高校和研究院在灌溉技术和大型水利工程方面的技术支持为缅甸农业发展持久续航，中国企业在大数据和互联网的科技支持下，将缅甸农业生产与国内市场需求紧密相连，打造高效的“一带一路”产业链经济结构，资源合理配置，优化缅甸出口模式。

“一带一路”倡议是在世界经济一体化的国际背景下，适应中国和平发展要求提出的全球倡议。中国以包容开放的心态，欢迎一切致力于促进世界和平发展的国家搭乘中国经济发展的顺风车。缅甸作为中国友好的邻居国家，中方将不遗余力地履行大国责任，建立中缅长久多元的合作体系。

三、讲好中国故事，传播中国声音

“讲好中国故事，传播中国声音”是新时期中国对外交流的重要举措，是“一带一路”倡议沟通世界各国的交响曲，是中缅外交合作的节拍器。“讲好中国故事”可以理解为两个层面中国话语的叙述，一是交流，二是传播。文化交流更加侧重于主客体、多个国家的多向沟通。文化交流是交互式的，即在主体与客体中进行文化交流，以达到相互感知、相互学习、取长补短，它不仅仅是将自己的文化与对象进行交流，同时也是向外取经、学习的过程。[②]而文化传播则以中国为出发点，以世界为舞台，文化传播期间要考虑到传播者、传播媒介和接受者三个重要环节，在充分了解被传播者的文化背景、接受程度的前提下，以最优的路径达到传播与宣传的目的。

（一）确定中国故事的核心价值观是文化交流与传播的前提和主心骨

当代中国故事的核心价值观就其本质而言就是中国特色社会主义核心

① 原瑞玲：“‘一带一路’背景下中缅农业投资合作研究”，《国际经济合作》，2017年第7期，第82—86页。

② 叶枝梅：“浅析对外交流如何‘讲好中国故事’”《现代国际关系》，2016年第9期，第39—54页。

价值观。其包含了国家层面、社会层面以及公民个人层面的基本行为准则，同样贯穿于中国的外交领域。讲“平等”是中缅合作的前提，讲“和谐”是中缅关系发展的基础。中国国家主席习近平指出“和平、发展、公平、正义、民主、自由、是全人类的共同价值，也是联合国的崇高目标”。[①]中国自古以来奉行“和合与共”的外交政策，讲好中国故事就要阐明中国的“和合”文化。《庄子·齐物论》中的“天地与我并生，万物与我为一”即强调人与自然之和。孔子强调“中庸”，在承认人与人之间存在差异的基础上，主张以“中德”“中和”“中道”“中正”来调节双方的冲突。中华文化追求“各美其美，美人之美，美美与共，天下大同”的最高境界。中国故事的核心价值观决定中国与他国文化交流、文化传播的主方向，核心价值观的宣传则帮助世界更好地了解中国文化的灵魂、中华民族的立根之本。

（二）注重传统文化和现代文化的创新关系是讲好中国故事的重要内容

习近平总书记指出：“中华优秀传统文化是中华民族的精神命脉，是涵养社会主义核心价值观的重要源泉，也是我们在世界文化激荡中站稳脚跟的坚实根基。”[②]5000年中华文化源远流长，博大精深，为我们传播中国故事提供了可待挖掘的巨大宝藏。传统文化不仅包括以儒家、道家等为代表的中国传统官方哲学思想，也包括民间神话故事、传统手艺、戏曲小说、民族文学等有待开垦的非官方文化遗产。值得注意的是，挖掘古代中国域外交流活动相关记载是当代中国外交的一个突破口。例如中缅茶马古道文化。文化共性成为国与国之间交流的天然纽带，信任也往往从共同的价值观和文化中产生。

优秀的传统文化为当代中国特色社会主义文化建设服务。传统文化与当代文化的有机接轨是文化自信的关键。“内部文化的崛起并不一定要‘言必称希腊’或‘言必称孔孟’。复古、穿长衫马褂不是文化崛起。文化的崛起

① 习近平：“携手构建合作共赢新伙伴 同心打造人类命运共同体”，《人民日报》，2018年10月7日，https://baijiahao.baidu.com/s?id=1613626127521728990&wfr=spider&for=pc（检索于2022年3月5日）。

② 习近平：“在文艺工作座谈会上的讲话”，《新华网》，2015年10月14日，http://www.xinhuanet.com//politics/2015-10/14/c_128318643.htm（检索于2022年3月15日）。

应该是文化创新的产物。”[①] 以传统文化为基础的文化创新为讲好中国故事提供动力，以传统故事体现当代思维，以传统形式讲述当代内容，以传统文化体现当代价值。

（三）从文化交流角度看，官民互通、企业相连，智库、专家大联动的多层次话语空间构建是讲好中国故事的总布局

新时期在“一带一路”倡议背景下，中国本着“互利共赢”的外交理念，提出了许多有利于世界和平发展的倡议，并得到了来自各个地区国家的支持和响应。首先，中方致力于通过政府间的合作，推动中国故事的广泛传播。以国际会议、国际周、线上线下互访等活动方式，搭建中外官方沟通平台，使得政府人员得以第一时间了解中国梦、中国思想、中国道路。其次，讲述中国故事需要客观可靠的传播渠道，与相关国家智库、研究院、高校等学术机构建立专业化的沟通平台，让国外专家以自己之口讲中国故事，这样其可信度远远大于中国代表的单向宣传与解说。再次，企业品牌的打造也是讲好中国故事重要部分。当代中国企业承载着一个大国的担当与责任，以创新为企业发展的不竭动力，促使自身从中国制造向中国创造的健康转型；立足于国际市场，致力于打造响彻全球的中国品牌，成为中国故事生动形象的代名词，中国企业文化故事的打造就是中国故事的打造，讲述中国故事就是要落地，与产业经济联姻，不可一味说教，曲高和寡，企业故事的“走出去”正是“一带一路”倡议下演绎中国故事最动人的篇章。最后，人民群众是决定社会发展的根本力量，“民心相通”也是“一带一路”建设的重要内容，中国故事的传播最终以他国民众的接受为落脚点。孔子学院、汉办机构、国际志愿者、扶贫义工等应以更加真实的姿态、更加本土化的方式让他国民众了解到形象生动的中国故事，建立中国沟通世界的桥梁。值得一提的是，中国故事不仅是国家大事、传统文化，还包括每个人民群众的小故事。“宏大叙述”背景下的中国故事与“具体真实”的人民故事的双向结合，才是向世界讲好中国故事的源头活水。

---

① 郑永年：《通往大国之路：中国与世界秩序的重塑》，北京：东方出版社，2011年，第201页。

（四）传统传播媒介与网络新媒体结合是讲好中国故事的技术支持

首先，中国故事需要媒体人为之发声。中国故事的世界传播，不仅需要新闻媒体人策略性的讲述方式、具有敏锐的新闻视角、具有较强的针对性，还要以读者心理为导向，及时回应外界对中国故事的关切，消除误解。另外，媒体人在故事选择中应聚焦典型，选取具有代表性的典型人物、典型事件来突出表现“一带一路”建设在中国国内的推动力和在世界范围内的执行力。另外，不可忽视的是，在信息化时代，中国故事的讲述离不开互联网、手机等新兴媒体。纪录片是讲述中国故事最高效视觉媒体，以《舌尖上的中国》和《我在故宫修文物》在海外大获好评为例，对以“纪实”为鲜明美学特征的纪录片而言，其在不受时空限制的同时，还能提供给大众最直观的真实感受。习近平总书记在哲学社会科学工作座谈会上的讲话指出：“我们不仅要让世界知道‘舌尖上的中国’，还要让世界知道‘学术中的中国’‘理论中的中国’‘哲学社会科学中的中国’，让世界知道‘发展中的中国’‘开放中的中国’‘为人类文明作贡献的中国’。”这就要求我们打造具有国际尖端技术的纪录片创作团队，以发散性思维，结合当下中国国情，继承传统中国文化艺术，制造出具有浓厚中国味道的纪录写实片。一部好的纪录片不仅是展现大国风采的画卷，更是沟通人心的暖炉。《中国人的活法》便是典型案例。生活是最好的编剧，讲述平民故事、记录民间真情，是讲好中国故事的纪录片未来发展的新领域。中外联合举办的文化桥、汉语竞赛、真人秀等直播节目，也将是吸引世界了解中国、沟通中外友谊的媒介平台。在新媒体日益走入生活的背景下，中国对于各大网站、软件以及社交平台上话语权的构建显得十分紧迫。《福布斯》（*Forbes*）杂志称，社交网络在撒哈拉沙漠以南的非洲市场获得的巨大成功，使许多发展中国家民众通过社交平台来获知外界信息，构建自我对于世界的认知。在西方国家媒体别有用心的干扰下，中国故事传播的高效性和真实性受到了严重影响，针对这类抢占话语权的问题，一方面，中国需要在西方社交平台上争取席位为自己发声、给自己辩护；另一方面媒体应致力于打造属于中国自己的社交平台，让国外友人了解到最真实的中国。

（五）本土化改造是中国故事最终落地的根本保证

美国学者塞缪尔·亨廷顿在《文明的冲突》中提到，“文化共性促进人们之间的合作和凝聚力，而文化的差异却加剧分裂和冲突”。[①] 以 2015 年“中缅胞波狂欢节”成功举办为例，以尊重中缅两国文化习俗为前提，突出“和谐共处”的主题，以“文化搭台，经济唱戏”的方式呈现，深得中缅群众的喜爱。[②] 因此，讲好中国故事需要深刻挖掘中缅文化共性和社会发展的共同利益。这就要求我们广大学者和专家团队以及政府部门熟练运用人类学相关方法，认真调查研究缅甸的历史、文化、宗教心理，以尊重为前提，寻找中缅历史上互联互通的相关史料，结合缅甸当下民主化进程以及民众生活，设计具有针对性、本体化的中国故事，在突出中国特色、宣扬中国社会发展典型的同时，强调中缅“胞波”友谊源远流长。

“现在是中国向世界讲述中国故事并发出中国声音的时候了。”讲好中国故事是事关国家形象，提升国际地位的重要组成部分，也是新时期相关工作者应该承担的责任。以尊重他国文化为前提，在社会主义核心价值观的引领下，将我国五千年文化精髓与当前中国社会发展现实紧密相连，构建全方位的传播格局，打造中国特色传播媒介，推动中国故事走向世界。

---

① ［美］塞缪尔·亨廷顿：《文明的冲突》，北京：新华出版社，2013 年，第 108 页。

② 巴胜超、杜迪、马媛媛：“跨国文化传播与节日传统的继承：中缅瑞丽边境胞波狂欢节的案例研究”，《昆明理工大学学报》，2016 年第 2 期，第 93—100 页。

第三章
国际传播赋能我国海外利益发展与安全的新视野

中华人民共和国成立以来，秉持着“自强不息”“奋斗不止”的理念，经过全国人民的艰苦奋斗国家实力不断增强，恢复了联合国安全理事会常任理事国的席位，在风云变幻的国际局势中稳固了世界大国的地位。20 世纪 90 年代以来，随着改革开放的深化，我国经济飞速发展。相继举办了奥运会、世博会、二十国集团峰会，进一步扩大了在世界上的影响。

在国际交往活动中，我国始终坚持“和平发展、互利共赢”的态度，致力于世界整体发展以及世界和平的维护，在短短 70 多年里实现了西方国家数百年来的发展成就，一跃成为世界第二大经济体。中国的发展引来了西方国家的瞩目，不少政客、学者纷纷投入到对我国发展奇迹的研究中，其中最主要的观点分为三层，一层是赞叹我国的发展速度；一层是站在中立的角度分析我国快速发展背后的短板和弊端；还有一层是忌惮我国发展之迅速，制造出“中国威胁论”“中国崩溃论”“黄祸论”等荒谬谰言，并用种种卑鄙手段遏制中国发展。尤其是近年来，以美国为首的西方国家对我国南海、台湾等地区虎视眈眈，蓄意挑起中美贸易战争，借新冠肺炎疫情持续诬蔑我国国家形象，极大损害了我国海外利益。

与此同时，伴随着改革开放大门的开启，中国国际传播也经历了一场跨越式的发展。从对外宣传到国际传播，从被动的舆论回应到主动的议程设置，在国际传播内涵愈加丰富的同时其战略价值愈加凸显。“国际传播”指国家之间的信息交往过程。广义的“国际传播”活动是随着国家的出现而出现的，包括所有的国家地区之间的信息往来。狭义的“国际传播”是随着大众传媒的出现和发展以及信息全球化的逐步展开而兴起的、在大众传播基础上所进行的国与国之间的传播。大众传播在促进国际交流上功不可没，但从现实情境来看，国际传播不仅仅包含国际大众传播，人际交往也是重要组成部分。随着国际局势的日益紧张以及逆全球化浪潮的不断高涨，中国国际传播研究正经历前所未有的攻坚阶段。从广义上完善国际传播体系，更能系统维护与发展我国海外利益安全。

“海外利益”与“国际传播”犹如骨与肌理。国际传播中的信息是全球资源配置的核心内容，关乎我国海外利益安全的维护与发展。我国海外利益需要国际传播的助力，国际传播承载着维护中国海外利益的重大责任。在中国海外利益不断发展的过程中，国际传播贯穿始终，起着重要的推动和维护作用。

随着我国海外利益发展的现实需求以及国际传播进程的不断深入，及时调整我国国际传播策略，用新兴的国际传播体系赋能我国海外利益发展与安全是应有之义。具体而言，就传播主体而言，需要与时俱进，发展多元传播维度，以赋能我国海外利益发展与安全的主体架构；就传播内容而言，需要推陈出新，传播海量内容，以赋能我国海外利益发展与安全的领域层次；就传播渠道而言，需要融合多元，发展融合媒介平台体系，以赋能我国海外利益发展与安全的立体渠道；就传播受众而言，需要因地制宜，以国际精准传播赋能我国海外利益在不同国家与地区的发展与安全；就传播效果而言，需要灵活机敏、注重统筹国际传播系统中的各个环节，以变通高效的国际传播策略应对损害我国海外利益安全的突发事件与负面舆情。

第一节　主体赋能我国海外利益发展与安全

在国际交往活动越发多元的当下，国际传播的主体仅仅依靠国家层面已经不能满足国际信息交流与国家海外利益全面发展和安全保障的现实需求，建立多维立体的传播主体系统，以全方位到达受众，是国际传播主体赋能我国海外利益的重要内容。

一、严肃与活泼：多元主体共护我国海外利益

传播主体在传播过程中又称为传者、信源等，处于信息传播链条的第一个环节，是传播行为的引发者，即在传播过程中信息的主动发出者，也是与我国海外利益直接相关的行为主体。因此，传播主体不仅决定着传播活动的存在与发展，决定着信息内容的质量、数量、流量与流向，还在一定程度上影响着人类社会的沟通与交流。在信息传播的过程中，传播主体可以个人的形式出现，如专家、学者、普通百姓；也可以群体或组织的形式出现，如政

府机构、企业、民间组织等。在国际传播中，传播主体作为信息的发出者，直接影响我国海外利益安全的维护与发展的可持续。

具体而言，在与我国海外利益相关的国际传播活动中，第一，以国家领导人、中央政府等为代表的国家主体确立对外宣传基调，统筹国际传播的制度机制和具体方针政策，以“制度性实力”维护我国海外利益的发展与安全；第二，国内各大城市主体开展国际城市经济文化合作交流、举办国际活动，做点对点的友邦城市合作，以实现国际传播赋能我国海外经济、文化利益的发展；第三，非政府组织主体积极参与国际环境、健康等公共事务，扩大我国民间话语权，提升我国的国际形象；第四，企业主体主动展开对外经贸交流合作，以产业“走出去”赋能我国海外利益发展；第五，民间个人主体开展小范围内的国际交流，以极具亲和力的人际传播模式赋能我国海外公民的人身、财产安全，促进海外公民利益的有力保障。

（一）国家主体

国家是国际传播中最基本的主体，其他主体的国际传播行为需要通过国家进行。[①] 国际传播行为实际产生以来，国家主体一直在国际信息交流中占据主导地位。

中华人民共和国成立至改革开放前，我国面临内忧外患的复杂形势，在先“打扫干净屋子再请客”的外交方针的指导下，对于国家利益的保护主要集中在国家的政治承认、主权维护以及安全保障等层面。改革开放后，国家加速经济发展，互联网飞速发展使世界各国联系更为紧密，国际交往与合作增多，经济合作、文化交往活动频繁，成为显性的国际交往内容，国家经济利益、文化利益的拓展为政治与军事安全提供了隐性的、更为长久的支撑与保障。随着历史发展和国家实力不断提升，我国海外利益安全的重要性逐渐凸显。

在国际传播中，国家主体主要表现为各级人民政府和领导人。以国家为主体向外传递的信息主要包括三种类型。一是指令性内容，即国家的方针、政策，这类内容旨在维护最基本的国家利益，在国际传播中使国家海外利益免受侵犯。二是解释性内容，即针对特殊事件、信息进行解释与回应，如在面临国际舆论诬蔑时予以的澄清与表明我国态度，能及时消除误解避免利益

① 程曼丽：《国际传播学教程》，北京：北京大学出版社，2006 年，第 52 页。

损害。三是宣传性内容，主要指有利于塑造国家形象的事件和安排，从长期考虑，以国家为主体向外传递的三类信息都可以在不同程度上赋能我国海外利益的发展与安全。

国家主体传播的信息具有指导性、可靠性、严肃性、权威性和广泛影响性。在面对重大事件时，以国家为主体传递的信息能在国际上引起普遍注意，获得最广泛的受众群体的信任，形成相对统一的舆论和行为，在国家海外利益安全维护与持续发展上发挥着最为有力的核心作用。因此，以国家为主体传播信息过程中要格外谨慎、适时和恰当。

（二）城市主体

随着互联网的飞速发展和国际交流的日益增多，仅仅将国际传播的主体定为国家已经不能准确描述出国际传播实际主体的基本情况。城市，本质上是人类活动的聚集地，随着经济的发展逐渐形成和壮大。相对于国家而言，城市的经济特性为该城市所属国家的国际传播带来活力，不同城市的人文属性为其国际传播增加地域文化底蕴。因此，城市是介于国家和社会之间、权威与亲和兼具的传播主体，其传播的内容细微、具体，针对性更强，更能为国际社会和受众接纳。

城市主体的国际传播行为主要有以下几种形式：一是建立友好城市伙伴关系，以促进双向发展，实现共赢；二是开展大型国际活动，在主场地交流时传播城市文化、国家精神；三是引入跨国企业，促进民间活动深入交流；四是接纳国际留学生，加强国内外青年群体交流互动。在这些以城市为主体的国际传播行为中，使得国外群体对我国的了解从宏观的概念层次转向具体的日常生活，对于消除西方媒体带有意识形态的“他者”叙述具有重要意义。例如，国际体育赛事作为一种典型的“媒介事件”，成为城市宣传部门建构城市品牌形象时的常用策略。国际体育赛事具有强有力的“聚众效应”，能够将全世界的目光汇聚起来。体育赛事对城市文化品牌提升的作用体现在汇聚能量，凝聚城市文化，增强人们对城市的认同感、自豪感。[①] 同时，体育健儿对城市文化，乃至国家文化的传播，体现在传播真实见闻与直观体验，增强国外群体对赛事举办国的了解，减少陌生感与畏惧感。

① 李凡：“体育赛事提升城市品牌形象的作用与策略研究”，《体育世界（学术版）》，2019 年第 8 期，第 43 页。

（三）非政府组织主体

西方国家受众的普遍特点是对政府有种天生的质疑，对于民间的声音则比较认可。非政府组织是民间声音的重要力量。非政府组织是在地方、国家或国际级别上组织起来的非营利性的、自愿公民组织。[①] 近年来其广泛参与国际事务，已然成为全球治理体系中日益重要的角色，起到监督政府与政府间组织、协调不同利益集体冲突与争端的作用，甚至在不同程度上影响着国际重大决策，维护国家切实利益。

西方非政府组织已经成为国际社会运作中的第三方力量，在环境保护、卫生医疗、扶贫开发、人道主义关怀、全球气候、野生动植物保护等领域，非政府组织都具有较强的动员力、号召力和推动力。在我国，非政府组织在参与国际事务中也起到了一定的作用，但较于西方影响力相去甚远。

（四）企业主体

企业是市场经济中最活跃的主体，现代经济学理论认为，企业本质上是“一种资源配置的机制”，其能够实现整个社会经济资源的优化配置，降低整个社会的“交易成本”。在“和平发展、合作共赢”的时代潮流中，企业在国际资源配置、母国利益维护、全球和平发展中的作用日益重要。企业同样是国际传播重要的主体之一。跨国企业的经济活动遍布全球，其国际传播活动不仅包含产品信息、企业文化的在地化传播，还内含母国文化传统的海外宣传，企业形象实际上与母国形象荣辱与共。因此，在国际传播中，注重企业主体的国际传播十分重要。

我国的跨国企业具有明显的特征，一是从占比上看，国有企业为主，民营企业为辅。我国“走出去”的企业中大多数为国有企业，据“2020 中国 100 大跨国公司榜单”显示，2020 年中国跨国公司 100 大中，民营公司 27 家，国有及国有控股公司 73 家[②]，说明当前我国“走出去”的企业中国有或国有控股企业占据主导地位。二是服务领域主要集中在能源、资源、基础设施

① Neal Riemer,Douglas W.,“ Simon,Joseph Romance”,*The Challenge of Politics*,CQ press,2006,pp.311–312.

② “中国跨国企业公司百强榜：腾讯、华为挺进前十 北京独占 42%”，中国产业经济信息网，2020 年 10 月 4 日，http://www.cinic.org.cn/xw/tjsj/935338.html（检索于 2022 年 2 月 13 日）。

建设以及互联网科技、高新技术和制造业领域。国有企业主要集中在能源与基建领域，民营企业则以互联网、科技为中心。三是企业与国家形象、国家宣传关联紧密。我国的跨国企业具有明显的国际传播优势，其中国有企业天然代表国家形象，同时担负着传播中国优秀文化的责任，他们往往在国际传播中更加注重将企业文化与国家、民族文化紧密结合，以优秀的企业形象为切入点，推动国家形象的国际传播。民营企业因市场经济活动的竞争因素，对传播的投入和关注相对减少。但近几年也开始逐渐重视企业社会责任形象对企业经营管理的重要性。四是重产品轻传播。我国企业国际传播发展历史较短，传播体系尚不完善。总体而言以国家宣传为主，企业主体的系统化国际传播意识和行为尚有不足，加强系统化的企业国际传播，同时针对突发情况有意识领导企业进行传播，有利于维护我国企业的海外形象与经济利益，进而维护国家海外利益。如中国航天科技集团有限公司研制的嫦娥五号返回器携带月球样品安全着陆的航天科技成就事件，不仅引起了美国“太空新闻”网站（Space News）等媒体的相继报道，且在推特平台上引起海外普通用户积极讨论，讨论关键词有“天问一号”“嫦娥五号”“长征三号”等。这一系列舆论事件背后反映的是全球对中国科技的关注度，不失为对中国形象“去污名化”的有效实践。

（五）个人主体

个人主体是国际传播中行动主体中的一部分，是国际交往中最直接的传播主体，也是我国海外利益维护的重点对象。传统媒体时代的国际传播个人主体包括海外留学生、专家学者、华侨、跨国企业驻外员工等，其国际传播行为主要依靠个体在海外与国际友人的面对面交流。移动互联网的出现，改变了人与人之间的交流方式，国际传播的个人主体概念愈加丰富，越来越多的个人主体即使不在他国也能通过网络社交媒体实现个人的国际传播，践行海外公民利益。

相对而言，个人主体的国际传播具有普遍性、直接性、自主性、灵活性和随机性等特征。根据传播学者拉扎斯菲尔德等人的观点，大众传播对个人的影响并不是直接产生的，而是存在一个二级传播过程，即大众传播的信息最先被意见领袖捕获，再通过意见领袖的传播影响其忠实追随者。由意见领袖进行的第二级传播实际上属于人际传播，在个人的决策选择上影响更直接、明显。如中国网红李子柒在 YouTube 上的粉丝订阅量超过 1410 万，以传播闲适自在的田园生活、独具特色的中华传统工艺视频闻名全球，其视频内容广受国外观众的好评，不少人因此重新认识了中国，更加喜爱中国与世无争的田园生活和优秀的传统文化艺术。相较于国家宣传片，李子柒的视频传播为国外受众提供了解中国更为直接、真实的新渠道，这有利于全面、立体地塑造我国国家形象，减少国际社会对我国社会发展的误解，维护我国国家利益的发展与安全。

二、齐头互惠：国际传播主体对我国海外利益发展与安全的影响

在全球经济联系日益密切的时代，国际传播朝着多层次、系统化的方向稳步发展，以国家为单一主体的国际传播不再能涵盖我国海外利益发展与安全的所有方面，国际传播主体的多元化发展日益明显与必要，因此，新时期如何更好地使我国国际传播赋能海外利益发展与安全，其主要思路是发挥民间力量的积极作用。

具体而言，在国际传播主体领域，应以国家主体的信息国际传播为基础，搭建以政府为主导的政治传播体系，传递中国国家治理经验、中国发展动态、中国舆情应对态度，提升国际政治认可度；形成以国际化城市为代表的城市传播体系，传递城市文化、促进国际城市合作；促进以非政府组织为代表的公共传播，关注医疗卫生、环境保护等领域，加强我国非政府组织参与国际事务的能力，承担国际社会责任，提升我国国际影响力；发展以跨国公司为代表的企业传播系统，发展中国经济、致力全球合作共赢，逐步消解国际社会对“中国崛起”的顾虑；建立以意见领袖为代表的人际传播系统，通过人际交往，对国际受众产生直接影响。通过多元主体齐头并进、协同发展，促进各主体互惠共赢的同时，实现我国海外利益安全的维护与可持续发展的最终目标。

第二节 信息赋能我国海外利益发展与安全

信息内容是传播过程中最容易被公众感知的要素。在国际传播中，信息的组合方式将影响全球资源配置，进而影响各国海外利益的分配与维护。在信息化时代，未来的国际社会关系发展与变换，必然围绕着信息的国际传播和各国海外利益的布局开展。在这样的背景下，如何对国际传播中的信息进行梳理与组合，关乎我国海外利益发展与安全的整体结构。

信息的分类多种多样，依据信息的特质可以将信息分为事实类信息、观点类信息、知识性信息和娱乐性信息；依据信息的来源可以将信息分为国内信息和国外信息；按照信息的领域，可以将信息分为政治信息、经济信息和文化信息；依据信息传播的主体，还可以分为国家传播的信息、城市传播的信息、非政府组织传播的信息、企业传播的信息、个人传播的信息等。在国际传播的实践中，这些信息并非独立地传播，而是以相互交叉组合的形式对外产生影响，以实现维护国家利益的最终目的。

一、百花齐放：国家叙事体系下的多维叙事

2021 年 5 月 31 日，习近平总书记在主持中共中央政治局第三十次集体学习时强调，讲好中国故事，传播中国声音，展示真实、立体、全面的中国，是加强我国国际传播能力建设的重要任务。[①] 如何讲好中国故事，传播中国声音？其中一个重要方面在于“中国故事”的选择和书写。中国故事属于“信息”的一种，信息主要包括以下三类：

事实性信息是最基本的信息，依据陆定一对新闻的定义，“新闻是对新近发生的事实的报道”[②]，大致可以将事实信息与新闻信息等同，即强调信息的真实性。事实性信息在于陈述事情本来面貌，在国际传播中，真实、及时的信息传播能达到“以我为主，传递信息”的作用，将信息传播的主动权

① “习近平在中共中央政治局第三十次集体学习时强调加强和改进国际传播工作展示真实立体全面的中国”，新华社，2021 年 6 月 1 日，https://baijiahao.baidu.com/s?id=1701346902511721938（检索于 2022 年 5 月 3 日）。

② 中国社会科学院新闻研究所：《中国共产党新闻工作文件汇编（下）》，北京：新华出版社，1980 年，第 188 页。

掌握在己方手中，避免因信息错误、信息时差和他国揭露带来的国家形象和利益损害。国际传播中的短消息、新闻信息大多属于此类信息。关于日常中国社会发展的记录和报道，如“新闻联播”，就属于对“中国故事”事实性信息的即时展示。

观点性信息也即评论信息，指评论者对某一事件的看法与意见。在国际传播中，观点性信息往往体现着传播主体的态度与情感倾向，是传播好中国声音的重要表现形式，也是赋能国家利益的重要手段。例如人民网（人民日报国际版）在 2022 年 4 月 8 日至 12 日连续发布 7 篇《漫评美式霸权》漫画评论，鲜明地谴责美国是“乌克兰危机的始作俑者”“世界动荡的‘幕后黑手’”“全世界疯狂敛财的‘吸血鬼’”“21 世纪冷战‘阴谋家’”“传播瘟疫祸根的‘制毒师’”。[①]

在国际传播中，知识性信息的交流是促进国际社会共同发展的重要环节与内容，具体表现在学术交流交往、科技研发与传播实践等领域。知识性信息的发展在某种程度上代表着国家发展水平及在某一领域的权威性。大众媒介的重要功能之一是教育功能，知识性信息是大众传播信息中的重要组成部分，包括科技文化知识、也包含了常识性知识，是人类智慧的结晶。

相较于严肃的前三者，娱乐性信息具有天然亲和的特质，更容易吸引到受众，使国家形象的呈现更加立体全面。在国际传播中，娱乐类信息能迅速在大范围中传播，在潜移默化中实现国家文化的输出。如美国电影风靡全球，实现了美国文化的传播，韩国影视剧、韩国偶像团体在全球范围的传播，培养了一批青睐韩服、韩妆的忠实粉丝，这些都在一定程度上促进了国家海外经济、文化利益的发展。近年来我国文化产品逐渐走出海外，诸如《人民的名义》《甄嬛传》《琅琊榜》《琉璃》《白夜追凶》《红楼梦》等优质国产剧被国外 Netflix、Viki 等公司采购，韩国还有专门转播中国电视节目的中华 TV、CHING 等平台。我国文化娱乐产品的海外传递赋能海外受众对我国文化信息的关注与喜爱。

① “漫评美式霸权之一：乌克兰危机的始作俑者”，人民网，2022 年 4 月 8 日，http://world.people.com.cn/n1/2022/0408/c1002-32394460.html.2022—04—08（检索于 2022 年 5 月 1 日）。

二、内外兼顾：主体性内容与他者视角的融合

改革开放前，国际社会对我国的了解主要来自西方媒体中的中国形象。21 世纪的前 10 年，随着改革开放的深入，我国也逐步加大进入国际社会的步伐，开始注重国际信息传播的主导权，进入国家形象塑造的新阶段。但西方媒体长期以来对我国崛起的质疑性报道和“中国威胁论”的扭曲丑化，使得国际民众对中国形象的理解多带有因陌生而产生的畏惧感，导致对华整体认同度不高，甚至出现排华、辱华现象，甚至危害到我国的海外合法利益。

近年来，随着我国国际传播方针的调整，此类现象虽有所改善，但仍然面临着不可避免的风险冲突。事实上，国际信息的传播较之国内信息传播，多了一道编码、解码工序，较之国内信息传播更加复杂，因此，在跨境信息生产时不能闭门造车，而是需要依据对象国受众的文化背景、成长环境、生活语言习惯等具体情况，主动创造传播主体与受众的共通意义空间，站在他国立场进行“本土化”编码，方便受众解码，以实现跨文化信息的成功传递，反之则事倍功半。

在国际传播中信息内核仍然是我国优秀的传统文化与时代精神。具体而言，一是发扬儒家“以和为贵”“和谐万邦”传统精神内核；二是传播书法、刺绣等传统优秀艺术；三是利用 5G、人工智能等先进技术创新时代精神，以丰富我国文化的海外传播渠道。但也要注意到，海外信息表现形式也需要进行“在地化”转换。这种转换可以通过两种方式实现，一是从语言上将中文转化为传播对象国的语言并配合以常态化表达方式。如将中文信息转换为英文信息、将中式表达转换为当地的俚语等。二是避免出现传播对象国的禁忌信息，如在伊斯兰教国家避免讨论和传播与“猪”相关的因素，在英国、加拿大、澳大利亚等基督教徒较多的地区避开数字“13”等。只有在充分了解他国实际情况，主动兼顾他者、积极融入国际社会，成为国际信息传播系统中的独立一员，才能真正增加他国受众对我国信息传播的接收与认可程度。

三、双管齐下：中国经验对我国海外利益的影响

（一）政治信息赋能

政治信息在政治传播学中通常被定义为政治行动者或者非党派人士通过各种媒介手段所传达的包含自身政治意图的一切信息。[①] 这表明政治信息具有意识形态倾向，信息的严肃性与权威性、常态化、继承性与变化性等特点，这样的信息属性赋予我国国际传播任务以独特的功能，即从整体上向国际社会传达国家意志，表现国家某一时期或针对某一事件的态度及可能采取的行动，传达我国方针政策，赋能我国海外利益不受侵害的权威性态度，对我国海外企业和公民安全起到重要的保护作用。

例如，2021 年 4 月，习近平主席在博鳌亚洲论坛上强调，中国无论发展到什么程度，永远不称霸、不扩张、不谋求势力范围，不搞军备竞赛。中国将继续做世界和平的建设者、全球发展的贡献者、国际秩序的维护者[②]。这样的政治信息传播有利于在国际范围内表明中国态度，从整体上维护我国海外合法利益。

（二）经济信息赋能

经济信息是反映经济活动实况和特征的各种信息、情报、资料和指令等的统称，具有时效性、实用性、重要性等特征，因其对受众的影响更直接，产生的经济效果更为明显而越来越受到重视。国际传播中的经济信息包含贸易、对外投资、国际金融、资源能源进口、国际经济制度等，具体涉及政策沟通、设施联通、贸易畅通、资金融通、民心相通等多个领域，具有消除信息不对等、促进经贸合作和经济社会发展，维护我国海外经济利益的作用。

不可忽视的是，部分西方国家一直以来鼓吹“中国威胁论”，认为“一带一路”倡议并非合作共赢，进一步将经济问题政治化、现实问题历史化，对我国经济活动、国家形象肆意抹黑，严重阻碍我国与“一带一路”沿线国

---

① 张晓峰、赵鸿燕：《政治传播研究——理论、载体、形态、符号》，北京：中国传媒大学出版社，2011 年，第 54 页。

② 习近平：“中国永远不称霸、不扩张、不谋求势力范围”，中国政府网，2021 年 4 月 20 日，http://www.gov.cn/xinwen/2021-04/20/content_5600780.htm（检索于 2022 年 5 月 3 日）。

家的经贸合作与文化交流。为实现“一带一路”倡议的稳步推进，满足相关商务活动的信息需求，我国在提出该倡议之后，配套以专业经济、金融信息产品和服务，以消除因信息不对称给潜在经济金融合作带来的阻碍。

例如，我国微信公众号平台上海市商务委员会主办的“走出去服务港”，定期更新产业政策、中国对外投资年报、对外投资国别指南、对外投资企业查询、上海对外投资报告等经济信息，还有关于“走出去”政策、境外安全等政治信息、培训活动、工作通知等真正服务于中国企业“走出去”的民生信息，赋能我国海外利益长期稳定发展。

四、文以载道：中华文化对我国海外利益的影响

五千年的传统文化是中华民族和平崛起的脊梁，也是中国故事思想力量和精神力量之源泉。近年来，文化软实力在国际传播研究领域越发受到重视。有学者认为一个国家在国际上是否拥有话语权，除了取决于硬实力，还取决于国家的“价值观念和话语体系是否能够有效回答和解决当今世界面临的重大问题，它的文化能否作为独特的存在而受到世人尊敬”。[①]2021年5月31日，习近平主席在主持十九届中央政治局第三十次集体学习时强调：“要更好推动中华文化走出去，文以载道、以文传声、以文化人，向世界阐释推介更多具有中国特色、体现中国精神、蕴藏中国智慧的优秀文化。要注重把握好基调，即开放自信也谦逊谦和，努力塑造可信、可爱、可敬的中国形象。”[②]更是将中华文化在我国国际传播领域的重要性提升至新的高度。

世界文化多姿多彩，但无论什么样的文化，都有着某些共同点，比如勇敢、真诚等人类优秀品质，比如人们对英雄人物的崇拜、对幽默的感知等。“文以载道”强调的正是所有文化共同的核心价值，“以文传声”则是基于共同的文化品质，以国际受众更能接受的方式传播中国声音，更进一步，“以文化人”则是将我国优秀传统文化与各国文化中共通之处相结合，一方面引

① 程曼丽：“中国国际传播能力建设的当务之急”，《新闻与传播评论》，2021年第5期，卷首语。

② “习近平在中共中央政治局第三十次集体学习时强调加强和改进国际传播工作展示真实立体全面的中国”，新华社，2021年6月1日，https://baijiahao.baidu.com/s?id=1701346902511721938（检索于2022年5月3日）。

发共鸣吸引受众通感，另一方面也真正做到润物细无声。此外，在对外文化传播的同时，也要善于运用5G技术、新媒体技术等数字革命赋予我们的“礼物”，创造新的时代文化，将传统中华气质与现代文明相结合，推陈出新，创造共识。

在全球经济联系日趋密切的当下，生活节奏随经济发展日益“增速”。李子柒则“背道而驰”，回归质朴，以悠然自得的乡村田园生活出现在国际观众的视野中。基于对闲适生活的向往，李子柒的网络视频迅速吸引了大量观众，得到世界范围内的普遍认同。李子柒在视频中所传递的中国乡村生活、中华传统美食、传统工艺，以及以和为贵、安居一隅，与世无争的“中国生活哲学”同样被不同国家民众所喜爱，成了中国国家形象宣传的意外惊喜。

第三节　渠道赋能我国海外利益发展与安全

一、融媒体生产：跨越国门的媒介生态圈

新媒介技术的发展验证了麦克卢汉的“地球村”概念，打破了传统的国家与社会边界，促进科技与生产、消费、观念表达成为一个整体。与此同时，它将传统的官方范式表达与新兴的群众范式表达巧妙结合，形成了当前国家传播领域的融媒体传播生态，为我国海外利益发展打造了坚实的媒介渠道矩阵。

（一）融媒体生产的数字逻辑

2020年9月，中共中央办公厅、国务院办公厅印发《关于加快推进媒体深度融合发展的意见》，首次界定了“先进技术”的基本概念和范畴，即包括“5G、大数据、云计算、物联网、区块链、人工智能等”在内的新一代信息技术，并首次提出先进技术“引领、驱动融合发展”的基本关系与逻辑。[①]

① 卢迪、米文霞：“新型国际传播：从技术逻辑到发展思路”，《对外传播》，2022年第1期，第9—13页。

当前，全球信息技术创新进入新一轮加速期，5G、人工智能、物联网、VR/AR 等新一代信息技术和应用快速演进，媒介生产流程发生深刻变革。媒体布局矩阵化、传播方式融合化、舆论生态多样化、终端形态多平台、管理机制扁平化成为趋势并逐步演变为一种常态。先进技术发展成就信息发展时代新机遇，全球化、智能化、多元化的国际信息传播将成为未来信息流通的主要方式。

例如，2021 年全国“两会”期间主流媒体的报道运用了 5G、4K、AI、MGC、VR 等各种新技术，涵盖文字、图片、视频、直播、H5 等多种形式，从全面的角度实现了内容生产和信息传达的快速高效。

（二）官方范式表达把关海外利益安全底线

官方媒体渠道是国际传播的主渠道，是传播体系中最重要的发声平台。传统上，中国声音主要由主流媒体发出，而主流媒体属于事业单位，我们称这种表达为官方范式[①]。官方范式表达时语言规范、信息来源明确，新闻要素完整，具有权威性、准确性、真实性与可靠性等特征，在国际传播中，起着传播权威信息、传达官方态度、把关国家海外利益安全底线的重要作用。

我国国际传播的官方媒体渠道主要有《人民日报》、中央电视台、新华社、《中国日报》等中央主流媒体，以及在国外社交媒体如 Twitter、Facebook 上注册的官方账号等海外传播渠道。官方媒体渠道能够以最专业、最准确的内容响应国际传播要求，如对重大国际新闻的报道、对突发国际事件的应对和对重要外交事件的解读等。当前，不仅我国中央主流媒体在积极扩展国内外传播平台，如在国内外社交媒体注册官方账号，一些能够代表国家立场的政府官员也在国内外社交媒体注册个人账号，多方面、多角度地表达中国立场，讲述中国故事。

主流媒体、政府官员的积极“上网”在某种意义上传达出严肃信息柔和化表达的信号，即信息依然权威可靠，但表达信息的方式更灵活，海外受众甚至有机会直接接触政府官员。这极为贴合习近平主席在“5·31”讲话中传达的以谦逊谦和的态度，塑造可亲可近的中国形象的理念。

① 邵全红、辜朵儿：“维度与范式：提升中国声音表达质量的双重路径——基于精准传播理论的考察”，《新闻爱好者》，2021 年，第 11 期，第 29—32 页。

（三）群众范式表达促进海外利益发展

新兴媒体的兴起将话语表达权下放，来自普通民众的声音逐渐增加，并成为中国声音的重要来源，我们称这种表达为群众范式。在国际传播中，群众范式表达主要依托网络社交媒体，其内容涵盖基层社会群众的日常生活、吃穿住行、情绪态度、观点意见等多个领域，具有题材广泛、信息繁杂、形式灵活、表达随机、普遍传播等特征，在国际信息传播中占据重要地位，已经成为中国声音表达的主要范式之一。当国家海外利益受损时，群众范式能快速凝聚力量，形成舆论，成为维护我国海外利益发展与安全的“快捷道”。

基于此，一方面，我们要发挥各媒体优势，树立全媒体理念，加快传统媒体和新兴媒体融合发展，充分、有效运用新技术、新工具创新平台渠道、载体终端方式方法，采用多种语言扩大信息传播的覆盖面；另一方面，要深入研究大数据、新媒体时代的传播规律，在坚持“内容为王”的前提下，强化“互联网思维”，丰富信息服务产品线，不断实现信息的多媒体表达、可视化呈现、数据化解析、互动式传播，实现报道、服务方式的创新和飞跃。与此同时，在国际舆情突发时刻，加强官方范式与民间范式的联系，积极引导、增强民间范式维护国家的海外利益。

二、多平台传播：国际传播的可供性渠道

随着先进技术驱动融合的发展，多平台终端齐头并进，为国际传播提供有力支撑。

（一）平台经济的三层逻辑

平台经济以双边市场为载体，双边市场以平台为核心，通过平台可以实现双边或多边用户之间的交易，从而获取利润。[①]平台经济的实质，是数字化、网络化、智能化发展趋势的体现，具有便利性、共享性、高效性等特征。平台经济的主要逻辑涉及至少四个方面：一是渠道霸权，即流通权力法则，掌

---

① Ochet J C, Tirote J. , “Platform competition in two sided markets” , *Journal of the European Economic Association*, Vol.15,No.4,2003,pp.990–1029.

握用户即掌握平台，我们可以从几乎所有超级数字平台全力打造网络世界入口的行为中寻到轨迹，这也是网络世界不断中心化和垄断化的动力所在；二是多边供需，即遵循市场交换和社会交往需求，超越单一行业边界，打造多边市场，形成平台的中介性垄断地位；三是产权共享，即平台机制下协同生产和产权共享成为其显著特征；四是网络效应，即以在地区或全球市场内最大化用户量和最大化流量为主要运营目标。例如哔哩哔哩动画，用户既是信息产品的消费者也是信息产品的生产者，用户自主实现资源的最优配置，“哔哩哔哩”掌握忠实用户即掌握了平台经济。

（二）数字平台激发新型活力

音视频流媒体、网络视频会议、超级社交网络、大型社区电商、网络直播平台等在内的“数字平台”(digital platform)成为后疫情时代的新型信息基础设施，我们将这一转型称作“平台化”，即数字基础设施的搭建过程。后疫情时代，数字化平台的作用日益显现，逐渐成为国际传播的主流方式，逐步实现国际传播从数字化向平台化的整体过渡，国际传播格局也在媒介融合加速的影响下，不断转向平台化，实现从媒体思维到平台思维的转变。

多媒体平台是传播国家声音的重要平台，是国家传播体系中需要大力加强的发声平台。多元的媒体平台可以呈现多种多样的文化产品，不论图片、短视频、长视频还是音频，都可以在此获得充分的展现。建构国际传播格局不仅需要官方媒体渠道发出洪亮的中国声音，更需要多渠道的媒体平台积极响应，进行舆论共振以应对西方国家的舆论压制。

（三）“借船”与“造船”：共建海外利益传播体系

“借船出海”即借助海外已有平台进行国际传播，包含两大主要途径。一是依托国际上相对成熟的第三方开放平台，通过平台入驻并开设账号的形式，面向平台既有用户直接开展国际传播活动。如李子柒等在YouTube网站传播中华文化。二是主动与海外具有较强影响力的媒体渠道方达成合作，为其提供各种内容产品或共同开展内容生产，以合作方渠道为发布平台，面向一定范围内受众开展国际传播活动。此举因是借助海外已有媒介平台，具有成本较低、简便容易、发展快速以及实时观测国际舆情走向等优势，对于短时间内维护国家利益具有裨益。但也要注意到，“借船”方式极易受平台信息管控和国际局势影响，可控性较差，甚至容易出现“浪打船翻”的风险。

“造船出海”即自主搭建媒介平台进行国际传播，主要包括三大板块。一是建设运营自主可控的渠道平台，吸引海外用户入驻、使用和互动，从而开展国际传播活动。如北京字节跳动旗下的 Tik Tok 短视频渠道平台，在海外信息传播中已有一定影响力。二是建设大型跨国媒介集团，面向海外发行报纸和杂志，开通国际广播电台，跨国传输电视信号，在海外架设电子显示屏，以及自主建设官方网站、电子报纸、手机报纸、移动客户端等。三是实地搭建传播场景，营造真实环境，呈现特定内容，吸引一定规模的受众群体参与体验，与受众近距离、面对面实时交流互动，开展更加“亲近”的国际传播。例如：举办各种形式的现场活动，包括会议、展览、展会、联欢、演出等，此举具有周期短、可控性高、亲和力强、效果直观、成本低、互动性强等优势，能直接影响海外受众对我国的认知。

整体看来，“造船出海”具有可控性强、发展潜力巨大、运营自主等明显优势；同时投资成本高、技术要求高，在建设初期极为困难，属于高风险、高投资、高回报的建设工程，因此需要进行详细规划，适合长期投入。

总体而言，“借船出海”受控性强，“造船出海”才是长久之计，在维护我国海外利益发展与安全时，两者需要同时并进，协同发展。

三、即时性沟通：破解异时空交流障碍

（一）搭建快速应对系统，缓解海外舆论焦虑

随着信息时代的蓬勃发展，信息海量化、同质化、碎片化、繁杂化伴随而来，充斥网络。信息查找、整理与确认需要一定时间，但受众容易在接受碎片信息后瞬间做出判断，形成记忆固化。信息的碎片化对公共舆论的影响包括三个方面：一是信息不完全真实，未确认的细节很容易让公众产生误解；二是公众极易被虚假信息误导，作出错误判断；三是公众在情绪带动下，未经查证便对舆论主体产生“有罪定论”。时间差与信息差的双层重叠，有时会令国际传播效果不佳，传播主体在回应对我国海外利益不利的负面舆论时极易产生舆论焦虑。

在国际传播中，这类舆情焦虑存在于各个传播主体中，国家主体作为

最基本的传播主体，在舆情回应方面已具备较为成熟完善的话语策略，但城市主体、企业主体、非政府组织主体等民间层面的传播主体有时丧失了话语先机。因此，城市、企业等主体需要借鉴成熟的舆论治理经验，借助5G、人工智能等先进技术建立包括国际舆情监测、新闻发言制度、舆情走势分析等在内的快速应对平台，以及时、准确的舆情回应缓解国际舆情压力，及时止损。

（二）建设便利新渠道，促进海外利益发展

社交新媒体借助互联网技术手段和精细化运营方式，在较短时间内聚拢海量用户、形成品牌效应，在受众规模与覆盖面上实现了对主流媒体的超越，信息流动的速度、广度和深度呈现指数级增长，过去一切基于地域、行业、人群建立起来的界限和壁垒逐渐被打破。新渠道发展缩短信息传播与反馈的时间，极大便利了人与人、人与信息、人与物之间的交互，同时使得微弱信息获得广泛关注的机会，进而促进问题解决、实现我国海外利益体的民间维权。

四、智能化链接：基于智慧沟通下的我国海外利益

人工智能算法为国际传播精准落实提供了重要的技术支撑，在人工智能时代，精准传播需要以基于算法的智能传播为基础，但是，精准传播和基于算法的智能传播不能画等号。智能传播以大数据为依托，将机器算法、数据挖掘、传感器等人工智能技术应用于信息的生产与传播，实现新闻生产的智能化与用户体验的个性化。[①] 在人工智能时代，算法全面嵌入国际传播的各个领域和各个方面，国际传播的算法化使得人工智能技术赋能国际传播转向，具体表现为国际传播方式数据化、国际传播主体机器化、国际传播规范技术化。[②] 以算法为核心的人工智能技术是实现用户与信息高效匹配的关键技术。而基于算法的内容推荐、协同过滤推荐、热点推荐和组合式推荐，则是国际传播主体通过算法建构精准传播体系、实现信息与用户精准匹配的主

① 郭小平、秦艺轩：“解构智能传播的数据神话：算法偏见的成因与风险治理路径”，《现代传播》，2019年第9期，第10—19页。

② 张爱军：“算法权力及其政治建构”，《阅江学刊》，2021年第1期，第24—33页。

要机制。[①]

（一）智能预警减少海外利益受损

人工智能（Artificial Intelligence，简称 AI），由 Mc Carthy 于 1956 年在 Dartmouth 学会上正式提出，是研究、开发用于模拟、延伸和扩展人的智能的理论、方法、技术及应用系统的一门新的技术科学[②]，具有数据、算力、算法三大核心要素，其研究领域包括机器学习、语音识别、图像识别、专家系统、知识库等，被人们称为 21 世纪世界三大尖端技术之一。[③] 随着研究不断深入，人工智能技术逐渐运用于生活各个场景。

在国际传播领域，人工智能为媒体快速、有效、精准地向海外受众提供信息创造了方便条件。其主要体现在三个方面：一是精准定位海外目标人群、制作用户画像。算法技术通过捕捉用户上网数据，知悉用户特征与信息获取偏好，促使新闻媒体平台能精准把握海外受众差异化需求，并据此向用户推送其乐于观看的内容，获得忠实用户。在国际传播中，“收编”忠实用户利于从用户的反馈中获知国际舆情，有针对性地进行舆情风险应对。二是自主编发新闻，提高效率。在网络信息时代，人工智能技术的发展赋能国际传播内容与渠道齐头并进。运用人工智能进行策划选题、自主编辑、精准分发等工作极大提高了新闻生产分发效率，一方面为信息时代内容生产提供便利，另一方面也增加了信息的受众到达率。三是动态关注国际舆情，完善舆情应对体系。人工智能技术的发展促使信息搜索、数据分析、实时监控等复杂烦琐的工作可计算机操作化，进一步完善了舆情监测与应对工作。当前已经有不少网络舆情搜索机器人，简单来说是一种软件机器人，能够模拟人在计算机上的基本操作，并按照一定规则自动执行任务，并将信息存储在制定的表格或邮箱中，擅长执行跨系统、跨平台的数据采集、整理、录入等操作，在国际传播中，舆情机器人一方面能快速抓取、分析海量信息，通过批注的关键词、敏感词等内容捕捉可能引起舆情风险的信息，将重要信息呈现在工作

① 张爱军：“算法权力及其政治建构”，《阅江学刊》，2021 年第 1 期，第 24—33 页。

② 吴汉东：“人工智能时代的制度安排与法律规制”，《法律科学（西北政法大学学报）》，2017 年第 5 期，第 128—136 页。

③ 邹蕾、张先锋：“人工智能及其发展应用”，《信息网络安全》，2012 年第 2 期，第 11—13 页。

人员面前；另一方面能帮助基层工作人员处理日常工作中烦琐、重复的数据录入、大批量信息获取、报表生成等工作，提高效率，释放人力，使工作人员有更多的时间专注于价值更高、人工智能无法实现的舆情风险等级确认、舆情应对等工作上。从现有的发展情况来看，人工智能技术至少能从信息分发、受众收编以及舆情风险捕捉与应对三大方面进行有效预警，如果运用得当，人工智能技术将是未来我国海外利益维护的重要手段。

（二）智慧沟通促进海外利益发展

人工智能技术的总体趋势是“个人化”“拟人化”“智慧化”，随着人工智能从“弱人工智能”阶段发展到“强人工智能”阶段，机器通过深度学习将更知晓人们的偏好，知道哪类媒介话语会产生“共情”效应，知道何种传播能引导人们的想法、哪种场景能激发人们的行动。充分发挥人工智能“拟人化”优势与算法的精准传播优势，构建点态的国际传播模式，有利于促进在不同国家地区的海外利益发展。

例如，2021 年 6 月 7 日，由中俄两国虚拟歌手洛天依、中俄友好事业和国际传播领域的创新 IP“CGTN 虚拟人物娜娜”，共同演唱的单曲《出发向未来》在中俄头条客户端发布。[①] 虚拟人娜娜运用人工智能、动作捕捉、语音合成等技术设计而成，凝结了两国最新技术，也将成为中俄两国友好交流的“代言人”，推动两国科技合作发展。

第四节　受众赋能我国海外利益发展与安全

国际传播的最终目标不在于单纯的内容生产，而在于对海外受众的认知、心理、态度和行为产生积极影响，进而促进合作共赢，实现国家利益的稳定发展。因此，接触、获取并影响受众是国际传播活动的出发点和落脚点。[②]

① “中俄两国虚拟歌手首度合作献唱助力中俄科技创新年”，央视新闻百度百家号，2021 年 6 月 7 日，https://baijiahao.baidu.com/s?id=1701904050695344714&wfr=spider&for=pc（检索于 2022 年 5 月 30 日）。

② 王峰、黄磊：“万物皆媒时代的国际传播路径研究”，《对外传播》，2022 年第 1 期，第 18—22 页。

一、组织性：可被规劝的受众

受者，也是传播的目的地，传播的信息需要依据受众的反馈进行调整。国际受众因其文化背景、生活环境和宗教信仰的不同，从整体上看具有复杂性、多样性、分散性和无组织性等特征。但是，人属于群居动物，不同的受众群体均在某种程度上从属于或认可某一组织或团体，这一组织可能是社区、企业、学校、兴趣小组、非政府组织等，这些组织和团体具有组织性。因此在进行国际传播时，应注重化整为零，特别关注不同受众所属群体及群体特征。根据群体特性对信息进行重新编码，实现原始信息与受众认知习惯和文化背景的对接，达到外国普通民众凭借自身已有的知识和理解能力也能够理解的水平。

不同类型的受众特征不同，对其采取的传播策略也应不同。按照性别划分，可以将受众划分为男性受众与女性受众，男性受众普遍注重事实信息，而女性受众对情感倾向更加敏感，因此在海外信息传播的过程中既要晓之以理，也要动之以情。按照年龄划分，可以将受众划分为老年受众、青年受众、少年受众等，普遍认为，老年受众更关注健康类信息，青年受众更关注财经信息与国家大事，而少年受众更关注游戏、娱乐、学业等方面的内容，因此在海外信息传播的过程中，要传递全面信息，同时依据目标受众针对性传播具体信息，例如美国可口可乐广告信息多使用阳光、欢乐、激情、享受等概念，符合年轻群体的生活场景。可口可乐广告的成功传播既营销了产品，又传达了美国年轻人的态度与思想，对他国青年形成了潜移默化的影响。按照受教育水平、社会地位等，又可以将受众划分为精英受众与普通受众，这两者关注的信息与态度也大不相同。通常而言，精英受众获得更多的教育机会，社会地位更高，自主性更强，对信息的获取更注重实用性。在国际传播中，受众的分类还需要考虑到国家立场、民族文化、宗教信仰等因素。例如，按照国家立场、国与国的亲疏关系等可以将受众划分为友好受众（顺意受众）、中立受众和敌对受众（逆意受众），通常而言，友好受众对信息的接受程度普遍高于敌对受众；按照国家外交方针与传播策略等可以将受众划分为主要受众（核心受众）、次要受众和边缘受众，对主要受众的重视程度普遍高于边缘受众。

事实上，从整体而言每一受众都是由各个特征组合而成的复杂体。认识事物既要概览全貌，又要抓住其主要矛盾，因此在国际传播中，既要分析每类受众的具体特征，又要根据实际情况抓住主要特征，采取多样的传播方式。

二、精准定位：梯级传播下的集合效应

习近平总书记指出："要采用贴近不同区域、不同国家、不同群体受众的精准传播方式，推进中国故事和中国声音的全球化表达、区域化表达、分众化表达，增强国际传播的亲和力和实效性"，"要广交朋友、团结和争取大多数，不断扩大知华友华的国际舆论朋友圈"。[①] 我国海外利益在不同的国家与地区具有不同的侧重内容，这些国家与地区与中国的关系亲疏不同，其受众在语言、文化、宗教信仰等方面差异巨大，这就要求在传播维护我国海外利益信息时要有侧重，将不同国家与地区建立在不同的传播方式上，同时注意表达技巧，讲究细节，敢于创新，便于受众理解与接受。

（一）面对顺意受众：促进海外利益发展

将与我国交好的第三世界国家、周边国家、"一带一路"沿线国家、发展中国家，作为传播的第一梯队，这一部分受众属于顺意受众，传播的内容侧重在经贸合作、文化交流、人道主义关怀上，通过经贸合作加强区域联系，促进共同发展；同时通过文化交流与人道主义关怀内塑心理认同，强化友好关系。

例如非洲民众整体对中国认可度高、对中国国际影响力持有积极评价、认可中国经济对非洲发展的推动作用，对"一带一路"倡议给予肯定。但调查也显示出非洲不同国家对中国的评价分化明显，非洲民众在对华认知上仍受西方媒体影响较多。"国之交在于民相亲，民相亲在于心相通"[②]，为了提升中非关系合作的深度、广度、力度，需要非洲国家在民意层面对中国发展和中非合作有更深入、客观、全面的认识。具体而言，一是加大中非合作相关成果传播，做好正面宣传和舆论引导。放大"中国对非贡献论"民间声音。及时发现和传播西方世界于我有利的积极声音。二是加强对非传播的精

① "习近平在中共中央政治局第三十次集体学习时强调加强和改进国际传播工作展示真实立体全面的中国"，新华社，2021 年 6 月 1 日，https://baijiahao.baidu.com/s?id=1701346902511721938（检索于 2022 年 5 月 3 日）。

② 习近平："携手'一带一路'建设"，人民网——中国共产党新闻网，2018 年 1 月 4 日，http://theory.people.com.cn/n1/2018/0104/c416126-29746009.html（检索于 2022 年 2 月 20 日）。

准性，引导非洲精英群体更全面及时地了解中国对非政策。三是借助“一带一路”建设在非洲稳步推进之机，对非洲讲好中国企业和中国品牌的故事。四是坚持“一国一策”理念，做好精准传播的在地化落实。

（二）面对中立受众：促进双边合作共赢

将西方发达的中立国家作为国际传播的第二梯队，这一部分受众属于中立受众，应注重设置科技、环境、健康传播等共同议题，加强经贸双边合作。西方部分发达国家对我国态度相对中立，其整体发展水平较高，且注重生活质量。在这些国家中加强科技、环境与健康问题的交流与传播有利于促进我国在该领域的发展，同时关心人类共同问题能推动我国国际事务参与水平与能力，在国际上树立负责任的大国形象，进一步加强中立受众国与我国的经贸、文化合作。

此外，随着国际局势的变化，中立受众的态度受国家利益影响有变动的可能，因此，面对这部分受众一是要谨慎处理，避免其变为逆意受众；二是要积极争取，将其发展成顺意受众。具体而言，一要讲好当代中国故事，增强中国话语说服力；二要推介中华优秀文化，提升中华文化感召力；三要阐释当代中国主张，提高中国形象亲和力，维护我国海外公民、跨国企业以及国家的整体海外利益。

（三）面对逆意受众：维护海外利益安全

将与中国有贸易摩擦、态度相对对立的部分西方国家作为第三梯队，这一部分属于逆意受众。这就需要我们态度明确，有理有利有节地传播政治、经济与文化信息。在与这一梯队国家交往中，我国海外利益维护相对困难，因此针对这一梯队的国际传播应更为谨慎、全面。一方面需要针对部分欧美国家侵蚀、诬蔑与损害我国海外利益，政府相关部门及时对损害倾向、实质损害行为采取强力措施进行反击；另一方面需要积极地在海外传递我国信息。与此同时，在国际突发事件中反对强调我国立场，维护我国海外利益，促进我国海外利益发展。

总的来看，国际传播中的“精准定位”就是做好一定时期、一定区域信息用户、新闻受众信息需求情况的抽样调查，作为对外信息传播的“基础设施”、首要工程，以此作为精准传播的依据之一。通过对不同态度受众的精准化传播，积极促进与顺意受众经贸、文化合作关系更上一层楼，保护与中立受众的合作共赢关系、争取将其转变为顺意受众，谨慎对待逆意受众传播的国际信息，在梯队传播中维护我国国家利益。同时，在国际范围内需要创造新需求议程，尤其是5G新技术的应用、新产品的开发、新消费习惯的培养与形成是需要重点关注的传播内容。

第五节　效果赋能我国海外利益发展与安全

传播效果是信息传播中的重要领域，媒介传播效果研究经历了“魔弹论”的强效果时期和“议程设置的”有限效果时期。随着网络信息技术的发展，人们进入“全媒化时代”，网络媒介占据了信息传播的大半江山，其信息实时广泛传播，对当代社会造成广泛影响。

一、后真相时代效果的可操控性

全媒时代人人都有“麦克风”，个人既是受众，也可以是信息的传播者，也能成为新时期的“公民记者”。1998年，美国人德拉吉的个人网站先于所有传统媒介曝光克林顿性丑闻事件，这使得德拉吉获得全球最早的“公民记者”称号。公民记者能够随时随地上传身边新鲜事迹，其对新闻的生产速度远远快于过程严谨的传统媒体。但公民记者未经过专业化信息采集传播培训，故其信息传播通常要素缺失、质量欠佳，新闻的真实性未经受权威验证。故而，时常产生公民记者率先发布信息，权威媒体验证错误而后公布真相的情况，在此过程中往往因虚假信息的传播使得情绪比真相先行一步。2016年英国公投脱离欧盟，特朗普当选美国总统，一时间，“后真相”成为全民讨论的热点。所谓“后真相”，就是真相和逻辑在信息传播过程中被忽视，情感煽动主导舆论的情形。

2021年10月以来，英国路透社及美国一些反华议员罔顾事实，陆续刊文编造称位于广西钦州工厂涉嫌压榨维吾尔族员工，诬蔑中国企业对维吾尔族“强迫劳动”、实行“种族灭亡”，并利用路透社广泛的媒介影响力和涉疆问题的谣言迫使在华美企终止了与新疆籍员工的雇佣协议。由于地处西北偏远边境，加之新疆曾多发恐怖袭击，涉疆问题一直是我国关注的重点。近年来，新疆维稳工作取得显著成就，社会治安、人民生活逐渐向好发展。境外反华势力心有不甘，几次在国际社会上歪曲我国对疆维稳工作，先后炮制“再教育营”“种族灭亡”等谣言，破坏我国边境稳固与和谐发展。2021年11月30日，新疆维吾尔自治区人民政府新闻发言人伊力江·阿那依提在第61次涉疆问题新闻发布会上指出，美国关于在华美企“强迫劳动”“种族灭亡”等虚假言论的真实目的是剥夺新疆少数民族群众的生存权、就业权、发展权，是在搞强迫失业、强迫贫困，扰乱新疆繁荣稳定。美国借此通过“维吾尔强迫劳动预防法案”，要求美国“停止进口任何强迫劳动生产的货物，包括全部或部分在新疆开采、生产或制造的货物”[①]，更是直接暴露其制造民族分裂、扰乱中国经济和社会稳定、遏制中国企业海外发展的真实面目。

二、认知偏差危害我国海外利益安全

1983年美国戴维森教授在其“第三人效果”理论中曾指出，个体在认知大众传播媒介对人的影响尤其是负面影响时会存在一种普遍效应，即认为大众传播的信息对他人的效果大于自己。正是这种认知导致个体采取某种行为，而这种行为恰恰也是在大众传播媒介的影响之下进行的。出现这种情况的主要原因是认知偏差和个人利益的维护。

近年来，我国在涉及印度问题时，几乎都释放了善意，但印度自莫迪上台以来，对华方面一直采取博弈模式的“问题外交”态度，这主要是中印之间，尤其是印度对中国存在认知偏差。首先是在国际地位上，印度受到美国直接影响，并未认可中国的国际地位。其次在双方实力上，在中印双方边界“互动”的过程中，中印双方的实力差距明显，处于下风的印度并未有所收敛，且赤裸裸地在南亚地区追求区域霸权。有专家解读印度的政治精英惯于以理想主义的方式看待自身的实力与国际影响力[②]，其思维逻辑具有很大的

① 贾阳春：“美国涉疆‘强迫劳动’谎言背后的战略图谋”，中国网，2021年12月20日，http://www.china.com.cn/opinion2020/2021-12/20/content_77941121.shtml（检索于2022年5月15日）。

② 朱翠萍、[美]科林·弗林特：“‘安全困境’与印度对华战略逻辑”，《当代亚太》，2019年第6期，第39页。

历史局限性。这些认知偏差的产生不利于中印建立合作共赢、良性互动的外交关系，还对我国海外利益安全造成部分威胁。

三、议程设置助力我国海外利益发展

唐纳德·肖(Donald Shaw)和麦克斯威尔·麦克姆斯(Maxwell McCombs)在1972年提出议程设置理论，认为大众传播媒介往往不能决定某个人的决策行为，但是能够通过安排版面和设置相关议题的先后顺序，影响人们先看什么、后看什么，重点看什么、不重点关注什么内容，以此间接影响受众想什么。尽管近年来，我国经济高速发展、国家实力不断提升，在国际社会中的影响稳步扩大。但“西强我弱”的国际传播格局仍然未根本改变。我国经济发展、政治体制、人权问题、工业发展，涉及西藏、新疆、香港、台湾等地的议程内容时常受到西方媒体的关注，并且长期以来多以负面信息出现。部分西方媒体偏离事实，对我国的报道历经“东亚病夫”到“中国威胁论”，严重影响国际社会对我国的认知，影响我国与他国正常国际往来。尤其是近年来，以美国为首的国家先后炮制的新冠肺炎疫情“中国起源论”、“一带一路”合作导致“债务陷阱论”等无稽之谈严重损害了我国国家形象与海外利益。

因此，我国仍然需要强化系统性的国际传播战略，以应对部分西方媒体意识形态主导下的舆论攻击。具体而言，在传播主体上促成官方主体（国家、城市）与民间主体（企业、非政府组织、个人）双管齐下，在传播内容上实现政治、经济、文化全面发展，在传播渠道上加速传统媒体与新兴媒体、国内媒体与国外媒体的组合传播，在传播受众上实现精准细分与高到达率、高接受率共频。此外，做好双重准备，一方面协调传播主体、内容、渠道与受众，实时监测与积极应对国际舆情，维护我国良好国家形象；另一方面主动设置国际传播议题，一是积极参与国际事务，主动投身于国际医疗卫生、环境气候、反恐怖主义、人道关怀等公共议题中，塑造负责任、有担当的全球大国形象，以获得国际社会的支持与理解；二是对美国等西方大国的不合理、不负责的行为严肃表态，以维护和平安全、互利共赢的新型国际关系秩序，进而维护我国海外利益的发展与安全。

第四章
国际传播赋能我国海外利益发展与安全的国家维度

国际传播是各国家或地区之间的信息交流与沟通，无论其交往形式、内容如何，其目的均在于维护国家利益、促进国家发展。国家作为国际传播最主要也最悠久的主体，在维护国家的海外利益中发挥着重要作用。

本章节对国际传播中的国家维度进行详细梳理，从三条路径解读以国家为主体的国际传播如何赋能我国海外利益的发展与安全。第一节“国家文明理念与我国海外利益发展与安全”，探讨了我国自古以来的“和合”文化内核与当代“合作共赢”“人类命运共同体”文明理念的一脉相承关系，及其对当前国际共生关系、各国海外利益发展的作用。第二节“国家文化符号与我国海外利益发展与安全”，阐述了文化符号的分类、文化符号的传播与接收，以及国家文化符号对我国海外利益发展与安全的影响。第三节“国家形象塑造与我国海外利益发展与安全”，综合国家的文明理念与文化符号，从我国国家形象他塑的现状与挑战、我国国家形象的流变以及国家形象自塑路径三个方面论述国家形象塑造对我国海外利益发展与安全的重要作用。

第一节 国家文明理念与我国海外利益发展与安全

中华文化与民族精神是中华民族立于世界民族之林的精神脊梁。国家的文明理念以民族文化为基石，不同时期的文明理念在表征与提法上各有不同，但内涵一脉相承。民族文化越源远流长、内涵丰富，国家文明理念的生命力愈加旺盛。中华民族绵延数千年，丰富的精神文明赋予不同时期的中国以和为贵、求同存异、互利共生的文明理念，也赋予中国人勇敢奋进、爱好和平、求同存异和善于学习的精神气质。这些精神品质历久不衰，迄今仍迸发出旺盛的生命力，尤其是进入21世纪后，中华民族“以和为贵，和而不同”的民族精神仍是我国维护自身利益的重要文化资源。

一、“和合”文化下的国家文明理念

中国是四大文明古国之一，中华民族是世界最古老的民族之一，中华文明绵延数千年，积累了深厚的中华文化。中国是喜好和平的国家，中国文化强调“以文化人、以德服人”。我国儒家创始人、古代伟大的教育家和思想家孔子说：“远人不服，则修文德以来之。既来之，则安之。”中国文化核心“和”，讲究的是怀柔与感化，使经济文化落后的民族能够倾心于先进文化，发自内心真诚地学习和接受先进文明，成为先进文明的一部分，在此过程中不断提高自身的国际地位与话语权，维护国家海外利益的安全与发展。中华“和”文化观自诞生以来生命力强盛，上至古代君王治国理政，下到黎民百姓为人处世，“和”文化观对当今生活具有重要指导价值。“和”文化的“和合”价值观强调“和而不同”的共存思想。“和而不同”源于《论语·子路》，即“君子和而不同”，主张“和”为相辅相成、共生共长，“不同”为不千篇一律又不相互冲突。“和而不同”理念为构建和谐社会奠定思想基础，“和合”文化为这一思想提供丰沃土壤，成为中华民族海外发展路上安身立命的重要内核。

随着和平与发展时代主题的深入人心，“和合”文化在新时代的重要意义愈加凸显。自中国国务院总理周恩来于 1953 年 12 月在会见印度代表团时提出和平共处五项原则以来，尊重各国领土完整、维护我国国家安全成为我国对外交流的重要指导思想，至新时代中国国家主席习近平的和平发展、合作共赢、共建人类命运共同体的发展理念，中华民族“和合”思想越发契合世界发展的基本需要，发挥着连接民生幸福、增强民族认同、推动经济繁荣、促进社会凝聚、增强国家实力和团结世界文明的作用。2015 年 8 月，习近平主席在出席孔子诞生 2565 周年国际学术研讨会上指出：“中国人民崇尚‘己所不欲，勿施于人’。中国不认同‘国强必霸论’，中国人的血脉中没有称王称霸、穷兵黩武的基因。中国将坚定不移沿着和平发展道路走下去，这对中国有利，对亚洲有利，对世界也有利，任何力量都不能动摇中国和平发展的信念……中华民族的血液中没有侵略他人、称霸世界的基因，中国人民不接受‘国强必霸’的逻辑，愿意同世界各国人民和睦相处、和谐发展，共谋和平、共护和平、共享和平。”[①]“和合”价值观体现了我国新时代倡导和平发展、和谐相处、合作共赢的国际交往观。中华民族“和合”思想指出，我国的文明理念不仅仅是维护我国海外利益发展与安全的需要，还强调他国合法利益的保护与发展，致力于打造共生共赢的国际文明社会。

文化的本质在创新创造，包容的、自信的、多样的、自由表达的开放社会为这种创造力孕育生机。当今互联网科技的发展使人人拥有自由表达观点的权利，国家海外利益维护也越加注重文化软实力的作用，与此同时，“和合”文化的文明内涵也在新时代有了新的发展。在国际交流与合作的舞台上，中国秉持以和为贵的态度，越来越多地参与到多边合作中去。通过加入各类国际组织、举办国际会议、定期出访他国等方式，频繁地与世界其他国家进行政治、经济、文化交流，并在这类和平交往中，建立起常态化共生机制，共同维护国际秩序。在二十国集团、亚太经合组织、金砖国家组织、上海合作组织、中非合作论坛等区域性和多边性国际组织与合作中，中国始终秉持“和合”文化思想，致力于实现世界繁荣与发展。

二、合作共赢促进海外利益发展

进入21世纪以来，世界多极化、经济全球化越发复杂，文化多样化、社会信息化持续推进，各国相互依存、利益融合的深度和广度达到空前水平。与此同时，金融危机、气候变化、能源危机等各类全球性问题日益突出，维护世界和平、促进共同发展、推进互利合作面临新的严峻挑战。新形势下，任何国家都不可能置身度外，只能携手合作、同舟共济，共同寻找各类全球性问题的解决方案，实现合作共赢，增进共同利益。[②]正是在这样的背景下，党的十八大提出高举“和平、发展、合作、共赢”旗帜。这面旗帜突出强调互利共赢精神，主张世界各国在追求本国利益时兼顾他国合理关切，在谋求本国海外利益发展的同时，促进各国共同发展。

① “和平共处五项原则发表60周年纪念大会”，央广网，2014年6月28日，http://www.cnr.cn/newscenter/special/hpgc/wz/201406/t20140628_515747066.shtml（检索于2022年4月22日）。

② “坚持和平发展 促进合作共赢”，中国共产党新闻网，2013年9月16日，http://theory.people.com.cn/n/2013/0916/c40531-22935897.html（检索于2022年4月23日）。

合作共赢理念继承“和合”思想，符合当今时代主题，并为海外利益发展带来新机遇。首先，这一思想坚决摒弃了“以意识形态划线”的二元对立思维，寻求全球共同合作。合作共赢理念基于人类社会日益结成安危相系、荣辱与共的利益共同体和命运共同体的客观事实，在尊重各国主权、保障各国平等合作、共享成果的基础上，主张各国应该共同推动建立以合作共赢为核心的新型国际关系，维护各国合法利益。其次，合作共赢新理念超越了“零和博弈”的西方规则，转向共谋发展之路。历经20世纪战争的磨难，人们更加懂得和平的珍贵，发展的重要，和平与发展成为21世纪全人类的共同愿望，是人们孜孜以求的奋斗目标。基于此背景，中国国家主席习近平提出的合作共赢新理念，坚决摒弃了“零和博弈”的老规则，强调在追求自身利益时要兼顾他人利益，在寻求自身发展时促进共同发展，用双赢、多赢、共赢来实现和平与发展。再者，合作共赢新理念超越了“政治军事结盟”的老套路，是引导同舟共济的新路子。我国在对外交流交往时，秉持结伴而不结盟的外交政策，坚决摒弃“结盟”“找敌人”的对抗思维，转而积极探寻“结伴”“交朋友”的新模式，结成伙伴关系网，让“朋友遍天下”，在共同发展过程中使各国互为发展道路上的真诚朋友和可靠伙伴。

在“合作共赢”理念的指导下，中国国家主席习近平在2013年访问中亚和东南亚国家时，提出建设“丝绸之路经济带”和“21世纪海上丝绸之路”的倡议，以维护沿线国家的共同利益。2014年中国政府公布了《推动共建丝绸之路经济带和21世纪海上丝绸之路的愿景与行动》。“一带一路”从倡议发展为具体的行动，为连接亚太经济圈和欧洲经济圈，提供了一个相关国家共商、共建、共享的包容性发展平台，将“一带一路”沿线国家汇聚成利益共同体，希望通过经贸往来、人文交流等合作方式共同维护彼此的海外利益。“一带一路”追求的是沿线各国政策沟通、设施联通、贸易畅通、资金融通、民心相通。时至今日，中国已同100余个国家或国际组织签署了共建合作协议。“一带一路”的提出能够驱动沿线各国的经济发展，促进国家间文化的交流与融合。在2017年9月举办的第二届丝绸之路(敦煌)国际文化博览会共有51个国家、3个国际组织的582位中外嘉宾，以及2100多名参展商、知名企业代表、演职人员共同见证盛况。俄罗斯、韩国等近20个国家及国内20个省区市的500家企业汇聚文博会国际文化产业展览交易会。除此之外，民间团体、企业、个人等也在积极同各国开展广泛合作。在“一带一路”框架下，中华民族的音乐、舞蹈和特色产品走向了沿线国家，走向了世界。例如，在2019年7月由国务院新闻办公室和中国驻以色列使馆共同主办的“相约千年·魅力丝路文化行”活动在特拉维夫拉开帷幕。开幕式上展出了中华民族和犹太民族友好交往的历史照片，并举办了展示中国传统文化，特别是中国西部民族风情的各类图书展赠活动。甘肃省演艺集团和歌舞剧院为以色列观众奉献了精彩的“相约千年”歌舞表演。表演以丝路文化为主题，其中就有藏族歌舞表演，引起了国外观众的极大兴趣和赞扬。

“合作共赢”理念下的“一带一路”倡议为欧亚、非洲、大洋洲、拉美等国家（地区）提供了对外交往与合作的平台，发展了我国和“一带一路”沿线国家的友好关系，促进了我国和沿线国家的海外经济、文化等利益发展。截至2022年3月23日，中国已经同149个国家和32个国际组织签署200余份共建“一带一路”合作文件[①]。2022年1—4月，我国与“一带一路”沿线国家进出口贸易额6229.46亿美元，同比上涨18.03%，在我国进出口总额中的占比为31.55%。排名前三位的国家（地区）分别是越南、马来西亚、俄罗斯，分别实现进出口贸易额698.59、615.66、507.92亿美元。[②]

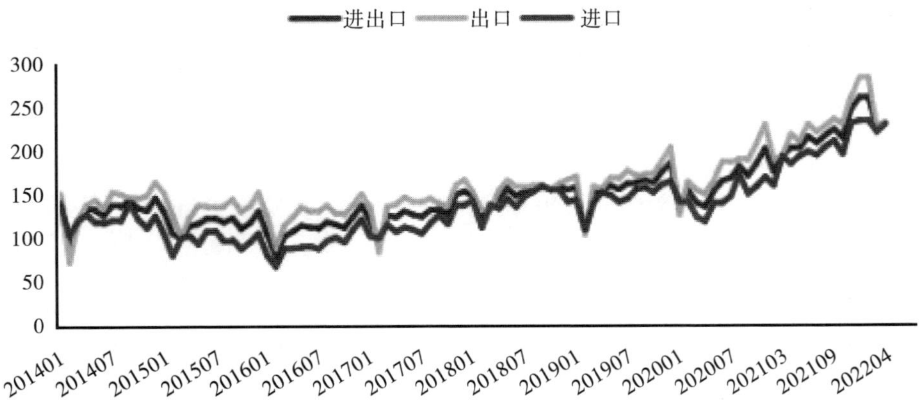

图4-1　2022年4月“一带一路”沿线国家贸易指数

① “已同中国签订共建‘一带一路’合作文件的国家一览”，中国“一带一路”网，2022年2月7日，https://www.yidaiyilu.gov.cn/xwzx/roll/77298.htm（检索于2022年5月29日）。

② “前4个月中国进出口同比上涨10.4%”，中国“一带一路”网，2022年5月25日，https://www.yidaiyilu.gov.cn/xwzx/gnxw/246322.htm（检索于2022年5月29日）。

三、“人类命运共同体”理念下的安全共生

继提出构建以合作共赢为核心的新型国际关系目标后，2014 年 3 月，中国国家主席习近平在联合国教科文组织总部演讲时指出：“当今世界，人类生活在不同文化、种族、肤色、宗教和不同社会制度所组成的世界里，各国人民形成了你中有我、我中有你的命运共同体。”[①] 随后，习近平主席在博鳌亚洲论坛 2015 年年会上提出，人类只有一个地球，各国共处一个世界。世界好，亚洲才能好；亚洲好，世界才能好。[②] 面对风云变幻的国际和地区形势，要把握好世界大势，跟上时代潮流，通过迈向亚洲命运共同体，推动建设人类命运共同体，共同营造对亚洲、对世界都更为有利的地区秩序，以此维护我国乃至世界各国彼此的海外利益的安全与发展。在第 70 届联合国大会一般性辩论中，习近平主席再次全面阐述以“合作共赢”为核心的新型国际关系理念，提出了打造人类命运共同体“五位一体”的总路径和总布局：倡导建立平等相待、互商互谅的伙伴关系；营造公道正义、共建共享的安全格局；谋求开放创新、包容互惠的发展前景；促进和而不同、兼收并蓄的文明交流；构筑尊崇自然、绿色发展的生态体系。[③]

“人类命运共同体”构想，是以尊重多样性为前提，即尊重文化、宗教、价值的多样性；尊重各国选择社会制度和发展模式的自主权，共同致力于全人类的共同价值实现，确保各国合理、合法的海外利益。“人类命运共同体”在文化上始终坚持的是多元共生理念。坚持交流互鉴，建设一个开放包容的世界。中华文明历来就有“各美其美，美人之美，美美与共，天下大同”的传统思想，这既是我们这个多民族国家对待国内不同民族的思想，同时也是面对世界各民族的一贯态度。我们尊重不同民族的历史文化，同时又积极推动在当下共同处境中人类的文化交流，维护各国合法利益，实现“天下大同”的美好愿景。

① “中国的文明观，让世界看见——习近平联合国教科文组织总部演讲五周年”，中青在线，2019 年 4 月 30 日，http://news.cyol.com/xwzt/2019-04/30/content_18005913.htm（检索于 2022 年 3 月 20 日）。

② “亚洲好世界才能更好”，2022 年 4 月 24 日，中国网，http://www.china.com.cn/opinion2020/2022-04/24/content_78184091.shtml（检索于 2022 年 4 月 29 日）。

③ “共建更加美好世界的行动指南”，求是网，2021 年 1 月 25 日，http://www.qstheory.cn/dukan/hqwg/2021-01/25/c_1127023243.htm（检索于 2022 年 3 月 20 日）。

第二节　国家文化符号与我国海外利益发展与安全

“符号是携带意义的感知。”意义只有通过符号才能得以表达，而符号存在的目的就是表达意义。① 符号的基本功能即表征，其在信息和文化的传播交流过程中扮演着重要角色。在特伦斯·霍克斯（Terence Hawkes）看来，任何事物只要独立存在，并和其他事物有联系、可以被解释，那么它的功能就是符号。② 恩斯特·卡西尔（Ernst Cassirer）在《人论》中概括出了符号的重要性：“所有这些文化形式都是符号形式。我们应当把人定义为符号的动物。”③ 人类通过符号进行情感的表达和自身历史的记录，符号的传播使不同种族的文明得以传承和发展。

符号按照其呈现形式可以划分为语言符号和非语言符号。语言符号是由音、义的结合构成的。“音”是语言符号的物质表现形式，“义”是语言符号的内容，只有音和义相结合才能指称现实现象，构成语言的符号。语言符号包括口头语和以书写符号文字形态出现的书面语。非语言符号包括图像、颜色、光亮、音乐和人的体语等等。语言符号是人与人之间进行交际的工具，而且是人类社会中最重要的传播媒介之一。人们借助语言符号来使思想得以表达、感情得以传达、知识得以交流。“从哲学意义上来看，思想是通过语言表达的。思维是语言的‘内核’，而语言是思维的‘外壳’。”

符号按照领域可以划分为经济符号、政治符号、文化符号以及社会符号等。在我国，经济符号主要有高铁、大兴机场、淘宝、移动支付等，其意指中国经济的发展速度、基础设施完善程度和科技创新等情况；政治符号有国家领导人、国旗、国徽等，其意指中华人民共和国、中国特色社会主义制度等国家形象；文化符号主要有春晚、羌绣、川剧、万里长城、大熊猫、火锅等涉及节日风俗、传统文化建筑、饮食等多方面的文化符号，意指中国整体风貌、精神品质等；社会符号主要有健康码、口罩等符号，意指阶段性的国

① 赵毅衡：《符号学原理与推演》，南京：南京大学出版社，2011 年，第 1 页。

② ［英］特伦斯·霍克斯：《结构主义与符号学》，上海：上海译文出版社，1987 年，第 132 页。

③ ［德］恩斯特·卡西尔：《人论》，甘阳译，上海：上海译文出版社，2013 年，第 45 页。

家防疫政策与情况；高考、中考等教育符号，意指国家公平、严肃的教育体系等；快递、外卖等符号，意指国家的社会风气和时代特征等等。国家“文化符号”内涵丰富，传播领域广泛，是塑造我国多元民族国家形象、提升我国文化综合竞争力、打造世界级文化产业的重要方面，也是从软实力角度维护与促进我国海外利益的重要环节。

“文化符号”的内涵在国内外都得到过不同的阐释。按照罗兰·巴特（Roland Barthes）符号学对符号的定义，认为“符号是一种表示成分（能指）和一种被表示成分（所指）的混合物。表示成分（能指）方面组成了表达方面，而被表示成分（所指）方面组成了内容方面”。[①]泰勒（E. B. Tylor）在《原始文化》中提出“文化是一个内容丰富多彩的复合整体，其中既包括知识、信仰、艺术、道德、法律、习俗，也包含任何人作为一名社会成员而获得的能力和习惯”。[②]在国内，徐新建认为“文化即表述”。[③]“文化在本质上就是一种表述”，人类通过一系列的表述来确定意义、确证自己的存在。在当下人类发生表述危机的时候，我们更应该关注表述的主体、对象、目的和表述方式。叶舒宪通过重新建构起大小传统的方式，将先于文字或外于文字的传统称为大传统，大传统的载体就是符号、图像和器物，这是我们文化的原型，构成了一级编码。甲骨文、历代文学的产生又构成了二级编码、三级编码、四级编码。叶舒宪将这一套对文化的重新理解和阐释称为“文化符号学”。文化符号学包括音乐舞蹈、服饰器皿、节日民俗在内的一切文化符号，以及这些符号所蕴含的特殊意义或呈现的独特功能。狭义上讲，可以是音乐的旋律、舞蹈的动作、服饰的色彩、器皿的图案、节日的仪式等具体的表现内容和形式。广义来看，这些文化符号还包括了表现主体、表现对象、表现目的和表现影响的综合意义。国家文化符号对外传播就是“寓异于同”的一种实践，看似不同的国家民族文化符号本质上是要寻求与他国观众审美上的共鸣，价值观念的共情，追问历史与当下的共通，激发人类、时空、情感的共同体意识，以维护各国合理的海外利益。

① [法]罗兰·巴特：《符号学美学》，董学文、王葵译，沈阳：辽宁人民出版社，1987年，第34—35页。

② [英]爱德华·泰勒：《原始文化》，连树声译，上海：上海文艺出版社，1989年，第1页。

③ 叶舒宪：《文化符号学》，西安：陕西师范大学出版社，2018年，第3—4页。

国家文化符号赋能海外利益的发展与安全，要观察文化符号在国外交流所指向的目的和产生的影响，属于广义的文化符号范畴。

一、国际层面的文化符号传播

国家文化符号对外传播主要通过两种方式，一个是官方层面的政治传播，一个是民间层面的人际传播。

（一）政治传播视阈下的国家文化符号

所谓政治传播是指：“政治共同体的政治信息的扩散、接受、认同、内化等有机系统的运行过程，是政治共同体内与政治共同体间的政治信息的流动过程。”① 其中，“政治信息”指文化符号，“政治共同体”则是传播文化符号国家层面的主体，“运行系统”则是指符号传播的具体手段及途径。政治传播视阈下的文化符号不仅具有表情、表意，还具有现代国家间的文化外交的重要性质，突出体现在传播主体的政治立场、符号信息的多重功能和传播途径的多维布局。

首先是传播主体的政治立场。文化符号是中华文化的一部分，文化符号的对外传播必然受到国家意识的影响，成为塑造国家形象、维护国家利益的重要方面。当今，国家文化符号对外传播的机制和模式是以政府为主导，辅之以民间合作，其传播主体多是在当地政府官员认可和支持的民间艺术家。因此，从传播主体构成来看，国家文化符号的对外传播蕴含着对于本民族的认知和对国家的认同，承担着言说中华民族悠久历史与文明、维护我国海外利益的重要任务。

其次是符号信息的多重功能。哲学家皮尔士曾言：“一个符号，或者说象征是某人用来从某一方面或关系上代表某物的某种东西。”② 在他看来，符号的本体、符号代表的对象、符号的解释构成了符号分析的三要素，“本体—对象—解释”是文化符号多重功能的重要原因。例如，在我国优秀民族

① 荆学民、苏颖：“中国政治传播研究的学术路径与现实维度”，《中国社会科学》，2014 年第 2 期，第 80 页。

② 袁淑娟：《现代西方著名哲学家评传》（下卷），成都：四川人民出版社，1988 年，第 485 页。

文化羌绣艺术中，我们会看到一些别致的花纹，这些固定的花纹图样就是“符号的本体”，而在这花纹背后它所代表的可能是某一种植物或者动物，这就是“符号的对象”，但是不同的人可能会认为花纹表达了独特的内涵，比如对自然的热爱，图腾崇拜或者宗教信仰，这就是“符号的解释”。正所谓“一千个读者就有一千个哈姆莱特”，受传播主体和接受主体的影响，符号的解释具有多样性和歧义性。同一个花纹，在不同的主体眼里都可能具有不同的解读。对于国际层面上的国家文化符号传播来说，这一符号（花纹、颜色、图形等）可以具有丰富的阐释空间，既是展示少数民族文化的独特载体，也是讲好中国故事，传播中国声音，维护我国海外利益的重要素材。

最后是传播途径的多维布局。有学者认为：“文化符号的传播是高度策略性、技巧性的传播，其不同的时机、方法、手段不同，其效果也就不同。”[①] 传播方式中传播途径的多维布局会大大提高传播的效果，尤其是以互联网为主的网络传播，它是当下国家文化符号传播与文化利益发展的重要手段之一。因此，国家专门建立了文化对外传播的体制机制，制定了长远规划，利用分层分类、多管齐下的管理方式扩大对外传播的途径。通过报纸杂志、广播电视、互联网网站、新媒体资讯等方式打通“符号”外交的多方渠道。例如，“在彝族文化传播的发展过程中，形成的彝族文化网站几乎都是彝族人或彝学研究机构建立或主办的，极大地整合了彝族文化，其创办者主要是一些彝族上层的知识分子，如彝族学者、彝族干部、文化人等，形成了彝族知识分子建网站，广大民众积极参与的局面”。[②] 早期的国家文化符号的网络对外传播中，由国家牵头成立的专门化网站发挥了重要作用。

国家层面的文化符号对外传播，使得符号的交流承载了文化外交和提升我国国家形象的重要功能，在文明对话中增强了我国的文化影响力，促进我国海外文化利益的维护与发展。

（二）人际传播视阈下的国家文化符号

人际传播是个人与个人之间的信息交流，也是由两个个体组成的信息传

① 蒙象飞：“文化符号在中国国家形象建构中的有效运用”，《社会科学论坛》，2014 年第 6 期，第 230 页。

② 李金发：“当前彝族文化网站的社会人类学分析”，《理论月刊》，2011 年第 3 期，第 88 页。

播系统。人际传播既包括面对面的直接传播，也可以是以媒体为中介的间接传播。这种传播方式可以通过语言、姿态、手势、表情等将信息传播给受众，使其产生强烈的真实感和亲切感，从而提高传播效果。当今，国家文化符号的直接人际传播和间接人际传播十分重要，这主要是因为其独特的体验式文化魅力。除了传统的静态符号载体，如羌绣、唐卡，康巴建筑、壁画雕塑，国家文化符号的载体还包括许多动态形式，比如节庆仪式、音乐舞蹈等，这些活动不仅是国家文化符号传承的活化石，更是国家文化符号影响力塑造的重要方面。其作用突出表现在以下两个方面。

一方面，体验式文化符号增强传播的个体效果，促进个体对文化的感知与认同。个体是体验式文化符号传播的核心要素，不同个体通过直接或间接的方式参与到一场极具地方特色的节庆仪式中，会对该文化产生最为直观的感受和认知，进而增强对该文化的接受。以云南楚雄彝族自治州的火把节为例，火把节是彝族最重要的节日之一，其文化传承也以言传身教的方式为主，有学者认为："小孩子从小就受到家庭各种祭祀活动的熏陶，五六岁就参加祭牛、祭龙等祭祀活动，结婚后的妇女就要学会叫魂、哭丧。"[①]这种言传身教的人际传播方式，使得个体通过体验式的学习来获得对于文化符号的感知。鉴于此，1990年日本皇室祭师曾亲自考察高峰彝族火祭祀活动，开展寻根访祖活动，进行学习与研讨。正是在这种"体验式"的符号传播中，国家的非物质传统文化得到传承，国家民族文化在国际有效推广，为世界了解与接受中国做出贡献。

另一方面，体验式文化产业增强传播的实体效果。有效的人际传播推动国家文化产业的建设，将抽象性的符号本体转化成实体性的发展成果，反过来又助推符号影响力的增强。近些年，随着体验式旅游概念的兴起和民俗旅游、节庆旅游的不断发展与完善，越来越多的民营企业成为传播文化符号的主力干将。通过设置体验式主题（如"天天火把节，日日长街宴"）和打造一条龙的游玩项目，让人们身临其境地感受中国传统民族文化的多彩魅力。类似的活动不仅为少数民族贫困地区带来了经济效益和社会效益，成为可持续文化发展中的典型；还增强了国家传统文化符号的对外影响力，促进我国海外文化利益发展与传播。

① 敖惠敏："云南彝族火把节现代传承的困境与对策"，《中南民族大学学报》，2019年第8期，第36页。

二、国际层面的文化符号接受

语言符号是国家文化符号的重要内容，国家语言在世界范围内传播得越广越能消除误解引起普遍认可，进而为该国创造便利，实现海外利益发展。因此，国家语言的传播与推广一直是国家文化符号传播、维护海外利益发展与安全的重要手段。

2018 年 3 月 20 日，法国总统马克龙在法兰西学院发表关于法语战略的演讲时表示，法语不仅是法国本土的通用语，还要走出国门，在国际社会中不断增强自身的影响力。发扬法语在世界的影响力就是法国的责任。“我们的雄心是要建立一个有益的法语、有效率的法语，并将不遗余力地承担起推广法语的责任”。[①] 为此，他要求法国文化中心与法语联盟积极开展合作，扶持法语教师成长，再鼓励将优秀的法语教师传输至世界各国教授法语、传播法国文化。无独有偶，德国也十分注重本国语言的发展与传播情况。德语被认为是世界上最严谨、最难学的语言之一，2013 年德国发布《2011—2012 年度联邦政府关于对外文化和教育政策的报告》称，推广德语“是对外文化和教育政策的重点和核心任务”[②]，并认为一国的语言是人们了解该国的通道，会该国语言的人会加强对该国了解的兴趣与程度，进而在不断认识的过程中增加对该国的认同。“说德语的人会对我们的国家感兴趣，比普通人更了解德国，更理解德国的立场”[③]，因此，德语语言的全球传播与推广是德国的历史使命。此外，进入 21 世纪以来，俄罗斯接连发布《俄联邦 2002—2005“俄语”专项规划》《俄罗斯联邦 2006—2010 年“俄语”专项规划》《俄罗斯联邦 2011—2015 年“俄语”专项规划》，用意即在维护俄语在俄罗斯境内外的地位和影响力。[④]“语言不仅仅是工具，更是一种文化的载体，使深入了解其文化成为可能，并为就业和教育的流动性创造了先决

① 卢丽珠等：《21 世纪以来法国文化发展文献选编》，武汉：武汉大学出版社，2021 年，第 553 页。

② 帅颖等：《21 世纪以来德国文化发展文献选编》，武汉：武汉大学出版社，2021 年，第 545 页。

③ 同上。

④ 沈壮海：“文化图强的世界图景”，《武汉大学学报（哲学社会科学版）》，2022 年第 3 期，第 5—20 页。

条件”。[①] 因此，一个国家的语言符号在全球的传播力度与影响深度，将进一步影响该国民众在国际社会的就业可能，乃至影响该国经济、文化在海外的发展水平。语言符号是了解一个国家、一个民族的深入并且有效的文化符号，但是语言符号具有一定门槛，用国家语言符号来维护国家海外利益的发展过程必然是一个充满阻力且漫长的过程。

相反，非语言符号以直观的文化表达传播意义，更能在短时间加深受众的印象。例如，对于没有语言文字的羌族来说，羌绣作为一种最为直观的艺术形式，是羌族文化的历史见证，是羌族人民的智慧结晶，在其文化传承和影响力传播中扮演着重要的角色。正如学者所说：“羌绣作为羌族文化的基因库，它承载着羌族的历史、文化、思想、情感和宗教，是社会物质生活和精神生活的集中反映，具有重要的历史价值、文化艺术价值、社会价值和商业价值。”[②] 正是由于羌绣丰富的多元价值，其在国际层面的接受度也在不断提高，国际友人常常通过羌绣感知多民族中国的文化魅力和国际影响力。羌绣成功的要素在于以下几点。

首先，羌绣独特的艺术基因是其在国际舞台上被广泛接受的重要前提。近年来，随着我国本土设计师越来越重视对民族化概念的诠释，具有鲜明民族特色的非物质文化遗产——羌绣成为时尚界的宠儿，在工业设计、服装设计、视觉传达等领域绽放出新的生机，为我国传统文化海外传播带来新元素，也促进了文化产业的发展与繁荣。在 2016 年巴黎时装周的一次展览中，羌绣完成了“走出大山，走进巴黎”中国故事的生动演绎。羌绣 90 后传承人张居悦与多位跨界设计师联合创作羌绣，用秋海棠和石榴花作为背景图案，设计了一套黑色的绝美法式礼服，这件礼服的上半身以青山蓝天为背景，集合了四位羌族妇女一针一线的劳动成果，承载着民族文化走向世界的理念，因此这套礼服被命名为“大山之托”。事实上，之所以羌绣能在世界舞台上大放异彩，离不开羌绣本身优秀的文化艺术基因和羌绣工作者精湛的文化技艺，也离不开羌绣独特的文化符号。拿针法举例，羌绣大多手工刺绣，针法复杂讲究，有挑花、扎花、辟花、勾花等十余种针法技艺，各具特色，针法

① 帅颖等：《21 世纪以来德国文化发展文献选编》，武汉：武汉大学出版社，2021 年，第 623 页。

② 袁姝丽：“羌族刺绣持续发展路径研究”，《西南民族大学学报》，2012 年第 2 期，第 41 页。

的组合搭配可以幻化出不同风格的羌绣图案，而这些图案自成一派，具有象征羌族艺术的符号特征。正是这些独特的符号特征与工艺细节促使羌绣艺术走向世界，被更多不同文化背景的国际友人欣赏与喜爱。

其次，羌绣天人合一的自然观是被人类普遍认同的现代观念。“总体说来，羌族崇尚天人合一的自然哲学观念。这些观念体现在羌族的生产生活中。表现在其关于生老病死的理解中，更直观地表现在其建筑和服饰中。”[①]羌绣上的图案正是体现了羌族人民“天人合一”的自然观。羌绣中的图案灵感源于生活，甚至可以做到惟妙惟肖的逼真程度，自然界的花鸟鱼虫、山川湖海，人类生活中的粮食花果等在其灵动的双手下幻化出多彩的图案。这些图案表现了羌族人民对于大自然的崇敬和祈求丰收的美好愿景，像“凤追凤”“鹭鸶采莲”等吉祥瑞兽的图案，还寄托着羌族人民对于幸福生活的向往。这些充满着人与自然和谐价值观的羌绣图案与现代设计理念不谋而合，使得跨界合作成为风潮，也增加了民族文化符号的曝光度与辨识度。如2014年，化妆品知名品牌“植村秀”与羌绣代表性传承人杨华珍女士合作，为“植村秀”的两款洁面乳设计羌绣瓶身，其图案为金刚杵花纹，代表自然界永恒的神秘力量，极富创意，符合“植村秀”追求自然的产品定位，也实现羌绣在新时代的发展。

最后，羌绣发展与中国国际影响力不断增强相辅相成。近年来，随着中国国际影响力的不断提高，越来越多的国际友人对中国传统文化和少数民族文化表示出了浓厚的兴趣。中国政府也在致力于推广中国文化，传播中国声音。例如，四川省阿坝藏族羌族自治州在德国北威州举办“秀美四川·绣在汶川”羌绣文化展，通过外交搭台、文化展示，积极推动阿坝州地方民族产业走出国门。甘孜藏族自治州在文化交流合作上，已相继组团参加过多个国家和地区的友好交流，诸如文艺演出、旅游促销、千幅唐卡展等。凉山彝族自治州组织歌舞团赴荷兰、法国和我国台湾、香港地区开展交流活动，举办凉山彝族国际火把节、中国·凉山民族艺术节、中国·西昌南红文化交流合作峰会、西昌邛海“丝绸之路”国际诗歌周等大型活动。国家文化符号通过这些国际文化交流活动得到发展，而类似羌绣的国家文化符号的传播也在一定程度上促进了中国海外文化利益的发展。国家影响力和国家文化符号形成

① 周正：“羌族文化观念与环境的关系”，《四川民族学院学报》，2015年第5期，第44页。

了一个助推彼此良性发展的循环，在向世界展示多彩中国的同时，也将文化的影响力不断扩大，形成了被广泛认可的文化接受圈。

三、国家文化符号传播对我国海外利益的影响

政治经济实力与国家利益关系直接而显著，相对而言，文化作为软实力具有天然优势，能在潜移默化中影响公众的思维观念。国家文化符号的传播，一方面借助艺术等表达形式破除因语言不通造成的障碍，形成世界范围的广泛接触与接受；另一方面，因国际化编码使传播者的意识形态与主观意图隐匿于世界共同的思想观念（诸如勇敢、贪婪等的认知）、艺术符号（诸如音乐、美术等）之下，促使受众在不知不觉中改变对文化传播国印象、逐步接受其主体意识，在隐性中维护文化传播国的海外利益。

（一）传播国家文化以维护海外利益安全

在中国文化对外交流活动中，彰显着一种强烈的主体意识，有明确的文化符号传播导向和目的，其带来的客观效果便是极大地提升了中国国家形象。中国作为主体（输出方）对外文化交流可分为几类。第一类是中国政府代表团与目的地国家议会或政府的交流。第二类是中国民间团体，比如文化交流团与目的地国家团体或广大民众的交流。第三类是中国企业，中国企业在海外投资贸易，出口民族文化产品，发挥民族文化影响力。第四类是中国城市，以中国城市为主体的对外交流活动中，通过举办大型国际赛事、文化展览等实现国家文化的传播，增加国家文化软实力。

以西藏地区的文化交流为例。从党的十八大以来，自 2012 年到 2017 年，全国人民代表大会西藏代表团访问了亚洲、欧洲、北美洲、南美洲等几十个国家，与当地议会、智库、学者和民众展开交流。人大代表团既是国家文化传播的主体，也是国家的文化符号之一。在国际交流时，人大代表使团围绕的内容大多集中于西藏经济社会的巨大变化、生态环境保护、民族宗教自由以及传统文化传承等，一方面向国际社会传播了西藏文化与风土人情，另一方面也传达中央对藏政策，在一定程度上制止了他国试图分裂我国领土的野心，进而维护我国整体国家利益。此外，在以人大代表团为主体（输出方）的对外交流活动中，除了官方访问之外还特别重视与海外藏胞的交流。海外

藏胞虽然也是中华民族大家庭的成员，但是身在海外理所应当也成了接受祖国文化交流传播的客体，与海外藏族同胞的交流交往，有助于加强其与中华民族的联系,进而促使其成为中华文化传播和中国海外利益保护的主体之一。同时，2017 年全国人大西藏代表团出访泰国清迈时，双方不仅围绕“一带一路”倡议，澜湄合作机制在经贸、旅游、教育、执法安全等领域合作展开了磋商，侨胞们观看了《美丽西藏》宣传片，对西藏经济社会各项事业取得的成就感到振奋。在此次对外交流活动中，利用电子化、网络化的大众媒介刻画了全面立体的新时期中国西藏形象。官方代表团采取举办图片展的方式来展示少数民族地区的自然风光和人文变迁，也播放过《第三极》这样的宣传片，甚至在纽约时代广场租下一块大屏幕，放映藏文化史诗剧《文成公主》宣传片。一部纪录片每一帧都是一幅画面，因此观看纪录片某种程度上而言也是在观看图片。在图片传播这种形式中呈现出一种空间偏向，即我们在图片中观察事物、获取信息，逐渐淡化甚至消除了时间带给我们的感官差别。信息革命大大提升了社会的整体速度，媒介和社会赛跑，关注的多是即时的意义，因此，空间的意义就在时空比较中凸显出来了。所以，即使我们足不出户，也可以完成一次环球旅行，通过图片、视频等符号形式，将国家文化传播出去。

（二）减少传播中的噪声以促进海外利益发展

信息论之父香农（C. Shanno）提出在信息传播的过程中不可避免地存在“噪声”，并且认为“噪声”阻碍了信息的传播与接受。在国际传播中，信息传播的“噪声”同样存在，大约来自以下几个方面：一是不同民族、国家、地区的受众因生活环境、历史文化而产生的语言壁垒、文化壁垒；二是不同国家因意识形态、国家利益而产生的政治壁垒、经济壁垒；三是不同领域信息传播的具体体制机制因素的影响。减少“噪声”干扰是提高国际信息传播有效性、实现国家利益维护的重要环节。针对不同“噪声”，其策略包括：使用国际化语言思维习惯进行传播、隐匿政治意识形态、熟悉各行各业规则等，这样的传播策略有利于破除信息传播过程中的不同壁垒。

国家文化符号传播能有效降低“噪声”。首先，国家文化符号较少使用或避免使用文字和语言，这在一定程度上减少了受众在解读信息时的障碍与困难，促进国际文化信息的高效流通与认同形成。其次，通过文化符号的软实力传播代替政治传播的严肃话语表达与经济信息的直观利益导向，规避或隐匿意识形态与经济利益以降低国际受众的防备心理与排斥行为，提升了受众到达率与接受率，在潜移默化中实现海外受众的认可与国家利益维护。

第三节　国家形象塑造与我国海外利益发展与安全

国家形象是国家对外交往与合作的“敲门砖”，亲和、友善、负责任的国家形象利于国家对外交流，促进国家海外利益维护。国家形象的建构并非一日之功，新中国成立至改革开放前夕，我国的工作重心在于国内，即发展建设本国经济与和谐社会，国际社会对我国的认知主要来自西方媒体的片面报道。随着改革开放与21世纪互联网科技的发展，我国逐步迈向国际社会，呈现出更多面的中国形象。2008年汶川地震、北京奥运会让世界看到中国的能力；在二十国集团峰会上，中国领导人为发展中国家争取权益，让世界看到中国的态度；智利地震、汤加火山爆发，中国慷慨救助，让世界看到中国的责任；“一带一路”建设让世界看到中国的能力与诚意……这些努力使得中国逐渐获得世界认可，但不可否认的是，国际信息传播的话语权仍然主要把握在西方媒体手中，他塑的被动局面使得我国在国际社会中常处于话语劣势，长此以往将不利于我国海外利益发展与安全。

一、国家形象与海外利益的关系

国家形象这一概念最早由美国政治学家博尔丁（K. E. Boulding）于1959年提出，指一个国家对自身认知与他国对它的认知的融合，是一连串信息输入与输出的结果，是一个“高度结构化的信息资本”。[①] 在博尔丁看来，国家形象与国家实际情况并不完全相同，它始终处于不断被塑造的过程，是人对国家之物、事以及该国建构情况的认知与态度。1990年哈佛大学教授约瑟夫·奈

① K.E.BOULDING，“National image and international system”,*The journal of conflict resolution*,Vol.3,No.2，1959.

首次提出“软实力”概念，将人们的目光从军事、经济、科技等“硬实力”转到文化、意识形态、价值观等“软实力”上。国家形象的建构状态与该国“软实力”的发展情况密切相关。在信息化时代，一方面软实力愈强的国家越能利用信息资源塑造和传播良好的国家形象，另一方面则能将国家“硬实力”以权威的数据传达给国际受众并被接受，以塑造实力强劲、有原则但又负责任的国家形象为目标，两者齐头并进共同维护海外利益安全与发展。

在形象呈现方面，他者视阈下国家形象塑造与实际情况略有差异，且不同主体对我国国家形象的他者塑造也有不同。这种差异主要是由言说主体的价值观、地缘政治结构、国家接受心理以及与我国的关系亲疏等多方面因素共同决定。关于中国形象的塑造，一个难以回避的概念就是“西强我弱”。简单而言，西方媒体掌握着全球90%以上的新闻信息传播渠道，在世界范围内产生着广泛而深刻的影响，中国全球形象时常被西方媒体塑造，这就难免产生“误读”。

部分西方媒体对我国形象的他者塑造主要分为两种：一是对我国传播信息、内容进行以偏概全的误读。哈罗德布鲁姆（Harold Bloom）最早提出“误读”的概念，认为误读是一种“创造性阅读”[①]，即结合自身文化背景和情感状态对他者进行的解读，这种创造性阅读有时有合理之处，但常常会因为文化背景不同等因素造成误解。张威认为误读是错误的理解和评判，存在于一种文化对其他文化的解读中。[②]具体而言，误读分为两种情况，一种是刻意的误读，即意识形态主导下的刻画手段，这种误读极易对一个国家的整体形象产生负面影响，危害国家之间的合作与交往。另一种是无意识的误读，即因不同的文化背景、思维方式或者认知惰性下的刻板印象导致的误读，这种误读需要及时澄清，避免对我国国家形象和海外利益造成持续影响。二是自主传播、呈现与中国国家形象相关的内容，此类通常是西方媒体以纪录片、电视剧、新闻报道等形式对我国国家形象的主观创造性报道。有学者研究发现他者眼中的中国形象最大特点是一体两面，充满矛盾性与想象性[③]，这脱

① 候洪、董彦君：“国家形象叙事的‘他者’视域：从《超级中国》说起”，《新闻界》，2016年第1期，第31—37页。

② 张威：“文化误读与比较新闻学”，《国际新闻界》，2001第2期，第71—75页。

③ 张鑫：《新世纪以来BBC拍摄的中国题材纪录片中中国形象的呈现与分析》，济南：山东大学，2017年，第84页。

离了真实的中国现状。同时，西方媒体还关注中国的环境污染问题、人权问题、人口贩卖问题等，刻意反复在国际上渲染中国底层人民的悲剧色彩和贫富差距。关注这些边缘群体、社会问题固然重要，但若只关注这些负面内容，进行单一化的解读，则易使国际社会对中国产生贫穷、落后、封建等刻板认知，不利于我国国家形象塑造和我国对外交往交流活动的开展，进而对我国海外利益发展与安全产生负面影响。也有学者发现虽然他者塑造容易带来偏见，但也传递出第三方的公正，例如，纪录片《即将到来的对华战争》展现出他者对新中国的塑造。①

国家形象的塑造与我国海外利益关系紧密，主要体现在：其一，国家形象影响我国海外政治军事利益。国家形象是本国民众与他国民众对该国认知的总和，国家形象正面且强大有利于增加本国民众的自信与他国的评价。诸如美国作为全球第一超级大国，通过殖民战争、两次世界大战和美苏冷战，积累了巨额财富，军事、科技、教育等各方面实力雄厚，掌握全球最丰富的资源。与此同时，美国通过电影、电视剧等内容塑造了具有英雄主义、风趣幽默，含有梦想与期望的国家形象，在全球各地发展盟友、成立军事联盟，极大扩展了自己的海外政治与经济利益。其二，国家形象影响我国海外经济利益。国家形象在一定程度上决定着他国对我国的信任度与合作意愿，进而影响我国海外经济利益的发展。例如，我国“一带一路”倡议秉承合作共赢理念，通过向“一带一路”沿线国家传递负责任、爱和平、求发展的大国形象与美好合作愿景，实现经贸往来与经济利益发展。但随着“一带一路”倡议受到越来越多国家的欢迎，部分国家开始刻意曲解“一带一路”倡议的目的，用“债务陷阱论”抹黑中国形象，唱衰我国的“一带一路”倡议，影响沿线国家与我国经贸合作的正常进行。其三，国家形象影响我国海外其他利益。包括海外文化利益、海外公民利益、外交利益等在内的我国海外其他利益也会随着国家形象的变化而受到影响。对于文化而言，国家形象越强大，该国的文化越容易成为主流文化而受到全球认可与追捧。

国家形象塑造是一个复杂烦琐的系统化过程，不同个体对于国家形象的认知基于其个人背景有所差异。不同的认知个体所认知的不同国家形象，将影响其具体行为，从而影响我国的海外利益。例如，对我国持友好态度的国

① 许诺：“他者视角建构新中国观——纪录片《即将到来的对华战争》探索”，《对外传播》，2017年第2期，第25—27页。

家与敌对态度的国家对我国的国家形象认知差异巨大，巴基斯坦与我国是全天候战略合作伙伴关系，国内民众喜欢用“巴铁”来称呼巴基斯坦及其民众，以表示友好关系与合作意愿。而美国则将我国视为最大敌人，不仅通过贸易战阻碍我国的发展，还通过印太战略拉拢东盟对我国形成围堵之势，危害我国海外经济、政治等利益。

二、国家形象流变与我国海外利益发展

国家形象的塑造是一个漫长的过程，我国国家形象塑造历程大致可以分为古代中国国家形象、近代中国国家形象以及当代中国国家形象三个阶段，不同阶段各有侧重主题，对我国海外利益的发展影响情况不同。

（一）东方雄狮——古代中国国力充盈、文教昌盛的大一统形象

我国是世界四大文明的发源地，自夏商周始，到春秋战国时期，古代文化逐渐呈现百家争鸣之势。绵延至今的儒家传统就是在此时生根发芽，影响世界。公元前 221 年，秦始皇统一全国，在政治上实行三公九卿、郡县制、颁布《秦律》，经济上统一度量衡，文化上统一文字、兴办教育、加强对外防御。在世界范围内，率先搭建封建制度框架与管理体系。直至公元 1912 年清朝灭亡，我国历经了近 20 个朝代，共 5000 余年的封建王朝时期。绵延数千年的古代中国积累了大量的财富与智慧，在国际社会塑造了一个神秘的东方雄狮形象。总体来看，古代中国实力强盛，周边藩国竞相朝贡，不仅实现了国家海外利益安全，还促进了经济利益发展。但在清末时期，西方各国不断在全球实行殖民统治，闭关锁国的清朝成了其殖民掠夺的对象。

（二）东亚病夫——近代中国惨遭外敌侵略、屈辱沉痛的落后形象

1840 年鸦片战争撞开了清朝国门，也开启了中国屈辱沉痛的近代史。直至 1949 年新中国成立的百余年时间里，我国一直处于半殖民地半封建社会状态，彼时的国家政局动荡，国家形象多与闭关锁国、落后挨打、西学中用等词汇挂钩，国家主权、领土完整、政治、经济以及文化利益均不得保障。

（三）雄师觉醒——当代中国独立自主、繁荣富强的大国形象

1949 年中华人民共和国成立至今，我国国家形象塑造大致分了三个时期。

第一个时期是 1949—1978 年期间，我国大体处于“打扫干净屋子，再请客”的独立自主阶段。在这一阶段，国家的重心放在如何稳固政权、独立自主发展上。中华人民共和国成立初期，我国经济发展面临着巨大危机，主要表现在工农业生产急剧下降、交通运输不畅、物价飞涨、国家财政困难等。彼时，我国作为新独立国家，肃清帝国主义在华势力是我国维护国家利益采取的第一步。主要内容包括收回海关、没收帝国主义在华资本和官僚买办资本、统一对外贸易等以维护我国经济利益，废除不平等条约以维护我国政治利益，致力经济和文化发展。1950—1953 年，新中国通过土地改革等相关政策全面恢复国家经济建设和增长；参与抗美援朝战争，在维护朝鲜半岛和平、发展中朝关系的同时避免了战火烧到中国领土，树立了我国能够独立捍卫国家主权的形象。1953 年 12 月，在同印度政府就两国在西藏地方的关系问题进行谈判时，周恩来首次提出和平共处五项原则；1954 年 6 月，周恩来在访问印度、缅甸期间，分别与两国总理发表联合声明，共同倡导和平共处五项原则作为处理国际关系的准则[①]。此后，和平共处五项原则一直是我国处理一般国际关系的准则，并被国际社会普遍接受，为我国树立了大国形象，为维护我国海外利益安全与发展奠定基础，同时，推动公正合理、互助共赢的新型国际关系建立。

第二个时期主要是 1978—1992 年，我国开始进入改革开放的加速阶段。1978 年 12 月党的十一届三中全会召开，作出实施改革开放的重大决策，决定在深圳、珠海、厦门、汕头试办经济特区。此后，1984 年又宣布开放 14 个沿海港口城市，并陆续在长江三角洲、珠江三角洲、闽东南地区和环渤海地区开辟经济特区，到 1990 年建设上海市浦东新区，逐步形成了沿海城市和内地开放城市搭建的全方位、多层次、宽领域的对外开放格局，为我国对外贸易和经济发展带来了新的增长，也塑造了我国“开放包容，锐意进取”的国家形象。

第三时期，1992 年至今，伴随着互联网科技的发展，我国呈现出新的

---

① “和平共处五项原则”，岳阳市人民政府，2021 年 4 月 6 日，http://www.yueyang.gov.cn/ztxx/62528/62541/62543/content_1804824.html（检索于 2022 年 3 月 25 日）。

发展态势。1992 年，我国先后与乌兹别克斯坦等 15 个国家建交，邓小平也在南方讲话中为中国改革开放指明了新的方向。1994 年 4 月 20 日，我国正式以国家身份接入互联网。在随后的十多年里，我国加入世贸组织、举办奥运会、开办世博会和 G20 峰会，加强了海外民众对我国的了解与认知；同时抓住互联网发展的机遇，大力发展网络科技与互联网经济；党的十八大以来，合作共赢、人类命运共同体等理念，“一带一路”倡议进一步传播了中国独立自主、爱好和平、寻求共赢的国家形象，极大促进了海外贸易开展、文化交流，维护了我国海外利益的安全与发展。

三、新时期国家形象“自塑”以促进我国海外利益发展与安全

“形象”可以理解为某种事物（客体）留给公众（主体）的总体印象和评价，或公众对某种事物的特征及属性的感知或投射。[①] 在国际传播中，国家形象塑造是一个复杂且系统的工程。尤其是在当今的信息化时代，西方媒体占据国际信息传播的主导地位，其对我国国家形象的信息传播极大影响了国际社会对我国的认知与判断。纵然有中国媒体几十年来的不懈努力，我国在国际舆论战中仍然处于“有理说不出，或者说了也传不开”的尴尬境地。因此，新时期掌握信息传播主动权，以我为主塑造中国形象，才能真正赋能我国海外利益的发展与安全。具体而言，大致可从以下几个方面入手。

（一）从主体上看，政府主体与民间主体齐头并进

政府在进行对外传播方面，具有无可比拟的势与能，自古以来我国的对外传播以政府主体而进行的严肃信息传播，具有权威、真实、可信等优势。然而，在信息化时代，“人人都有麦克风”，人人也都是传播者，传播话语权多元，人们的思维、选择多样，仅仅依靠政府主体传播信息已经不能满足多样化人群的选择。因此，政府应引导民间力量以“润物细无声”的方式消除跨文化交流过程中的误解与偏见，以民间外交作为国家对外传播、保护海外利益的生力军，民间主体在潜移默化中传播的文明理念、国家文化符号，

① 王艳红、秦宗财：“文化带传统文旅品牌的形象塑造与国际传播”，《安徽师范大学学报（人文社会科学版）》，2020 年第 2 期，第 107—114 页。

亲和中国形象或许对受众国的接受与认同更加有效。本文对民间主体的分类大致有城市主体、企业主体、社会组织主体和个人主体四类。国人的每一次出境旅游、商人的每一次跨国生意、学者的每一场国际对话等，既是文化观念的碰撞，又是文明交流互鉴的重要场合。充分调动个体和社会组织的积极性，不仅能够节省政府营造形象的成本，还能在微观层面直接向外部世界呈现一个立体真实、多元活力的中国。民间主体与政府主体的区别在于其对外交往时更随和、更亲切，能更直接拉近与受众之间的距离。因此，需要政府引导，民间出场，共同促进我国海外利益的发展与安全。

（二）从内容上看，理念、形式双管齐下提升国家软实力

国家形象的塑造是一个系统工程，在信息复杂繁多的背景之下，国家形象的塑造需要文明理念加之文化符号，从里及表、有组织有目的地高效塑造国家形象。首先，我国国家形象塑造需要以中华文明理念为内涵，不断丰富和创新中国故事。绵延五千年的中华优秀文化是中国人的脊梁，是中国故事创新的源泉，也是中国国家形象塑造的基石。传统神话故事精卫填海、愚公移山等传达中国人坚忍不拔的品质；新时代“感动中国十大人物”、新冠肺炎疫情抗击实录等也为打造独一无二的中国故事提供素材。中华文化博大精深、源远流长，既有丰富的文化内涵，又随着时代的发展不断创造新的文化，我国国家形象的塑造究其根本是增强对我国文化的自信，不断从中华文化中汲取养分，焕发新机。其次，我国国家形象塑造需要丰富文化符号形式，发展多元国际传播。一方面将中华文化以音乐、舞蹈、戏剧、语言、小说等各式各样的文化符号形式进行传播；另一方面塑造具有中国特色的多元文化媒体，兼用文字、图片、音频、视频以及直播等方式传播中华文化；此外，在消费社会中，国家形象的塑造不应局限于官方严肃的文化宣传形式，还可以通过企业，利用商品、消费观念、消费场景、营销广告等新形式传播中华文化。总而言之，我国国家形象塑造需要以中华文化为内核，多元文化符号为形式，综合提升国家软实力，创新中国故事，传播中国声音。

（三）从渠道上看，中西媒体、新兴与传统媒体组合传播

国家形象塑造是一个长期的过程，短时间的努力不一定能立见成效。自近代以来，西方媒体掌握信息传递主导权，我国媒体的国际话语权较弱，传

播实力不高，其影响力远不足在全球媒体市场浸润了数十年甚至上百年的《纽约时报》、CNN、BBC、法新社等西方主流媒体。加之意识形态和政治立场的不同，我国国家形象通常以被“误读”方式呈现，对我国海外利益造成不可估量的损害。因此，需要极大增强我国文化软实力，以丰富中国故事的传播内涵；培养并提升我国传统媒体的传播实力、新媒体的高曝光，以促进信息真实、有效、安全地到达受众。搭建系统的国际传播渠道，首先要利用新兴技术优势，塑造国际化媒体。例如抖音海外版 Tik Tok 风靡海外，成为现象级的中国海外媒体。Sensor Tower 数据显示，2018 年一季度，Tik Tok 的苹果应用商店 App Store 全球下载 458 万次，超越脸书、照片墙、优兔等成为全球下载量最高的 IOS 应用；美国移动应用软件调查公司 App Annie 数据显示，抖音在日本、泰国、印尼和越南等国多次登顶当地 App Store 或谷歌市场 (Google Play) 总榜，其中在泰国这个 6800 万人口的国家里，抖音的下载量超过 1000 万次。[①]Tik Tok 的成功传播证明，在互联网时代我国媒体有能力借助新技术扩大影响力，维护我国海外利益。其次，要增强传统媒体权威性，提升其国际影响力。近年来新华网与《人民日报》（海外版）不断扩大海外受众群，将内容传播至全球各地，同时，塑造多样化的内容，表明中国态度，例如人民网《国际漫评》栏目，发表《无视国际道义，干扰全球溯源合作》[②] 等漫画，有力回击了美国借助疫情抹黑中国形象、操纵全球舆论的霸权行为。再者，要借船出海，利用西方媒体传播中国形象。李子柒扎根中国乡土，在不利用现代生产工具的情形下手工制作中国传统美食（如腊肉、螺蛳粉）、传统服饰（如汉服）、生产工具（如“烤箱”）等，获得了国外受众一致好评。截至 2020 年 2 月 21 日，李子柒在 YouTube 平台的中国区排行第一，拥有 895 万余受众，所上传的 100 余条视频的累计播放量超过 10 亿次，每条视频的评论均在 1 万条以上，热门视频评论超过 4 万条。[③] 李子柒借助 YouTube 平台在潜移默化中影响了国外受众对中国的认知与态度，引来他国网红效仿，成功塑造了我国国家形象。

---

① 匡文波、杨正：“人工智能塑造对外传播新范式——以抖音在海外的现象级传播为例”，《对外传播》，2018 年第 10 期，第 11—13 页。

② “无视国际道义 干扰全球溯源合作”，人民网，2021 年 8 月 14 日，http://world.people.com.cn/n1/2021/0814/c1002-32193124.html（检索于 2022 年 3 月 26 日）。

③ 辛静、叶倩倩：“国际社交媒体平台中国文化跨文化传播的分析与反思——以 YouTube 李子柒的视频评论为例”，《新闻与写作》，2020 年第 3 期，第 17—23 页。

（四）从受众上看，超越自我中心，加强对他者的舆论引导

在塑造国家形象过程中，我国应持宽和包容的心态与实事求是的原则，客观对待西方媒体报道。首先，我们要对国家形象国际传播的“非预期性”有充分的认识和心理准备，放下国家形象建设“当毕其功于一役”或是时间能够消除偏见等错误观念，将国家形象塑造作为一个长期的、系统的工程来对待。因此，中国国家形象宣传工作应做好长期规划，讲好中国故事也应该系统组织，通过挖掘源源不断的新内容逐渐向国际社会展示文明、负责任、热情好客、亲和有礼的东方大国形象。其次，我们要不断加深对“他者”的理解。在这个世界多极化、经济全球化、文化多样化和社会信息化的时代，文化壁垒增加，信息成为资本，“自我”与“他者”的对峙、冲突与辩论要比以往任何一个时代都更频繁、复杂。因此，理解他者，还要着力理解其他人如何感知我们。例如，美国在新冠肺炎疫情防控期间就病毒起源问题向中国“泼脏水”，就属于政治战、舆论战手段，不能简单以文化壁垒等原因解读。

（五）从行为上看，改变失语困境，打造“弯道超车”新态势

落后就要挨打，贫穷就要挨饿，失语就要挨骂①，改变失语问题、构建当前中国话语体系的关键在于三个方面：一是主动有为，从现行国际话语体系的挑战者变为参与者、建设者和贡献者，更多参与国际标准的制定，使我国的发展优势和综合国力尽快转化为话语优势，用自己的话语体系、观点方法来解读中国古老的文明、改革开放的成功实践和中国政治社会经济制度，把中国梦、人类命运共同体、全球治理等重大议题进行全面梳理，根据中国立场，做出基本判断，构造中国的话语表述。二是在重大国际问题上突出中国视角，提出中国观点，发出中国声音，避免成为西方的传声筒。报道西方媒体刻意回避的事实，突出比西方媒体更高级的声音，像原新华社总编辑何平同志所要求的“努力打造中国气派，着力向国际社会阐释好中国道、中国

① “构建当代中国话语体系的核心要义”，光明网，2017年5月16日，https://news.gmw.cn/2017-05/16/content_24491221.htm（检索于2022年3月25日）。

精神、中国力量”。三是按照“着力打造融通中外的新概念新范畴新表述”[①]的要求，努力构建中国的国际话语体系。要快说、敢说、会说。“快说”，就是无缝对接，尽快发声，做好“早”和“快”这篇文章，与国际知名媒体争抢时效，第一时间发出中国声音，实现“首发效应”和传播力的事半功倍；“敢说”，就是坚持国家站位、全球视野，在国际重大问题和涉华热点报道中，突出中国立场、中国观点、中国视角和中国主张。同时适应国际大势，呼应国际关切，切实担起“联结中外，沟通世界”的职责使命，发出自己的独家声音；“会说”就是有思想，会表达。话语的背后是思想、是“道”。中国国际形象“自塑”的关键就是“把‘道’贯穿于故事之中”，把中国的主流价值进行“编码”，通过引人入胜的方式启人入“道”、让人悟“道”，由此内化于心。表达是思想的外衣，好的思想、观点要通过海外读者乐于接受的方式、易于理解的语言来传递，形成中国声音“本土化”表达。

总之，自塑既要因势利导也要“弯道超车”，既要“借船出海”也要“造船出海”。在舆论环境、媒体格局、传播方式发生深刻变化的今天，构建融通中外的话语体系，实现中国国家形象的自塑，并不能一蹴而就。在互联网、微博、微信、大数据、云计算、无人机、VR、无人驾驶等技术突飞猛进，信息传播日益呈现移动化、智能化、个性化和数据化趋势的今天，人们的日常生活、媒体格局都将因此发生深刻变化，新媒体日益成为国际舆论斗争的主战场，使国际舆论格局的改变更具长期性、复杂性，新华社作为国家通讯社引领国际舆论的难度越来越大。因此，要当好中国故事的国际传播者、记录者、推动者和守望者，维护中国海外政治、经济以及文化利益，必须强化中国国际传播实力。把国际传播当成一门科学，顺应国际传播的分众化、差异化传播趋势，摈弃自说自话，按照“联结中外、沟通世界”的要求，借助新媒体传播优势，学会利用互联网的特点，推进国际传播理念、内容、手段、体制机制等全方位创新，强化传播队伍建设、更新传播设备，力争在国际话语权的斗争中通过新媒体实现“弯道超车”。

---

① “习近平在全国宣传思想工作会议上的讲话”，中华人民共和国国家互联网信息办公室，2014 年 8 月 9 日，http://www.cac.gov.cn/2014-08/09/c_1115324460.htm（检索于 2022 年 3 月 25 日）。

第五章
国际传播赋能我国海外利益发展与安全的城市维度

城市是国际传播的空间载体，对于我国海外利益发展与安全有着特殊的意义。城市传播大致从三个方面展现城市与传播的关系：（1）城市是传播的媒介，城市构建了人们传播、交往、沟通的平台。（2）大众媒介构成的传播网络建构了一个虚拟的城市系统。（3）城市空间中的建筑物、物质空间、传播媒介、社会实践等共同构筑了现代生活的传播、交往、沟通。[①]在大众媒介和城市空间高度融合的情况下，城市传播对于我国海外利益的发展与安全有着重要的影响和意义，因此尤其要关注国际化水平较高的城市以及城市群的传播能力。

第一节 可沟通城市赋能我国海外利益发展与安全

随着城市化进程的加快和媒体技术的不断发展，在传播学视域下，城市逐渐成为一个聚合多重交流系统的空间概念。城市传播学主张将城市和传播相结合，将现代城市看作重要的空间媒介，而“可沟通城市”则是城市传播中一个理想的目标，其宗旨是建立一种可沟通的新型社会关系。在可沟通城市的内部各种实体都有其象征意义、人与人之间的交流更加通畅、人对信息的获取更加便利。然而全球化时代下城市逐渐成为世界网络的一部分，城市国际化的发展使得可沟通城市并不局限于增进社会内部的沟通交往、弥合城市内部的社会鸿沟，更涉及与全球城市网络的互联互通，城市的可沟通性具有对内沟通和对外沟通双重属性，对于中国海外利益发展与安全有着重要意义。

① 孙玮：“‘上海再造’——传播视野中的中国城市研究”，《杭州师范大学学报（社会科学版）》，2013 年第 2 期，第 80—86+95 页。

一、可沟通城市的概念辨析

（一）可沟通城市的内涵

城市传播社会学家曼纽尔·卡斯特(Manuel Castells)在其《信息时代的城市文化》一文中指出，如果“在不可交流的地方空间和全球的、非历史的、起重要作用的流动空间之间没有符号的桥梁，就可能爆发城市文明的危机”。可沟通城市的核心聚焦在建立可沟通的新型的社会关系上，而最早提及相关领域的是芝加哥学派。米德（George Herbert Mead）、库利(Charles Horton Cooley)、杜威(John Dewey)、布鲁默(Herbert Blumer)、戈夫曼(Erving Goffman)等发展了符号互动理论，主张从个体与他人的互动中去理解事物的象征意义，并以此研究人类群体生活中的社会心理，从而成为传播学的重要源头[①]；而以帕克(Robert Ezra Park)、伯吉斯(Ernest Watson Burgess)、沃斯(Louis Wirth)为核心的城市社会学派则将城市与社会结合起来，研究人与空间利用关系，他们继承了德国社会学家齐美尔关于社会互动的思想，并将其运用到美国芝加哥的城市问题研究当中。[②]芝加哥学派主张将生态、经济、文化结合起来的城市社会有机体研究，认为“城市是一种心理状态，是各种将生态、经济和文化相结合的城市交往研究，并认为城市交往是发生礼俗、传统构成的整体”，“城市不仅是地理学和生态学的一个单位，同时还是个经济单位”。[③]此外芝加哥学派还提及城市社会交往的双重空间概念，即物理空间和心理空间相互影响作用，如帕克提到“城市是植根在它的居民的风俗习惯之中的，这样就形成了城市既有物质的组织形式，又有其道德的组织形式，这两种形式以其特有的方式互相作用、互相影响、互相调解”。[④]

在城市化的背景下人与人之间的社会交往和社会关系涉及诸如交往人员、交往行为、交往空间等多方面的交往内容，形成了城市传播中的各种关

① 张丽平：“论社会向度的城市传播研究——基于芝加哥学派城市社会学研究的启示”，《郑州大学学报（哲学社会科学版）》，2020年第2期，第121—125页。

② 殷晓蓉：“芝加哥学派的城市交往思想——现代城市人际传播研究的开端”，《杭州师范大学学报（社会科学版）》，2012年第4期，第39—45页。

③ [美]R. E. 帕克：“城市：关于开展城市环境中人类行为研究的几点意见”，选自E.N. 伯吉斯，R.D. 麦肯齐：《城市社会学——芝加哥学派城市研究》，宋俊岭、吴建华、王登斌译，北京：华夏出版社，1987年，第1—2页。

④ 同上，第4页。

联和网络，社会向度的城市传播范式也不断发展，学者们开始从多个角度清晰地意识到人们的行动是被结构限定的，戈夫曼称之为“框架”，布尔迪厄(Pierre Bourdieu)称之为“场域”，而福柯(Michel Foucault)则称其为“机制”，德·塞托(Deseto)称其为“空间”，德波(Guy Debort)称其为“景观”。媒介“可沟通城市”是当前城市传播学的一个重要概念，也是城市传播学的最新范式，其概念最早来自美国传播学者倡导的Communicative City，中国的城市传播研究由复旦大学信息与传播研究中心率先发起，复旦大学谢静团队进一步拓展了“可沟通城市”的内涵，主张“城市即传播”，将沟通 / 传播视为人类的生存方式和城市的构成基础，各类主体通过信息传递、社会交往和意义生成等多种传播实践活动，实现城市的多元融合、时空平衡、虚实互嵌和内外贯通，即在人性充分实现维度上的多重“可沟通性”。[①②]

城市作为交流系统，其核心价值是“可沟通”，城市传播推崇的理想城市是“可沟通城市”——由传播创造打破各种区隔、障碍，化解分歧、冲突的良性生存状态。交流系统将城市的不同侧面经由传播勾连起来。这种勾连涉及很多方面，比如，实体城市与虚拟城市的连接。实体空间的城市，包括物品的交换与人的流动，交通就是最重要的交流系统，建筑设计、城市规划、街道布局等，都涉及便利、顺畅等可沟通性。[③]随着城市现代化进程的加快和信息技术的发展，城市的可沟通性越来越值得关注，信息技术尤其是互联网的发展逐渐使得大众媒介在网络当中融合发展，形成了独特的空间性，而城市本身作为一个地域空间也通过各种关系连接形成，这些关系包括了信息关联、文化关联、人与人之间的社会关系等等，实体联系和虚拟联系共同存在于城市空间中所谓可沟通性。

此外，从连接、流动、对等和融通等几个方面可进一步阐释城市的“可沟通性”内涵。首先，“可沟通性”意味着连接，即城市各要素之间的广泛关联是通过传播而实现的，没有传播就不能形成网络。其次，“可沟通性”意味着流动，无论是物质、信息还是意义，都是在传播过程中交换与共享，

① 复旦大学信息与传播研究中心课题组谢静、潘霁、孙玮：“可沟通城市评价体系”，《新闻与传播研究》，2015 年第 7 期，第 25—34 页。

② 复旦大学信息与传播研究中心课题组谢静：“可沟通城市：网络社会的新城市主张”，《新闻与传播研究》，2015 年第 7 期，第 16—24 页。

③ 孙玮：“城市传播的研究进路及理论创新”，《现代传播（中国传媒大学学报）》，2018 年第 12 期，第 29—40 页。

没有传播的网络是僵死的结构，不具有发展的活力。再次，“可沟通性”意味着对等，网络中的各个要素具有同等影响力。最后，“可沟通性”还意味着融通，即各种矛盾价值的悖论式统一。[①]

（二）可沟通城市的外延

长期以来，城市传播更多关注的是城市内的传播受众，可沟通城市的概念也多强调城市的内部沟通，学者对城市居民、城市内企业、城市内的政府及非政府组织、城市内大众传媒的研究更为关注，可沟通城市的内涵更多强调其内向型。实际上，随着城市建设步伐的不断加快、城市国际化的水平提高以及城市越来越多参与到跨国和跨区域的活动、对外交流合作的日益频繁，城市的外部传播越发重要，因此城市与城市外部网络的沟通性值得进一步探讨。

从城市和国家的角度来看，经济全球化、政治多极化、社会信息化和文化多样化的发展加速了全球网络的形成，而世界城市也逐渐成为全球网络中的重要节点，在各大城市指数排行榜中，关于“信息交流”或是“国际联系”的维度皆在其评价的范围之中，可见在全球城市网络中城市的可沟通性是衡量一个城市国际化发展水平的重要因素。国际化城市在全球资源配置和城市网络体系中发挥着重要作用，也是国家竞争力的重要载体。[②]城市国际化是城市融入全球化进程、响应“一带一路”倡议的重要发展方向，城市积极参与国际竞争，提升自身在世界城市中的等级和国际影响力，对国家综合实力的提升有着重要意义。因此，就我国海外利益的发展与安全的议题而言，城市既是一个重要的行为主体，也是一个信息平台和传播媒介，国际传播赋能我国海外利益发展与安全的城市维度更多关注在城市的软实力方面，聚焦于通过城市外交使我国海外利益得到保护和发展。

在我国海外利益的发展与安全议题上，城市的可沟通性分为两种：内部沟通和外部沟通。内部沟通主要针对的受众是城市内部的群体，包括市民、外籍人员、企业、非政府组织等，内部沟通涉及一个城市是如何解释其海外

① 复旦大学信息与传播研究中心课题组谢静：“可沟通城市：网络社会的新城市主张”，《新闻与传播研究》，2015 年第 7 期，第 16—24 页。

② 李岩、江文路：“城市政治学视角下的中国特色国际化城市治理”，《云南社会科学》，2020 年，第 2 期，第 1—7+185 页。

利益拓展的相关政策，如何推动市民、企业、社会组织等进一步参与到对外交往的过程中，以及如何沟通国家政策与企业“走出去”的实践。而外部沟通则更多强调城市外交的部分，针对的受众是城市外部的其他城市、商业企业、各类国际组织以及民众等，内容涵盖政治、经济、地方文化等方面。城市是连接官方外交与民间外交的桥梁,作为一个半官方性质的外交组成部分,城市空间、城市精神以及城市形象等是城市软实力的重要组成部分。

二、作为沟通媒介的城市：内部沟通与外部沟通

（一）城市内部沟通赋能我国海外利益发展与安全

1. 政府对于相关政策的解释说明

随着改革开放的逐步深入、中国提出“走出去”战略以及加入世界贸易组织，中国与世界相互依赖的程度加深，中国迅速融入经济全球化进程，而中国城市的国际化进程也在这一时期加快，各城市根据自身的地理位置与城市发展的特点，提出了国际化城市的定位和目标，并根据阶段发展不断调整其定位，这既是城市自身发展的需要，也是城市根据国家总体外交战略进行的自我定位，在这一情况下，城市行为体必然参与到中国海外利益发展与安全的进程中，并成为其中的重要主体。因此，如何动员城市内部各行为体参与海外利益拓展和保护的进程，便成为城市内部沟通的重要内容，这一点离不开各城市对我国总体外交战略的理解和自我定位。

对政策的了解和认同是城市内部行为体参与城市发展的重要前提，而对于我国海外利益发展与安全议题而言，这一点则体现在城市自身如何看待自己在国家发展战略的定位和作用以及城市自身对外交往的意愿程度方面。对于城市政府而言，有效的政策解读以及必要的促进协同机制能够建立市民对政府的信任，提高城市内部行为体对外交往的参与程度，因此在对于海外利益相关政策的沟通方面，城市政府占据了主动地位，并且更多侧重于经济利益方面的实践及政策沟通。深圳市政府将“走出去”战略纳入城市重点发展战略，以及通过各项政策不断推动企业开展跨国经营的过程便是一个城市内部沟通赋能我国海外利益发展与安全的例子。

2007 年，中共深圳市委、深圳市人民政府发布了关于大力实施“走出去”

战略的决定[①]，把“走出去”纳入城市发展重大战略，并明确了实施“走出去”战略的发展目标、指导原则，提出创新和完善公共服务机构，建立适应国际化的政府运作机制；加大财政、信贷支持力度，搭建畅顺的融资渠道；积极探索建设境外经贸合作园区，打造企业“走出去”的海外发展基地，大力扶持“航母型”企业，培育打造深圳本土跨国公司多渠道造就外向型人才，建设“走出去”人才队伍；加大营销推广力度，大力拓展海外市场；建立企业跨国经营的综合支持平台，为企业“走出去”提供全面的资讯服务；高度重视跨国经营风险防范与应急保障等 10 点具体要求。

这一把国家发展的“走出去”战略纳入城市发展重大战略的举措是深圳市对于城市发展的自我定位，也是其开始将“走出去”战略纳入内部沟通的重要举措，从 2007 年开始，深圳市政府便根据这一目标不断对城市内部群体进行宣传和相关政策的解释说明，其中深圳市商务局的深圳“走出去”综合服务网站便是一个最典型的沟通资讯平台[②]，其在网站发布的数据、报表、政策文件以及其他相关资讯为该城市内的企业提供了大量参与海外利益拓展的相关讯息，一定程度上使得城市内部获得信息更为便利，城市内部沟通更为顺畅，有利于企业“走出去”参与海外经济利益的拓展。

2. 相关社会组织的聚合沟通作用

社会组织是社会协同和公众参与的重要载体和机制建构主体，社会组织在城市内部沟通的作用主要在于聚合了大量有共同目的的人群，形成群体合力以及群体共识，以对外交往为目的的社会组织对于构建海外关系，联合海内外企业、民众、组织有着重要的作用，使之形成一个庞大的关系网络，发挥着与政府组织不同的作用。

社会组织包括社会团体、基金会和民办非企业单位等，其形成包括了“政府主导”“民间推动”和“市场导向”三种动力机制。[③] 在城市内部沟通中，

① “中共深圳市委、深圳市人民政府关于大力实施‘走出去’战略的决定”中华人民共和国商务部，2007 年 12 月 5 日，http://www.mofcom.gov.cn/aarticle/b/g/200712/20071205265324.html（检索于 2021 年 12 月 20 日）。

② 深圳走出去综合服务平台——深圳市商务局网站，http://commerce.sz.gov.cn/ztzl/zcq/（检索于：2021 年 12 月 20 日）。

③ 李桂平：“社会组织的生成逻辑与发展机制”，《新型城镇化与社会组织创新》，北京：社会科学文献出版社，2019 年 9 月，第 58—89 页。

社会组织可以起到几方面作用：一是协同各方力量，组成信息沟通、资源共享的平台，通过对各方利益群体的协商化解相关利益冲突，促进合作共识；二是整合社会资源，组成一个优势互补、共同发展资源整合的平台，带动社会各方势力及资金流入到对外交流当中；三是政策倡导，对城市发布的相关政策进行解释和实践落实。

以深圳市为例，具有国际影响力的典型社会组织包括政府主导的“深圳市走出去战略合作联盟”、民间推动的“深圳国际公益学院”和市场导向的“壹基金”等，这些社会组织在连接社会民生和凝聚群体共识方面具有一定的影响力，在经济、文化、公益慈善等方面具有动员和整合社会资源的功能。以“深圳市走出去战略合作联盟”为例，目前联盟会员单位包括：超过300家的深圳知名企业、行业协会和专业服务机构，已与超过130个国家（地区）的政府及驻华使领馆或商务、经贸、投资促进代表机构建立了长期合作关系。截至2019年底，联盟主办、承办、协办230多场与境外国别（地区）主题相关的研讨会、培训会、路演会、专业展会等活动，涵盖新能源、生物医药、新一代信息技术、智能制造、教育等行业领域，已经成为积极发挥社会组织力量促进城市内部沟通的重要途径。

3. 城市媒体与城市文明的塑造

城市媒体对于塑造一个城市的文化以及认同感有着重要的作用，大多数居民通过城市媒体来了解城市，通过媒体解决城市问题，不断增强对城市的认同感。在这一过程中，城市媒体充当着整合居民并促进持久互动的沟通系统（communication system），成为城市的一种沟通资本（communication capital），塑造着城市的可沟通性，实现城市的多元融合、时空平衡、虚实互嵌和内外沟通。①

城市空间承载着城市文化、城市精神，是城市居民共同存在的场所，也是城市居民一同建构城市文化、感受城市氛围的实体空间。“在人类的城市生活中，实体空间构筑的传播活动，以及实体空间本身作为媒介的传播，诸

① 刘颂杰、张文卓：“城市媒体转型与‘可沟通城市’建构”，《青年记者》，2019年第34期，第16—18页。

如广场、街道、建筑物等，都具有非常重要的意义。”[①] 城市空间整体性地反映了城市的文化品质、精神风貌、历史演化和生活样式。它的每一栋楼宇，它的每一条由楼宇构成的城市空间廊道：马路、街区、里巷、胡同，无一不是城市风景线构成的空间组合。城市的天际线是城市文化构成最具有精神社会价值的线条。人们对工业区、商业区和生活区等城市功能区建设的选址，总是表现出这座城市的规划建设者对自然和社会的态度，及关于城市空间与人的生活空间关系的价值观：物质的和精神的。[②]

城市即媒介，可沟通是城市的首要内涵，一个城市的可沟通性包括了在信息传递上的便利，在社会交流上的顺畅以及城市文明的建构，这一点既离不开城市宣传部门的引导，也离不开其他行为体对于共同构建城市文明的认同和参与。城市的精神文明建设关系到城市内部的氛围，良好的城市氛围是提高市民素质、促进市民积极参与社会公共事务的重要因素。

（二）城市对外交往赋能我国海外利益发展与安全

当今社会处在一个空前互联的时代，城市对外交往已经成为全球化的重要特征，同时各类传播交流在全球城市交往中发挥着重要作用，城市作为一个空间汇聚了大量的非政府组织、跨国企业、城市智库、协会等跨国交往平台，形成了城市间的传播交流网络，在经济、社会、文化等各领域发挥着越来越重要的作用。城市的对外交往自古有之，各港口城市更是在对外贸易中繁荣发展，尤其是在古代丝绸之路沿线的城市，历史上承担着对外交往的重要任务，其国际化程度往往较高，具备在全球城市网络竞争的能力，为我国海外利益的发展和安全奠定了实力基础。过去，中国城市的对外交往更多是出于经济利益的考虑，其保护能力更多依靠软性的文化感召力和朝贡体系的影响力，并且是一种单向的来往，并非有意识地对海外利益进行保护和拓展。而当前的城市对外交往已经从对外贸易扩展到文化交流、社会治理、城市建设等各个方面，其内容在不断丰富，同时其中的各项机制也在不断地完善。在这一形势变化下，如何通过建立完善的城市对外交往机制，有意识地保护

① 黄旦主编：《城市传播：基于中国城市的历史与现实——跨学科的视野》，上海：上海交通大学出版社，第 86 页。

② 胡惠林：“城市文化空间建构：城市化进程中的文化问题”，《思想战线》，2018 年第 4 期，第 126—138 页。

和发展我国海外利益成了关键之处。

城市对外交往的主体包括了地方政府、社会组织、跨国公司、城市智库、市民等。城市对外交往与海外利益发展与安全在学术概念上涉及的是城市外交和城市公共外交的范畴，城市外交与城市公共外交之间存在着差异，一般认为城市外交是“城市或地方政府为了代表城市或地区和代表该地区的利益，在国际政治舞台上发展与其他行为体的关系的制度和过程”①，其主体只包括代表城市的地方政府，而基于实践发展，我国学界常常把城市外交视为连接官方外交和民间外交的半官方外交，也有学者认为城市外交就是公共外交的一部分。城市外交、城市公共外交都是我国总体外交的一部分，两者的主客体有着一定的重合部分，但城市公共外交涵盖的范围、辐射的对象等方面均大于城市外交，同时两者的侧重点不一样，城市外交强调的是以地方政府为主体开展的外事活动，是较为官方的一面，而城市公共外交则更强调在地方政府主导下的公共外交部分，即半官方的一面。因此城市外交在一定程度上侧重于海外利益的强制性保护，而城市公共外交侧重海外利益的多元化发展。

作为全球化和信息化的参与者，个人也能成为“公民外交家”，有权利采取有意义的行动，通过个人的一言一行为全球化带来积极影响。全球城市是经济全球化、社会信息化和文化多样化中的重要参与者，其作为全球化时代日益强大的社会政治单元，有能力作为主要平台促进人们的互动，分享多元文化和价值理念，如香港、洛杉矶、伦敦等全球城市拥有先进完善的城市交往平台和充满活力的文化社会活动，可以让各国人民借此分享信息和想法、加强沟通和交流，共同应对全球性挑战。②

三、城市外交中的海外利益发展与安全

按照荷兰学者罗杰·范·德·普拉伊吉姆（Rogier van der Pluijm）和简·梅

① 该定义由荷兰国际关系研究所的简·梅利森（Jan Melissen）和罗杰·范·德·普拉伊吉姆（Rogier van der Pluijm）在2007年提出，转引自陈楠：“全球化时代的城市外交：动力机制与路径选择”，《国际观察》2017年第5期，第87—100页。

② 于宏源、朱云杰、包玉涵：“全球城市建设中的民间外交”，《对外传播》，2020年第5期，第17—19页。

利森（Jan Melissen）“城市外交六维度”理论框架，城市外交包括安全、发展、经济、文化、网络、代表等6个维度的内容。安全，指城市相较于国家政府，其立场更中立，形象更柔和，更加了解当地实情，因而能够在地区争端的处理中在冲突预防、冲突调解、冲突解决和建构和平等方面发挥独特作用；发展，指城市对外提供发展援助，包括长期的“人道主义发展援助”和短期的“紧急发展援助”；经济，指城市通过外交途径扩大自身经济利益，包括吸引游客参观，举办国际活动，引导外国公司及国际组织进驻，对外出口知识服务及与其他城市签订合作协议等；文化，指城市在外交活动中推广城市文化，促进价值交流；网络，指城市之间通过形成国际性城市网络共享信息、共同治理，从而在地区和国际的层级上更好地发挥作用；代表，指城市以超国家的方式参与政策制定过程，或在国际组织的政治架构中直接参与决策过程，或以游说的手段间接影响决策进程。①

在不同的行政体制情况和央地关系情况下，各国城市外交的形态不一，对于统筹海外利益的发展与安全也体现在不同维度上。中国的城市外交是“在中央政府的授权和指导下，某一具有合法身份和代表能力的城市当局及其附属机构，为执行一国对外政策和谋求城市安全、繁荣和价值等利益，与其他国家的官方或非官方机构围绕非主权事务所开展的制度化沟通活动”。② 因此，从中国的城市外交的实践来看，由于受到央地关系的限制，城市外交对于我国海外利益的维护和发展更多体现在经济、文化和网络维度上。

从经济维度来看，我国各大城市都在不断改善营商环境以吸引外资投入和跨国企业进驻，同时城市也积极推动其辖区内的企业拓展海外市场，通过各种平台组织和培训来推动企业的跨文化交流，城市以其产业特色和城市氛围带动企业的对外发展，而跨国企业的发展也为城市营造了现代化的形象，体现了对经济利益发展的积极作用。同时，城市在吸引外国人旅游、学习、工作等方面的政策引导作用体现了城市重视对外交流。从文化维度来看，主要涉及城市的对外传播活动，包括通过媒体进行国际传播活动以及城市品牌、城市形象的塑造。城市通过地方媒体进行国际传播或是通过全国性媒体对地

---

① 孔令严：“迪拜城市外交实践的多维度分析”，《当代经济》，2021年第6期，第4—7页。

② 赵可金等：“城市外交：探寻全球都市的外交角色”，《外交评论》，2013年第6期，第69页。

方进行宣传介绍都是城市文化交流重要组成部分，其中包括了针对外国民众的信息投放和城市广告等。同时，城市通过举办大型活动如国际性体育赛事、各种形式的博览会、交易会、国际性论坛等有计划、有意识地开展对外文化交流活动，促进外国民众对城市的认识和了解。从网络维度来看，缔结国际友好城市关系以及加入城市国际组织是城市发挥对外交往沟通作用的关键。国际友好城市交往是城市和国家对外开放的重要平台和途径，也是城市开展城市外交和国际交流合作的主要形式。友好城市、友好交流城市的数量以及与之交往的质量被视为城市开放程度和国际化程度的重要标志，也是城市国际竞争力的重要指标，是深化城市双边交流合作的重要来源。而加入城市国际组织则是拓宽城市多边交流合作平台的关键，参与国际性的城市国际组织和区域性的城市国际组织并在当中不断发挥更重要的作用，是城市提高其综合竞争力以获得话语权的过程，也是城市寻求海外利益发展和保护的尝试。

第二节　智慧城市赋能我国海外利益发展与安全

一、智慧城市发展现状

（一）智慧城市的概念

"智慧城市"的概念最早源于2008年IBM公司提出的智慧星球的概念，从此把新一代信息技术充分运用在各行各业之中的理念成了智慧城市建设的重要内涵，此后世界范围内兴起智慧城市发展浪潮，智慧城市的内涵和外延也不断丰富。基于IBM公司的定义，智慧城市的基本特征是：全面物联、充分集成、激励创新、协同运作。即智能传感设备将城市公共设施物联成网，物联网与互联网系统完全对接融合，政府、企业在智慧基础设施之上进行科技和业务的创新应用，城市的各个关键系统和参与者进行和谐高效地协作。[①]智慧城市的概念有狭义和广义两种解释，狭义上的智慧城市概念指的是以物联网为基础、通过物联化、互联化、智能化方式，让城市中各个功能彼此协

① IBM：《智慧的城市在中国》白皮书。

调运作，以智慧技术高度集成、智慧产业高端发展、智慧服务高效便民为主要特征的城市发展新模式，其本质是为城市的管理与服务运行植入智慧的基因。广义的智慧城市是指以“发展更科学、管理更高效、社会更和谐、生活更美好”为目标，以自上而下、有组织的信息网络体系为基础，使得整个城市具有较为完善的感知、认知、学习、成长、创新、决策、调控能力和行为意识的一种新型城市的新常态。①

智慧城市的核心是以一种更智慧的方法通过利用以物联网、云计算等为核心的新一代信息技术来改变政府、企业和人们相互交往的方式，对于包括民生、环保、公共安全、城市服务、工商业活动在内的各种需求做出快速、智能的响应，提高城市运行效率，为居民创造更美好的城市生活。②智慧城市是一个智能有机体，是一个基于技术、城市空间和人的多重协作互动的复杂系统，智慧城市建设是一个城市实现可持续发展的重要引擎，也是城市在信息化时代中不断通过实践进行可持续发展的过程。

（二）国外的智慧城市发展情况

国外智慧城市的发展模式主要包括市场导向和政府主导两种模式，其中市场导向以美国为典型，政府主导以新加坡为先例。随着全球城市竞争的逐渐激烈，为了维护国家的综合利益，在智慧城市的发展建设中，政府的规划作用逐渐突出。

美国的智慧城市建设是典型的市场主导模式。在2008年11月纽约召开的外国关系理事会上，IBM公司提出了“智慧星球”（Smart Planet）的理念，并向美国奥巴马政府建议在全国投资建设新型信息基础设施，2010年IBM推出“智能城市挑战”（Smart Cities Challenge），派出专家到全球100个城市，协助当地应对城市发展和管理的各种挑战。在IBM、微软、甲骨文等企业的推动下，美国政府于2015年9月发布了《白宫智慧城市行动倡议》。③于是智慧城市作为城市综合发展的概念逐渐形成，并成为21世纪全球城市

① 李林编著，《智慧城市大数据与人工智能》，南京：东南大学出版社，2020年6月，第1页。

② 李德仁、邵振峰、杨小敏：“从数字城市到智慧城市的理论与实践”，《地理空间信息》，2011年12月第6期，第1—5+7页。

③ “智慧城市建设的全球化视角”，中国电子信息产业发展研究院，2017年6月8日，https://www.ccidgroup.com/info/1105/27345.htm（检索于2022年2月14日）。

发展的新趋势。

为了实现经济、技术与社会的平衡发展，各国政府纷纷制定明确的“智慧城市”发展战略，加大基础设施投资，推动国际、国内的相关资源要素向城市集中，支持和鼓励政府、企业、市民等主体之间形成互动和网络关系，引导全社会参与智慧城市建设，并且建立相关统筹机构，运用创新解决方案以推进城市规划。新加坡在智慧城市发展上一直处于领先位置，这也源于其政府较早地开始对智慧城市进行顶层设计。2006年新加坡启动“智慧国2015”计划，将智慧城市建设上升到国家战略层面，目标通过物联网等新一代信息技术的积极应用，将新加坡建设成为经济、社会发展一流的国际化城市。2018年4月，在新加坡的牵头下，“东盟智慧城市网络”(ASCN) 成立，将东盟内的智慧城市连接起来，推动成员国携手合作，运用科技共同实现智慧及城市可持续发展。

（三）国内的智慧城市发展情况

从国家宏观政策来看，2012年《国家智慧城市试点暂行管理办法》的发布拉开了中国智慧城市建设的序幕。2012年住房和城乡建设部成立了智慧城市创建工作领导小组，启动国家智慧城市试点工作。[①]2014年，《国家新型城镇化规划（2014—2020年）》将“智慧城市”上升为国家战略。2014年8月，国家发展和改革委员会等8个部门联合出台了《关于促进智慧城市健康发展的指导意见》，强调智慧城市建设要突出为民、便民、惠民。[②]2015年，国务院发布《促进大数据发展行动纲要》，极力推进信息融合与互联互通，建设政府智慧大数据平台；[③]2016年3月发布的《国民经济和社会发展第十三个五年规划纲要》中首次提出要“建设一批新型示范性智

① “住房城乡建设部办公厅关于开展国家智慧城市试点工作的通知”，中华人民共和国住房和城乡建设部，2012年11月22日，http://www.mohurd.gov.cn/wjfb/201212/t20121204_212182.html（检索于2022年2月14日）。

② “关于印发促进智慧城市健康发展的指导意见的通知”，国家发展和改革委员会，2014年8月29日，http://www.ndrc.gov.cn/gzdt/201408/t20140829_624003.html（检索于2022年2月14日）。

③ “关于印发促进大数据发展行动纲要的通知”，国家发展和改革委员会，2015年9月30日，http://www.ndrc.gov.cn/fzgggz/wzly/zcfg/201509/t20150930_753447.html（检索于2022年2月14日）。

慧城市”，智慧城市发展迈向新阶段。

从实际运行情况来看，中国智慧城市建设历经四个发展阶段：第一阶段为探索实践期，从 2008 年底智慧城市概念提出到 2014 年 8 月，主要特征是各部门、各地方按照自己的理解来推动智慧城市建设，相对分散和无序。第二阶段为规范调整期，从 2014 年 8 月至 2015 年 12 月，主要特征是国家层面成立了“促进智慧城市健康发展部际协调工作组”，各部门不再单打独斗，开始协同指导地方智慧城市建设。第三个阶段为战略攻坚期，从 2015 年 12 月到 2017 年 12 月，主要特征是提出了新型智慧城市理念并上升为国家战略，智慧城市成为国家新型城镇化的重要抓手，重点以推动政务信息系统整合共享，打破信息孤岛和数据分割。第四个阶段为全面发展期，从党的十九大召开到现在，主要特征是各地新型智慧城市建设加速落地，建设成果逐步向区县和农村延伸。① 据统计，我国开展的智慧城市、信息惠民、信息消费等相关试点城市超过 500 个，超过 89% 的地级及以上城市、47% 的县级及以上城市均提出建设智慧城市，初步形成了长三角、珠三角等智慧城市群（带）发展态势。2018 年中国在建智慧城市数量已占全球的 48%。② 截至 2020 年 4 月初，住建部公布的智慧城市试点数量已经达到 290 个。

二、智慧城市与我国海外利益发展与安全的互动路径

（一）科技赋能传播

智慧城市涉及的是智能技术在城市空间的运用，这些城市空间要素包括了城市经济空间、生活空间、公共服务空间、文化空间、传播空间等等。智能技术的发展对城市生活形态产生了巨大的影响，因此也形成了智能技术与社会沟通间的复杂关系，即智能技术如何对城市传播以及城市沟通产生影响。

当今世界，云技术、物联网、互联网和大数据等都在不同层面深刻地影响了人类社会的传播模式，这些智能技术在城市空间中大量运用，将逐渐形

① 唐斯斯、张延强、单志广、王威、张雅琪：“我国新型智慧城市发展现状、形势与政策建议”，《电子政务》，2020 年第 4 期，第 70—80 页。

② 德勤：《超级智能城市》报告：2018 年 2 月 12 日，https://www2.deloitte.com/cn/zh/pages/about-deloitte/articles/pr-super-smart-city.html（检索于 2022 年 2 月 19 日）。

成一种基于智慧城市的传播模式。从积极的方面看，随着智能手机的普及，人们可以达到快速获取信息的便利，融媒体背景下政府及官方媒体利用社交媒体和移动应用程序进行信息的传递，改变了原有的单一模式，尤其是对于“三微一端”（“三微”即微博、微信与微视频；“一端”即新闻客户端）的运用，改变了传统媒体“一对多”的单向信息传播方式，使得传播模式更加智能。

（二）智慧传播赋能城市发展

智慧城市不仅是全面推动我国新型城镇化建设以及推进国家治理现代化的重要支撑，也是海外利益拓展和保护的重要载体。“智慧城市的建设问题，其实是一个城市的大数据综合治理问题：一是要在以前没有收集数据的地方收集数据，这主要是利用物联网的技术；二是要让不同系统的数据有效对接起来，这是系统整合的任务；最后，还要利用数据可视化的技术把海量数据中隐藏的知识揭示、展现出来，让数据中的智慧能够以一种直观的形式流向城市的管理者、决策者和市民大众。”[①]

在智慧城市的建设过程以及中国海外利益拓展和保护的过程中伴随着大数据整合的互动和对接，通过智慧政务和智慧传播的形式，智慧政府一方面向受众发布信息、共享数据，另一方面也为智慧产业的发展提供开放的数据和信息平台。截至 2021 年 7 月，我国正在运行的政府网站数为 14537 个，其中国务院部门及其内设、垂直管理机构政府网站数 889 个，省级政府网站数 1665 个。[②]智慧政务不断发展，各城市不断加强其地方政务的信息化建设，政务服务向移动端延伸，通过建设一站式服务平台积极推进政务智慧化，提升地方政务信息系统的效率，为市民和企业提供便利。

（三）智慧城市传播赋能我国海外利益

智慧政务通过搭建技术平台为企业对外经贸合作提供了更便捷的渠道，通过各种形式的技术整合简化对外经贸审批的流程，优化营商环境。中国建设银行行长刘桂平出席中国行政管理学会 2020 年会时提到：“近年来，建

① 涂子沛：《大数据》，桂林：广西师范大学出版社，2013 年，第 349 页。

② 中国互联网络信息中心：《第 48 次中国互联网络发展状况统计报告》，2021 年 8 月。

设银行融合运用大数据、人工智能、云计算、区块链等技术，为各级政府搭建全事项、全流程、全覆盖、全场景应用的智慧政务综合服务平台，实现政务服务行政审批线上线下一体化、民生支付电子化、行业应用智能化、城市治理数字化。目前已打造‘一网通办’的云南模式、山西模式、山东模式和重庆模式，与28个省级和144个地市级政府签订智慧政务战略合作协议。”

针对中国企业海外推广，不少城市开展了特色自贸区，并以技术引领特色，通过设立出海中心或云数据中心等以技术为依托的机构或部门助力企业出海，赋能企业海外经济利益的发展和安全。如为了帮助中国企业对接海外互联网，了解跨境电商最新趋势，推动中国制造的产品、品牌向全球进行推广，以海洋经济贸易为重心的山东自贸试验区设立了谷歌出海体验中心。通过出海体验中心，山东自贸试验区为企业提供了包括Google SEM投放、SEO优化、社交媒体营销、外贸网站建设、产品拍摄、语言翻译等系列服务，同时凭借着Google在全球互联网中的优势地位，依托谷歌云计算及神经网络等大数据系统，为中国的传统企业有针对性的出海进行市场开发数据建议，既提高了效率和效益，也避免了盲目出海所带来的损失，是利用智慧技术赋能海外利益发展和安全的典型案例。①

（四）智慧传播推动城市竞争力提升

城市间各行业、企业间的交流、合作及联系的频率、方式、便利度等，是考察城市竞争力的重要维度。同时，因为城市在全球信息交流中所处的地位和海外影响力本身就属于国家海外利益的重要部分。智慧传播对城市竞争力构建的作用体现在对城市形象的塑造和对城市间交流联系的支持上。“在社交媒体时代，城市营销的方式也有了新的变化。伴随着全球化趋势的影响，城市的发展和企业一样，面临着激烈的竞争。为了提升城市形象，扩大城市知名度，各级政府通过利用社交媒体多元化的传播策略来提升城市形象。”②城市形象的构建和传播既涉及国内传播也涉及国际传播，在社交媒体时代，

① “山东自贸试验区一周年建设成果探访（六）”，山东商报·速豹新闻，2020年8月28日，http://commerce.shandong.gov.cn/ftz/html/1//195/196/204/669.html（检索于2022年2月22日）。

② Zhou L, Wang T., “Social media: A new vehicle for city marketing in China”. *Cities*, Vol.37,No.1,2014, pp.27–32.

城市形象的国际传播有赖于动态多元的传播路径，为了提升城市在国内外发展和激烈竞争中的话语权和吸引力，各城市政府及相关机构不仅积极开通面向国内民众的公众号、微博、短视频等账号，还通过国内外主流媒体以及其地方媒体广泛开展其城市形象宣传和介绍活动等，同时还积极开通海外社交媒体账号，发布展现城市形象的相关内容，与国外民众进行交流沟通。

随着城市形象的传播重心和阵地发展到移动端短视频阶段，智慧传播的优势凸显，传播渠道逐渐走向传统媒体、搜索引擎、社交媒体和聚合平台算法分发的多元渠道。抖音、头条指数与清华大学国家形象传播研究中心城市品牌研究室 2018 年 9 月联合发布的《短视频与城市形象研究白皮书》显示，播放量居前 10 位的城市视频中前 3 位是政府形象、公共设施、市政服务相关内容，而发布者包括了城市官方发布账号、个人账号以及以城市为名称的自媒体等。① 在智慧传播时代，城市形象的传播者包括了地方政府、媒体和民众，政府不再是城市形象的单一塑造者，普通市民也通过生活化的视频内容加入到城市形象的塑造中。讲好民间的故事有助于全方位立体地讲好城市的故事，讲好城市的故事也是讲好中国故事的重要内容。城市景观、方言文化和地方美食等内容通过市民的视频记录传播使得城市形象更具有个性化特征和生活化特征。同时，短视频的记录形式有着对跨文化交流独特优势，如成都以大熊猫为传播符号进行其城市形象构建，熊猫相关的短视频在海外短视频平台的播放量和关注度上升既有助于城市形象的传播，同时也对国家形象的传播有着一定的意义。

第三节　流动型城市赋能我国海外利益发展与安全

一、流动型城市与流动空间中的“流”

卡斯特（Manuel Castells）曾在其《网络社会的崛起》一书中提到，“我们的社会是围绕流动而建构起来的，资本流动，信息流动、技术流动、组织

① 《短视频与城市形象研究白皮书》，https://www.thepaper.cn/newsDetail_forward_2524573（检索于 2022 年 2 月 22 日）。

性互动的流动、映像、声音和象征的流动。流动不仅是社会组织的要素而已：流动是支配了我们的经济、政治与象征生活过程之过程。”[①] 随着全球化时代和信息化时代的到来，跨国传播不仅仅涉及国家间的交往，更加深了城市间的互动。人口、资本、知识、资源等要素流动已经成为全球化时代的重要内容，而城市便是这些“流”的载体，城市空间成为展示这些要素流动性的重要载体。

从城市空间的角度来看，流动性包括了人、货物、资本、信息的流动等，涵盖着以交通技术为支撑的物质移动流，以及以信息传播技术为支持的无形的流。在全球化时代，流动的范围逐渐突破一个国家的内部流动，走向全球化的国际流动，因此流动性更为复杂，由此带来的社会问题也更为多元，涉及的利益也更为庞大。全球流动塑造着城市空间以及社会内部关系，同时也被社会关系所重新塑造。城市空间承载着全球流动网络中的大量内容，面临着外来移民流动带来的城市文化重构以及地域文化的对外传播等问题，从文化利益、经济利益、公民个人利益等角度影响着国家的海外利益发展与安全。

二、人口流动、文化传播与国家海外利益

（一）流动人口、城市精神与现代城市

流动是塑造社会文化并推动变革的力量之一，产品、服务、人口、文化和知识的传播，使得原本相对稳定与均质的地方越来越多地处在与“他者”的身份、文化以及实践不断协商的过程之中，传统与固着只是一种相对的稳定过程，该过程依然包含着复杂的内外相互作用和流变。地方越来越成为一个被流动所建构的过程，地方的意义因其于流动网络中的位置而产生。[②]

随着城市化、全球化浪潮的推进，流动人口成了现代城市的一个重要构成部分，外来人口的不断涌入为城市文化注入了多样的元素，城市不再固守

① ［美］曼纽尔·卡斯特：《网络社会的兴起》，夏铸九、王志泓等译，北京：社会科学文献出版社，2001 年，第 505 页。

② 孙九霞、周尚意、王宁等：“跨学科聚焦的新领域：流动的时间、空间与社会”，《地理研究》，2016 年第 10 期，第 1801—1818 页。

其原本的地域色彩，而是带来了更多元的文化内核，甚至在此基础上构建了新的城市精神。深圳市就是最好的例子，经过改革开放40多年的积累，大量的外来人口涌入原先的小渔村，深圳也成为“移民型城市”的代表，流动人口赋予了深圳新的文化内核。2010年8月，在纪念深圳建市30周年之际，深圳市评选出了“深圳十大观念”，其中便有“来了就是深圳人”等观念，正是人群的多元带来了文化的多元，也正是文化的流动造就了深圳的城市文化内核。毛少莹将深圳的文化内核总结为：“作为整体的深圳人普遍表现出：乐于接受新生活经验，随时准备迎接社会变革；思想开放，尊重不同意见；讲信用、契约精神强；注重现在与未来；守时惜时；强烈的创业意识和个人效能感；更强的计划性；与国际惯例接轨；重视专门技术；敢于挑战传统，乐于创新；乐于结交新朋友；接受新生活方式；乐于参与社会组织或活动等，即著名现代化问题研究学者英格尔斯（Ingalls）《人的现代化》一书所概括人的现代化的若干特征无疑是深圳与内地别城市相比最大的文化差异，也是深圳最重要的文化。”①

流动人口带来了城市人口结构的变化，伴随而来的是包括城市人际关系、语言变迁、社会整合、城市文化等方面发生的变化。人是文化的载体，流动的人口承载着文化，同时也塑造着城市文化，而承载着现代文化的人，更开放更包容，也更具有创造力，更愿意走出去探索世界，是国家海外利益拓展中最微观的一环。

（二）地域文化传播与国家海外利益

与城市的流动性相对应的是城市的固定性，也称之为城市的地域性。人口的流动不仅仅改变了人口的空间分布，同时也导致了社会结构的改变和文化转型，城市在全球流动的网络中重新建构其地域文化，但随着人口的流动，地域文化也逐渐开始跨国传播，形成独特的文化现象，甚至形成特殊的文化权利和海外文化利益。作为一个幅员辽阔、历史悠久的国家，中国的大部分城市都具有其独特地域文化特色，伴随着移民迁徙和地理因素形成了方言群体，在历史长河积淀中形成了地域文化。而这些地域文化、尤其是方言，通过人口的跨国流动、跨国贸易等形式也传播到了海外，甚至形成了连接中国

① 毛少莹：“深圳文化四十年回眸”，《深圳文化发展报告（2020）》，北京：社会科学文献出版社，2020年，第42页。

与其他国家的独特文化纽带。

海外贸易是地域文化传播的重要载体，广州、泉州作为古代海上丝绸之路的重要城市，承载了大量海外贸易往来，因此广府文化、闽南文化也通过各种途径传播到海外，移民结合其当地的文化，形成了特有的文化，这些文化群体逐渐成为连接中国与移民地的重要文化纽带。以峇峇娘惹文化为例：自明朝郑和下西洋后，陆续下南洋的华人和东南亚当地人通婚的后代便称为峇峇娘惹，他们承继了很多移民地的文化，并将其融合到自身的中华文化中，通过文明交流融合、互学互鉴形成了独特的地方文化。峇峇娘惹保留了中华传统习俗，同时也吸收了当地马来人的文化，是闽南文化和马来文化融合的代表，也是马来西亚极具特色的文化符号和珍贵文化遗产。这些独特的文化群体至今仍持续为中国与马来西亚、中国与新加坡的民间文化友好往来贡献力量。

三、海外华侨华人与国家海外利益

（一）华侨华人的地位和作用

华侨华人是我国海外利益的特殊载体，他们既是拓展我国海外利益的重要力量来源，也是我国海外利益的重要组成部分。海外华侨华人是一个庞大的群体，华侨华人是展示中国形象的窗口，是向海外宣传中国的主力军。华侨华人对国家海外利益发展与安全的作用主要体现在软实力方面。海外华人是中国软实力的“承载者”，是政治软实力的“解释者”，是经济软实力的“推广者”，是文化软实力的“传播者”。[①]

随着越来越多的华人积极关心和参与所在国的政治，通过华人政党以及华人社团等形式表达群体的政治诉求，既有利于保障华人群体自身的利益，同时也对该国政府与中国的外交关系产生一定的影响。华侨华人大多在商业贸易等领域工作，对当地的经济发展有着重要的推动作用，尤其是在东南亚地区的华商更是占据了其经济发展的重要地位，华商进入中国市场或是与中资企业在当地合作使得外国更加了解中国的市场经济模式，同时也加深中国

① 曹云华、张彦：“中国的海外利益：华侨华人的角色扮演——基于软实力的视角”，《暨南学报（哲学社会科学版）》，2012 年第 10 期，第 20—26 页。

与该国的经济联系。随着华商与中国经济相互依赖的不断加深，华商网络一方面充当经贸关系“黏合剂”的作用，另一方面发挥“牵线搭桥”的作用，促进了中国与他国经济的共同发展。同时，华侨华人通过华文媒体、华人社团、华人学校等途径传承并发扬中华文化，以中华文化联络和凝聚海外侨胞力量，也通过举行传播中医、民间艺术和节日欢庆等文化艺术活动，加深了所在国民众对中华文化的了解和认识，促进双方的交流往来。

（二）维护华侨华人的海外利益

据《世界侨情报告（2020）》统计，70% 的海外华侨华人以经商为业，行业分布主要集中在房地产、制造业、银行金融业等，在经济全球化的背景下，华侨华人在住在国的职业选择更加多元，专业人才备受瞩目，华商从业范围广泛，其地位和竞争力不断提高。[①] 海外华侨华人通过华文媒体、华商网络、华文教育、华人社团等途径和形式维护其政治、经济、文化利益，可以说海外华侨华人在争取其自身发展空间利益的同时也是在为中国的海外利益拓展谋求空间。

我国对华侨华人利益的维护对我国拓展海外利益具有重要意义。依法维护中国公民和法人在海外的正当权益，以及海外侨胞的合法权益是维护我国海外利益的重要内容。除了针对中国企业和劳工的海外发展和权益进行特定保护外，在制定国家对外政策和处理对外关系时，也应更充分地考虑海外华侨华人利益，将维护和拓展华侨华人的海外利益作为对外政策的一个重要组成部分，为他们在海外创造一个宽松的生存发展的环境。尤其是在新冠肺炎疫情下，随着国际舆论对中国形象的持续抹黑，如何处理好加拿大、东南亚、南非、美国、日本、拉美地区以及欧洲等国家或地区的中国公民与留学生所面临的问题，保障海外公民的人身安全，也成为维护华侨华人海外利益的重要内容。

① 张春旺、张秀明、胡修雷：《世界侨情报告（2020）》，2020 年 12 月 1 日。

第四节　复合城市群赋能我国海外利益发展与安全

一、城市竞争力与世界城市群的发展

（一）国际化城市与复合城市群

在全球化和信息化背景下，城市间联系日趋紧密，城市的竞争力和综合实力也成为国际竞争的一部分。国际竞争已经逐渐突破国与国、区域与区域竞争的范围，更多地涉及城市群和都市圈的竞争。而随着国家权力逐渐下放至城市，世界范围内出现了许多以全球顶级城市为核心、不同城市分工协同的高度一体化城市群，“世界城市”“全球城市”“巨型城市区域”“城市化区域”“全球城市网络”等概念也随之出现。

1. 关于全球城市 / 世界城市

1915年，苏格兰城市学家哥底思(Patrick Geddes)正式提出了“世界城市”（World City）的概念，认为“世界城市”的主要特征和优势是全球性的商业贸易[①]。20世纪60年代后，“国际化城市”的概念从经济领域扩展到政治、文化、技术、教育等多方面。英国地理学家霍尔(Peter Hall)提出“世界城市”除了是世界区域经济枢纽，跨国公司和金融机构汇集地外，还应当是主要的政治权力中心，同时将文化、技术和高等教育等因素纳入衡量世界城市的指标之中。[②]20世纪80年代，有学者强调文化和意识形态因素在全球城市发展中的重要作用[③]。

世界城市等级研究的兴起是城市研究与国际关系研究相结合的重要开端，随之而来的是对于世界城市网络的进一步探索。以弗里德曼(John Friedmann)和沃尔夫(G. wolff)为代表的世界城市理论提出了世界城市的等

---

① Doel M, Hubbard P，“Taking world cities literally: marketing the city in a global space of flows”，*City*, Vol.6，No.3,2002, pp.351–368.

② Hall P, *The World Cities*.NewYork,Toronto:World University Library,1966, p.83.

③ Scott A, Soja E，Los Angeles: the capital of the twentieth century. *Environment and Planning D: Society & Space*, Vol.4,No.2,1986, pp.201–216.

级层次结构，强调了世界城市的国际功能取决于该城市与世界经济一体化的联系程度，基于核心、半边缘和边缘的空间结构理论，将资本流动形成的网络构建为复杂的城市等级体系。[①] 而卡斯特提出的全球流动空间理论 (global spaces of flows)，认为全球城市系统呈网络结构而不是金字塔结构，它是一个具有全球性广泛联系和影响区域发展的城市网络。[②]

2. 关于复合城市群

对于城市群的研究在 20 世纪 50 年代就已经出现，法国地理学家戈特曼 (Jean Gottmann) 在考察了北美城市出现由多个城镇组合的都市密集区现象后提出了大都市带（megalopolis）的概念。他认为，“大都市带”是指几个规模相近、地域相邻的城市，在发展过程中共同组成了区域中心、呈组团式或块状分布的都市圈，进而形成一个“大都市带”。大都市带是自然、社会、经济、政治、文化等多方面的组合体（Agglomeration），各都市圈之间存在着有机联系和分工。[③]

城市网络是城市存在的空间范式，城市作为城市网络组成的节点要素，通过一系列“流的空间”进行联系结网，实际上反映了世界城市体系空间结构的本质。[④] 在经济全球化与区域发展的背景下，城市间的竞争逐渐上升为城市群之间的竞争。全球化的推进正逐步重构全球经济社会空间，跨国权力、资本的流动与结网深刻影响着全球生产网络。而各城市进入国际化分工与全球竞争体系后为了提高自身的竞争力逐渐开启其国际化建设，全球城市 / 世界城市实际上是城市国际化的一个动态过程，而随着城市群的发展，城市在国际化道路上已经不再是单打独斗，各城市的国际化战略与城市群发展战略紧密相关。

① John Friedmann and G. Wolff., *“World City Formation:an agendafor research and action”,International Journal of Urban and Region Research*, Vol.3, No.3,1982, pp.309–344.

② Castells M. *The Rise of the Network Society*, New York: John Wiley& Sons, 2011, pp.407–460.

③ Gottmann J., “Megalopolis or the urbanization of the Northeastern seaboard”, *Economic Geography*, Vol.36, No.3, 1957, pp.189–200.

④ 王宝平、徐伟、黄亮：“全球价值链：世界城市网络研究的新视角”，《城市问题》，2012 年第 6 期，第 9—16 页。

（二）世界级城市群及其发展

“城市群”是在特定地域内，自然和社会环境整体性强，人口和经济聚集规模大，城镇化和工业化水平高，基础设施体系和公共服务网络相对发达，并通过密切的社会经济联系所构成的功能性城市“集合体”。[①] 城市群以一个或多个大城市或中心城市为核心，依托现代交通运输网、信息网等基础设施网络，在一定区域内形成，其形成和发展受经济、社会、文化、自然等多种因素的影响。世界级城市群则是城市群发展的高级阶段，世界级城市群的发展离不开其中心城市的国际化发展，即城市群内部全球城市 / 世界城市的发展，也离不开区域协同发展。城市群内部的区域协同发展能够促进城市群内部的资源要素顺畅流动、高效利用，实现城市合理分工、联动发展，有效解决区域内城市发展不平衡不充分问题。而城市群的国际化发展将实现从区域连接到全球连接的过程，从商品要素的“硬连接”到信息和服务要素的“软连接”，全方位地提高城市群的对外连接水平和综合实力。

在世界范围内，美国东北部大西洋沿岸城市群、北美五大湖城市群、日本太平洋沿岸城市群、英伦城市群[②]及欧洲西北部城市群等，是最先发展起来的城市群，其发展离不开纽约、芝加哥、东京、伦敦、巴黎等中心城市在全球等级上的地位和影响辐射能力，也离不开城市群内部的协调分工、互联互通，这些城市群的发展有力带动了所在国家和区域的经济发展。以美国东北部大西洋沿岸城市群为例：美国东北部大西洋沿岸城市群是综合实力最强的城市群，也是美国经济增长的核心。城市群以纽约为中心，包含波士顿、费城、巴尔的摩和华盛顿等主要城市，拥有完善的产业层级结构和产业分工格局，几大中心城市的功能定位各不相同，实现了异质化且互补的功能结构。纽约是城市群中的核心城市，在金融、商业、文化、娱乐、科技、教育等领域有着较高的全球地位，世界影响力强。而同时它既是地理位置的核心也是产业层级结构的顶层，能够充分发挥辐射和带动作用。纽约的总部经济发达，

---

① 姚士谋、李青、武清华等：“我国城市群总体发展趋势与方向初探”，《地理研究》，2010 年第 8 期，第 1345—1354 页。

② 英伦城市群即英国以伦敦为中心的城市群，由伦敦—利物浦一线的城市构成，其中包括世界纺织工业之都曼彻斯特、纺织机械重镇利兹、伯明翰、谢菲尔德等大城市，以及众多小城镇。英伦城市群是产业革命后英国主要生产基地，面积为 4.5 万平方千米，人口 3650 万，是世界六大城市群中地域面积最小、城市密度最大的城市群。

大量全球性跨国公司在此设立总部，同时它还是联合国等重要国际组织的总部所在地，有着控制国际联系的区位优势。

二、我国复合城市群对海外利益的探索

城市群是新型城镇化主体形态，是支撑全国经济增长、促进区域协调发展、参与国际竞争合作的重要力量。城市群内部的中心城市一般具有较高的国际影响力和对外连接实力，其国际化水平是参与国际竞争、影响海外利益发展的重要指标。根据全球化与世界城市（简称 GaWC) 研究网络编制的 2020 年《GaWC 世界城市名册》排名显示，我国城市中北京、上海、广州、深圳、香港和台北被列为一线城市[①]，其中北京属于京津冀城市群的中心城市，上海属于长三角城市群的中心城市，而广州、深圳、香港都属于粤港澳大湾区城市群建设中的中心城市。随着对外开放的进一步拓展，城市群日益成为我国海外利益扩展的重要载体，京津冀、长三角、粤港澳大湾区等城市群，已成为我国重要的经济增长极，但由于所处发展阶段的不同，与拥有纽约等顶级全球城市的城市群相比，国内以北京、上海、广州、深圳等中心城市为核心的城市群仍然具有较大的成长空间。

城市是“一带一路”互联互通的核心节点，对“一带一路”沿线地域的发展合作有着重要的作用。在“一带一路”建设中，城市承载国际要素流动和集散的功能不断增强，进而成长为区域要素汇集核心和世界城市网络重要节点。《推动共建丝绸之路经济带和 21 世纪海上丝绸之路的愿景与行动》中提到要利用长三角、珠三角、海峡西岸、环渤海等经济区开放程度高、经济实力强、辐射带动作用大的优势，加快推进中国（上海）自由贸易试验区建设，支持福建建设“21 世纪海上丝绸之路”核心区。加强上海、天津、宁波—舟山、广州、深圳、湛江、汕头、青岛、烟台、大连、福州、厦门、泉州、海口、三亚等沿海城市港口建设，强化上海、广州等国际枢纽机场功能……依托长江中游城市群、成渝城市群、中原城市群、呼包鄂榆城市群、哈长城市群等重点区域，推动区域互动合作和产业集聚发展，打造重庆西部开发开

① 2020 年《GaWC 世界城市名册》（中文），https://baijiahao.baidu.com/s?id=1675868942131329141。

放重要支撑和成都、郑州、武汉、长沙、南昌、合肥等内陆开放型经济高地。[①]从对各城市及城市群的规划和定位可以看出，在“一带一路”国际合作中，各地方省市是不可或缺的重点和重要发展空间，其中的节点城市多为城市群的中心城市，在多层次城市网络中的联通度较高，有着较强的国际服务能力和国内交通便利，能够对国内市场与国际市场进行有效衔接，助力国内国际双循环的发展格局。此外，各城市群通过开展自由贸易试验区、自主创新示范区等形式促进城市区域合作，主动对接“一带一路”国际合作，为对外贸易和经济往来提供平台和空间，是拓展海外利益的重要载体和纽带。

以城市为载体，以城市群为连接，不仅可以促进国内外的经济合作，把各个国家和地区的经济活动有机连接起来，还可以促进城市间的政治、文化等多方面往来。各中心城市通过友好城市、城市间政府、国际组织等关系网络将国际城市合作、城市间友好往来关系拓展到城市群领域中，可以进一步探索以城市群和大都市圈为空间单元，在城市整体规划、基础设施建设、应急公共机制和城市国际传播等城市发展问题方面的国际交流合作。

第五节　粤港澳大湾区建设背景下湾区城市传播案例分析

一、湾区城市、湾区城市群的特征

“湾区”是一个地理概念，指的是围绕沿海口岸分布的众多海港和城镇所构成的港口及城市群，而由于自然地理优势，资源汇聚这些大河河口及海湾区域形成了湾区经济。在全球化高度发达的今天，全球经济总量的60%集中在各国家的港口海湾地区，75%的经济城市、70%的工业资本都聚集在距海岸100公里内的地区，经济竞争力最强的城市经济带都集中在湾区。[②]

① “推动共建丝绸之路经济带和21世纪海上丝绸之路的愿景与行动”，国家发展改革委、外交部、商务部：2015年3月。http://2017.beltandroadforum.org/n100/2017/0407/c27-22.html（检索于2022年3月3日）。

② 黎江韵：““一带一路”建设背景下，粤港澳大湾区的发展与挑战”，《特区经济》，2018年第10期，第41—46页。

湾区经济既是港口城市都市圈与湾区独特地理形态相结合集聚而成的一种独特经济形态，也是港口经济、集聚经济和网络经济高度融合而成的一种独特经济形态。[①] 随着世界经济的发展和全球化的深入，各种生产要素逐渐向湾区集聚，沿海港湾地区快速发展，形成了以世界级港口为基础、以产业集聚为动力、以广阔腹地为支撑的湾区城市群。这些湾区城市群大多由滨海经济、港口经济、都市经济与网络经济高度融合而成，具有开放的经济结构、高效的资源配置能力、强大的集聚外溢功能、发达的国际交往网络。[②]

粤港澳大湾区的谋划便是在原珠三角地区经济结构形态、网络特征以及其对外经济发展的基础上进行的发展规划。2015 年 3 月发布的《推动共建丝绸之路经济带和 21 世纪海上丝绸之路的愿景与行动》首次提出了要深化与港澳台合作，打造粤港澳大湾区；2017 年 7 月《深化粤港澳合作推进大湾区建设框架协议》在习近平主席的见证下签署。2019 年中共中央、国务院印发了《粤港澳大湾区发展规划纲要》，对粤港澳大湾区的发展提出规划。“粤港澳大湾区”（英文名称 Guangdong-Hong Kong-Macao Greater Bay Area，缩写 GBA）由香港、澳门两个特别行政区和广东省广州、深圳、珠海、佛山、惠州、东莞、中山、江门、肇庆（珠三角）9 个地市组成，其中香港、澳门、广州、深圳四大中心城市是区域发展的核心引擎。按照规划和定位，粤港澳大湾区要打造国际一流湾区和世界级城市群，形成中国高质量发展城市群的典范，其具体定位有 5 个：一是构建一个充满活力的世界级城市群；二是建设一个国际科技创新中心；三是“一带一路”建设重要支撑；四是内地与港澳的深度合作区；五是建设一个宜居、宜业、宜游的优质生活圈。[③] 因此，粤港澳大湾区总体传播也应是围绕其自身定位开展的。

粤港澳大湾区呈现多元化产业格局，其传播方向应与之密切联系，湾区内中心城市应充分发挥各自的产业优势，将其产业发展与国际传播密切结合起来。如香港是国际金融中心，贸易、物流、金融服务业发达，科技创新资

① 王宏彬：“湾区经济与中国实践”，《中国经济报告》，2014 年第 11 期，第 99—100 页。

② 刘艳霞：“国内外湾区经济发展研究与启示”，《城市观察》，2014 年第 3 期，第 155—163 页。

③ “中共中央国务院印发粤港澳大湾区发展规划纲要”，新华网，2019 年 2 月 18 日，http://www.xinhuanet.com/politics/2019-02/18/c_1124131474.htm（检索于 2022 年 3 月 12 日）。

源丰富、金融服务能力强，具备较强的城市竞争力。澳门以旅游业和博彩业为发展核心，致力于打造葡语系商贸合作服务平台和世界旅游休闲中心。广州是华南地区的高端制造业中心和贸易枢纽，具备综合交通枢纽功能，是国家中心城市和综合性门户城市。深圳则拥有大批创新企业，科技创新领域和高科技产业发达，具备创新的土壤，正朝着具有世界影响力的创新创意之都的方向努力。

二、湾区城市传播路径构建

（一）讲述世界第四大湾区的故事

讲好湾区故事，传播好湾区声音是粤港澳大湾区开展国际传播应达成的目标。在建设粤港澳大湾区的战略任务提出之际，“世界第四大湾区”这个中心词便伴随着粤港澳大湾区，如何讲述好世界第四大湾区的故事、展现粤港澳大湾区不同于其他三大湾区的形象也成为湾区城市传播的关键。粤港澳发展的战略目标就是对标世界顶级湾区，即成为继纽约湾区、旧金山湾区、东京湾区之后的世界第四大顶级湾区，在传播的过程中既要借鉴其他湾区的优秀经验，又应根据品牌形象构建的个性化原则，树立其自身的品牌形象，与其他湾区的理念区别开来。如纽约湾区是“全球金融中心”，旧金山湾区是“科研湾区”，东京湾区是“产业湾区”，粤港澳大湾区应成为一个有着自身特色的湾区，并通过媒体、设计、大型论坛活动等多种媒介展现湾区形象，以中心城市传播带动湾区形象传播，以湾区形象传播赋能我国海外利益发展与安全。

（二）塑造湾区精神和湾区文化

1. 粤商精神和粤商文化塑造经济形象

湾区精神和湾区文化的构建和传播离不开“具体的人”，其中粤商是十分重要的传播主体。

广东作为对外贸易发展重地，有着源远流长的历史，沿着古代海上丝绸之路发展的脉络，粤商凭借着敢为人先、务实创新、开放包容的精神走出国门，其足迹遍布东南亚各地及印度洋彼岸，在中国对外经济贸易发展历程中发挥着重要作用。传统粤商以岭南文化为基础，在对外贸易中形成了中外文化交融的独特商业文化，而随着改革开放的发展，粤商发扬创新精神走在发展的前列，粤商文化也不断与现代商业文化交织，形成了新的内涵。

随着“一带一路”倡议的纵深推进，依托大湾区建设的政策优势，粤商采取“贸易先行，制造跟进”的战略，积极开拓海外市场，如美的、TCL、康佳、华为、格力等粤企，纷纷在海外尤其是发展中国家投资设厂，成为中国企业开拓海外市场的先行者。“走出去”成为粤商克服经济下行、聚焦全球市场、实现合作共赢的关键一环，使岭南文化海外传播与“粤字号”品牌全球建设相得益彰，是促进广东区域文化与海外文化交汇融合与会通共生的有效手段。[①]

2. 构建湾区文化形象

经济形象固然重要，但经济形象的传播范围较窄，仅限于精英阶层，而文化形象能够覆盖更多更广阔的受众。

语言是联系湾区城市内部沟通的重要抓手，也是湾区文化影响外部的重要工具。共同的语言是联系粤港澳内部沟通的桥梁，以粤语为主要的方言形式以及形成的文化产品包括歌曲、电影、电视节目等承载着粤港澳地区文化的共同记忆，是促进粤港澳地区文化融合的基础，而包括粤语、潮汕话、客家话在内广东三大语系的影响力并不仅限于湾区内部，其文化作品也影响着海外的华侨华人群体，语言可以进一步承载湾区文化传播，应当推动方言文化产品、文化作品的创造，以讲故事的形式展现湾区风貌。

此外，湾区文化应与岭南文化区别开，形成自身独特的品牌形象。由于地处岭南地区，湾区文化中吸收了大量岭南文化的精髓，包括务实、包容、创新等。大湾区作为一个人口大量流动、现代化程度较高的城市群，其文化和精神的构建不受地理位置和语言的限制，更强调兼收并蓄、锐意进取。此外，“湾区”的概念从地理范围发展到经济领域，其语义本身就侧重经贸往来和区域经济联系，因此，粤商精神、粤商文化应是湾区文化的内核，湾区文化的形象应当依托粤商精神、粤商文化进行构建，以粤商作为文化传播的载体进一步发展，兼顾地域性和现代性。

---

① 周亚娟、韩永辉：“树立海外粤商文化新形象的探析”，《广东经济》，2021 年第 11 期，第 12—17 页。

第六章
国际传播赋能我国海外利益发展与安全的企业维度

企业是中国“走出去”的重要实体和中国海外利益发展的主要载体，一国的国际经济贸易活动很大部分都需要通过企业跨境生产经营来实现。同时，企业也越来越成为中国国际形象的重要载体，跨国公司的境外活动始终带有母国身份的印记，这决定了它们还是一国国家形象的承载者和传播者，在公共外交中发挥着重要作用。[①] 因此，企业是国际传播研究和海外利益研究中不可忽视的重要主体，在中国企业“走出去”的过程中，企业的形象影响着消费者对中国的印象：一方面企业通过打造自身品牌，依托高品质、技术可靠、性价比高的商品，使得消费者对中国企业产生好感，对中国企业品牌产生认同；另一方面，企业在东道国进行的社会活动、履行的社会责任等也会直接影响着当地居民对中国企业的观感，同时企业国际化经营需要跨文化交流和人际传播，跨文化交流的效果直接影响着企业自身的效益和我国海外利益的发展与安全。

第一节　企业品牌的打造与我国海外利益发展与安全

一、企业品牌、国家品牌和海外利益

（一）企业品牌与国家品牌的关联

1. 相关概念

企业品牌是企业在长期的经营过程中坚持的行为方式、企业愿景、价值观等导致消费者对企业形成的企业文化感受。与同层次品牌存在差异化、可

① 李志永：“企业公共外交的价值、路径与限度——有关中国进一步和平发展的战略思考”，《世界经济与政治》，2012 年第 12 期，第 111—112 页。

辨识的良好企业品牌文化可以使消费者对企业品牌形成意识层面上的认同，最终形成良好的客户忠诚度。①

国家品牌概念由英国学者西蒙·安霍特（Simon Anholt）提出，他将品牌概念引入国家形象研究中，提出了“国家品牌”的概念。他认为，国家品牌与企业品牌形象一样，对国家的繁荣发展至关重要，同时，国家品牌可以从文化、政府治理、人、商品出口、观光旅游、投资和移民问题等六个方面来测算。在他的倡导下，国家品牌指数（Nation Brands Index，NBI）于2005年创建。② 保利娜·克尔（Pauline Kerr）在《全球化时代的外交：理论与实践》一书中也提到国家品牌的概念，她将国家品牌定义为“将公司营销概念和技术应用于国家，以提高其在国际关系中的声誉”。③

2. 企业品牌与国家品牌的具体联系

品牌文化是一个企业树立企业形象、提升竞争力的核心，而在某种程度上企业的品牌形象也深刻影响着国家品牌形象。随着经济全球化的发展，各国企业逐渐开始拓展海外市场，企业品牌的打造也显得尤为重要。有观点认为“品牌是近代和现代商品经济发展到一定阶段的产物”，随着中国市场经济发展到一定阶段，各企业开始“走出去”，参与到经济全球化的进程当中，品牌的概念就不仅仅局限于企业本身和经济领域了。

在全球市场中，企业品牌与国家品牌是相辅相成的关系，企业品牌的打造根植于民族国家文化土壤，而企业品牌的全球影响力和知名度很大程度上也影响着该国产业品牌的全球接受度，一个国家的品牌竞争力与该国国际化品牌的数量有着密切的联系，往往国家品牌竞争力越大，其国际化品牌的数量越多，因此，在国家层面上重视企业品牌的打造成为促进国家品牌打造的必要手段。

全球化的趋势让国家品牌的重要性越来越高，随着来自世界各国的商品大量陈列在各国消费者面前，消费者无法一一比较优劣，品牌便是消费

---

① 曹换换：“企业品牌、产业品牌和国家品牌之间的互动关系”，《经贸实践》，2017年第7期，第12—13页。

② Simon Anholt: “Beyond the Nation Brand:The Role of Image and Identity in International Relations”.*The Journal of Public Diplomacy*,Vol. 2 : Iss. 1 , Article 1.

③ Pauline Kerr, *Diplomacy in a globalizing world : theories and practices.*, New York: Oxford University Press, USA. 2013, p.354.

者挑选产品的重要因素，而拥有良好国家品牌形象的国家将成为消费者的优先选择，因此拥有好名声、好形象的国家，更能在国际市场竞争中脱颖而出，如在汽车行业，德国凭借其工业生产高度自动化和机械化的优势占据了汽车知名品牌的大半壁江山，保时捷、奔驰、宝马、奥迪等汽车品牌的打造使得“德国制造”的国家品牌深入人心，同时在其企业品牌的打造中也融入了德国的工业精神与制造文明，因此企业品牌与国家品牌是相辅相成的关系。

（二）以企业品牌打造推动国家品牌建设

1. 品牌文化构建：从本土历史文化中汲取营养

企业品牌是区别于其他同类产品、同类企业的可辨识的信息，因此品牌文化的构建也离不开本土历史文化的土壤，企业品牌先是本地的，然后才是全球化的，企业品牌的构建包含着对国家文化利益的塑造。Kapferer 曾提到美国致力于严格推动品牌文化的全球化而欧洲则更注重其品牌文化的区域性和本土性的原因在于意识形态和民族自信。正如欧洲和美国存在两种不同的品牌文化类型，西欧的奢侈品牌建立品牌概念则是借助其悠久的历史、艺术和工匠精神；而美国的品牌则依赖个人英雄主义，切合美国文化的核心。这两种模式都意味着本土历史和文化对品牌创建的重要性。①

中国企业的品牌文化塑造也应根植于中国的历史和传统文化，而如何利用好庞大的文化资源获取有利的文化价值提高品牌价值，则是企业品牌构建的重要环节。品牌价值是一种品牌权益，是品牌赋予产品的附加价值，是包含品牌在内的功能价值、情感价值、观念价值等诸要素的整合。②在企业的品牌标识设计中融入中国传统的文化符号、中式美学的设计理念以及生活方式等，将传统文化应用于品牌营销和品牌文化的塑造上，不仅仅是视觉和外观上传递出的文化认同，更是品牌保护传统文化，继承文化理念，区别于其他国家品牌的重要文化标识，有助于提高品牌的价值。

---

① Kapferer, J.N: “The Post-Global Brand”, *Journal of Brand Management*, Vol.12, No.5，2014，p.16.

② 郭伟：《品牌价值管理——中国品牌的困境与出路》，北京：中国人民大学出版社，2010 年，第 82 页。

2. 品牌打造升级：从“中国制造”到“中国创造”

从“中国制造”到“中国创造”是中国国家品牌转变的一个重要方向，这一点与企业品牌的转型升级密切相关，从“中国制造”到“中国创造”的过程是企业努力转型升级，在全球市场上扭转低端形象，实现价值链升级，创造品牌附加价值的过程。改革开放以来，中国加工贸易和制造业迅速发展，中国制造（made in China）成为全球广为人知的标签之一，但低廉的价格和仿制品的出现使得中国制造开始出现负面廉价形象，部分商品在国际市场上假冒伪劣的印象也伴随着中国制造的标签逐渐被妖魔化，当时的“中国制造”意味着中国并没有自己的企业品牌。1992 年邓小平南巡视察企业时，提出“我们应该有自己的拳头产品，创出我们中国自己的名牌，否则就要受人欺负”。从此，塑造品牌的概念进入民族企业的视野。

“中国创造”意味着国家品牌形象从制造大国向创新大国的转变。企业品牌的核心竞争力中的技术和创新能力是其根本内容，转型升级前的企业虽拥有完整的供应链资源和制造能力，但却没有自己的品牌的原因，就在于缺乏创新能力和核心技术,随着中国企业品牌意识的崛起以及核心技术的进步，涌现了大批如华为、大疆等拥有核心竞争力的国产品牌，这些企业品牌的塑造，靠的是其创新能力和技术水平，从而也引起国内外消费者对品牌的关注，甚至导致原技术垄断国家对我国企业的蛮横制裁。为了维护企业的海外发展利益，更应该推动品牌的打造，通过掌握核心话语权来赢得发展空间。

3. 企业品牌竞争力助推国家品牌竞争力

随着经济全球化进程加快，拥有国际知名品牌已经成为引领全球资源配置和开拓海外市场的重要手段。知名跨国公司利用品牌影响力在全球组织研发、采购和生产，实施并购重组，主导国际标准制定，能够在全球竞争中获得更大的经济利益，赢得更大的发展空间，因此培育知名企业品牌不仅是企业自身获得经济利益的要求，更是国家在全球竞争中掌握话语权、谋求发展利益的要求。

根据世界品牌实验室 (World Brand Lab) 发布的 2021 年度《世界品牌 500 强》榜单，排名前十的品牌分别是谷歌、亚马逊、微软、苹果、沃尔玛、美国电话电报、麦当劳、梅赛德斯奔驰、丰田和耐克[①]，前10个品牌中有8个是知名美国品牌，另外2个是德国和日本汽车品牌，这些品牌都深入到了国际市场当中，掌握着全球市场的话语权，在该行业拥有较高的影响力。在世界品牌500强中，中国品牌入选数量为44个，前10名为国家电网、腾讯、海尔、中国工商银行、华为、中央电视台、华润、阿里巴巴、中国移动、中国人寿。虽然，中国的上榜数量位列美国、法国、日本后，居第四位，但远远低于在世界品牌500强中拥有198个席位的排名第一的美国，并且没有一个品牌在榜单的前20名以内。上榜企业中除了腾讯、海尔、华为、华润、阿里巴巴等少数民营企业外，绝大多数为类似国家电网、中国工商银行、中央电视台等国有企业，分布行业包括能源、互联网、物联网生态、银行、计算机与通讯、传媒、电信等。

国有企业仍是参与国际竞争的主力军，通过积极打造国际知名品牌，带动我国成熟的产品、技术和标准走出国门、走向世界，在更宽领域和更高层次与跨国公司开展竞争合作，努力构建与经济实力相匹配的品牌实力。随着中国市场日益国际化和竞争的激烈化，一些原本有一定影响力的中国品牌被跨国公司收购，民族品牌的生存空间被压缩，急需更进一步的发展。世界上绝大多数品牌影响力较大的企业都属于民营企业，因此民营企业也承担着建设国家品牌的重任，这不仅是企业发展的需求，也是我国探索海外利益发展的需求。总体而言，尽管我国出现了一些代表性的企业品牌，但目前我国大量企业在国际分工体系中仍处于价值链的中低端，缺少国际话语权，全球配置资源能力和开拓国际市场能力亟待提高。同时中国缺乏在餐饮、零售、日用品、快消品、影视、服装服饰产业等领域的知名跨国品牌，而往往这些领域更贴近每个消费者的日常生活，对国家品牌有着较为直接的影响，直接影响我国海外利益的发展与安全。因此，提高相关民营企业产品和服务在国内国际市场上的竞争力就尤为重要。

打响民族企业品牌、培育具有全球竞争力的世界一流企业是创造中国国家品牌，增强国家品牌核心竞争力的重要内容，有利于擦亮中国制造、中国创造的名片，增强海内外消费者对中国企业的认同感和信赖感。2013年中国国务院国有资产监督管理委员会印发《关于加强中央企业品牌建设的指导

---

① 2021年（第十八届）世界品牌500强排行榜隆重揭晓，登入时间：2022年2月23日，https://www.worldbrandlab.com/world/2021/brand/top10.html。

意见》的通知中提到，加强品牌建设是培育世界一流企业的战略选择。世界一流企业不仅要有一流的产品和一流的服务，更要有一流的品牌。一流品牌是企业竞争力和自主创新能力的标志，是高品质的象征，是企业知名度、美誉度的集中体现，更是高附加值的重要载体。[①]2016 年 6 月 10 日，以国务院办公厅发布《关于发挥品牌引领作用推动供需结构升级的意见》为标志，品牌战略上升到国家层面。此外包括《中国制造 2025》在内的多个文件都对质量强国、品牌强国战略的推进实施进行了顶层设计和规划。

二、企业品牌的国际化传播与跨文化交流

（一）传播赋能企业品牌国际化

“品牌传播”的内涵是通过广告、公共关系、新闻报道、人际交往、商品或服务销售等传播手段，以最优化地提高品牌在目标受众心目中的认知度、美誉度、和谐度。[②] 企业品牌的塑造离不开商品和传播，商品是核心竞争力，而传播方式则是手段。在品牌传播中，企业是传播的主体，通过利用一切媒体资源与传播渠道向外部受众传递其商品、品牌文化、营销、管理等信息。

随着互联网技术、通信技术以及大数据的迅速发展，全球信息交互越来越频繁，越来越方便，不仅加速了企业经营国际化、品牌国际化进程，也促使品牌传播手段的革新。2021 年中国企业家博鳌论坛平行分论坛“新传播格局下品牌形象再塑造”圆桌会议中也提到，全媒体传播时代将给中国企业品牌形象再塑造带来新机遇，尤其是社交媒体带来的品牌传播方式革新，使得个人和品牌有了可以平等对话的机会。通过社交媒体，品牌可以直接找到那些喜欢表达自己的见解并且拥有较大影响力的目标消费者，并通过这些意见领袖使更多的人认识品牌和商品，接受品牌和商品，凭借其影响力和号召力，形成良好的口碑传播，强化品牌传播效果人际传播网络。[③]

---

① “关于加强中央企业品牌建设的指导意见的通知”，国务院国有资产监督委员会，2021 年 8 月 6 日，http://www.sasac.gov.cn/n2588035/n2588320/n2588335/c20234715/content.html（检索于 2022 年 2 月 21 日）。

② 余明阳、舒咏平：“论‘品牌传播’”，《国际新闻界》，2002 年第 3 期，第 63—68 页。

③ 于潇：“社交媒体时代品牌传播策略分析”，《新闻界》，2011 年第 4 期，第 122—123 页。

（二）跨国品牌：文化外交的重要载体

1. 企业品牌价值传递文化观念

跨国企业的品牌价值不仅代表着一个国家的经济实力，其品牌价值所传递的观念和内涵更代表着原产国的文化形象。美国思科系统 (Cisco System) 公司的首席执行官约翰·钱伯斯 (John Chambers) 曾说过，企业必须“把顾客置于你文化的中心”。在某种程度上说，跨国公司的品牌文化代表着原产国的文化，其在跨国经营时面临着不同文化间的交流问题，因此企业在其国际化经营的过程中，尤其是在广告和营销中涉及大量的跨文化交流的行为。处理好自身的文化传统在全球化过程中带来的水土不服问题是企业跨文化交流的核心。企业品牌在国际化发展过程中，通过与东道国民众之间建立沟通联系的过程，便是一种跨文化交流的行为。在这个过程中，品牌代表的国家文化形象会影响受众对该文化的认识和解读，如美国的知名跨国品牌耐克、可口可乐、麦当劳等，一定程度上传递着美国的现代流行文化和快节奏的美国生活方式，通过广告和商业活动等一系列的文化连接形成了巨大的影响力，使得海外的顾客既对品牌产生信赖，也对其国家文化产生好感。

此外，跨国品牌还通过企业文化传播特定价值观，影响受众对民族文化的认知。以星巴克为例，星巴克的企业文化强调全球如一的独特星巴克体验，优质人性化的服务及其“第三空间”，强调星巴克核心和灵魂是“星巴克人”，工作人员称彼此为“伙伴”。这种通过伙伴关系的管理制度以及顾客至上的理念，映射了美国社会典型的文化价值观念，而这些文化价值理念在其他国家也获得广泛的认同。①

2. 跨国品牌推动民间文化交流

跨国公司在海外经济利益拓展中发挥的作用毋庸置疑，在全球化的背景下，跨国公司日益成为国内和国际舞台上的主要竞争者，跨国公司与非政府组织一道成了后冷战时代重构全球政治和经济秩序的两大非国家行为主体。随着全球化的深入，作为全球经济增长重要引擎的跨国公司，其财富、权势

① 李晓霞：“跨国品牌“文化外交”视角下的中国文化传播思考”，《东南传播》，2017 年第 5 期，第 49—51 页。

和影响越来越显著。[①]

然而随着跨国企业之间的产品竞争上升到企业品牌之间的竞争，企业发挥的作用不仅仅局限于经济领域，其影响力逐渐扩展到文化层面。跨国品牌可以通过其品牌建设行为和品牌传播活动，发挥它们在文化外交方面的影响力：一方面，跨国品牌以投递广告的形式传播品牌文化；另一方面，它们通过在东道国的营销活动和企业文化的本土化传播与当地民众进行沟通交流，增加其对品牌的好感和信任，从而通过日常累积潜移默化地传递原产国的文化。

在全球竞争加剧的背景下，跨国企业除了充当民间文化交流的桥梁和中介外，也应该积极维护本国的文化利益。跨国品牌在跨文化交流的过程中深入到与当地民众的直接沟通和交往行为中，其营销行为既要兼顾本国文化又要在充分了解当地文化的基础上进行，是促进民间文化往来的重要载体。正如学者廖雪莲提到，"企业品牌应该以国家利益为导向，以产品品质为依托，以文化传播为力量，相互协同，从而获得目标受众的一致性心理认同"。[②]

第二节　企业管理的升级与我国海外利益发展与安全

一、企业跨文化管理能力与我国海外利益

（一）企业跨文化人力资源管理

随着全球化的发展，企业逐渐开始全球化经营，而跨国经营则面临着与母国文化存在差异的异国文化，以及由这种异国文化决定的不同观念和行事方式。国家之间的文化差异越大，企业的组织和管理行为差异程度就越大，如何跨越不同的国家和地区、文化进行企业管理成为企业管理升级的重要内容。企业的跨国经营带来了企业的跨文化管理问题，而企业如何通过跨文化

① 刘建华：《美国跨国公司与"民主输出"研究》，上海：上海复旦大学国际关系与公共事务学院，2007 年，第 83 页。

② 廖雪莲："从国家品牌看企业品牌"，《企业管理》，2020 年第 10 期，第 38—39 页。

管理来规避或解决跨文化冲突，则直接关系到跨国企业的发展与安全，进一步影响国家的海外利益发展与安全。

跨文化管理是“企业在跨国经营中，对各种存在文化差异的人、事、物和产、供、销开展灵活变通的管理”，包含在不同文化背景的融合管理体制下设计出合理的组织架构，消除文化冲突，创新变革企业文化建设等。最后能在跨文化管理当中，开展跨文化的融合交流，最大化实现企业的价值。①在人力资源管理角度的跨文化冲突，指的是在同一企业中不同文化背景员工产生的冲突，在跨国企业中，往往企业的管理者和员工来自不同国家、不同民族，有着不同的文化背景，然而不同的文化气质和行为方式可能会导致企业内部上下级沟通不畅、工作无法正常开展。企业在海外经营时，其自身商业文化与当地文化存在差异产生冲突，不仅对其海外业务的正常运营造成危害，还可能有损国家形象。因此企业内部的跨文化交流，即企业总部与分公司、公司内部不同部门、不同级别之间的文化交流，是企业跨国经营人力资源管理和跨文化管理的基础，提高企业员工的跨文化交流水平、培养跨文化人才是企业开展跨国经营中的重要环节。

一方面，企业的管理者要加强自身的跨文化能力学习。正如学者姚孝军所提到，“不同文化背景下的员工由于其文化价值观和社会习惯的不同，会形成不同的心理契约，管理者需要具有高度的文化敏感性，要认真研究本地文化的特点，接受和尊重这种新的文化，清醒地认识员工将形成怎样的心理契约，员工的心理预期没有得到满足又会有怎样的后果产生”。②

另一方面，企业应当招募或积极培养具备跨文化交流能力的人才。在海外直接投资的中国企业，员工以外籍人员为主，受其当地风俗习惯和文化习俗影响，在工作过程中会面临着无法适应的问题，甚至出现员工流动性比较大的情况。而海外直接投资企业中的中方员工，也会面临着语言、生活习惯、思想观念等无法融入企业中的窘境，从而发生短期任职后频繁换岗、跳槽的情况。这种情况对我国企业海外投资经营造成的影响不容忽视，会导致企业

① 俞文钊：《合资企业的跨文化管理》，北京：人民教育出版社，1996 年，第 151—155 页。

② 姚孝军：“跨文化差异对于心理契约的影响分析”，《企业活力》，2006 年第 10 期，第 43—45 页。

内部效率下降，加大企业运营成本投入。[①] 不管是外籍员工还是中方员工，都需要通过定期培训或开展各类活动来深化双方对彼此文化的了解，促进双方的情感交流，而不应该将一国文化凌驾于另一国文化之上，避免出现因文化歧视、宗教信仰冲突、生活习惯差异造成的文化冲突行为。

在跨文化管理以及国家海外利益发展与安全问题上，“人”是一个共同的微观视角，人与人之间的顺利交流沟通以及彼此尊重的文化特性是促进关系融洽、进一步实现合作发展的关键问题。在企业国际化经营的过程中，企业文化传递着本国的文化内涵，而通过加深外籍员工对企业文化的了解与认可，有助于培育其对中国文化的认知和认可，这些跨文化人才就成为文化传播的中介和文化交流的桥梁，对当地消费者和受众判断和接受企业与企业背后的国家文化产生影响。

（二）企业跨国经营的文化风险管理

跨国文化风险管理问题是企业开展跨国经营的重要内容。管理专家戴维·A. 利克斯（David A. Ricks）认为：“凡是跨国公司大的失败，几乎都是因为忽略了文化差异所招致的结果。”文化差异是跨国企业生存与发展面临的重要问题，不但会影响到企业内部员工的沟通交往，还可能成为企业外部投资的间接障碍，进而影响整个企业的经济利益。尤其是在跨国并购中，文化风险逐渐成为影响中国企业海外并购的重要因素。

中国企业在跨国并购中的问题大多源于缺乏有效的文化整合和包括舆情监控、传播公关能力等在内的文化风险管理能力。如海尔集团收购美国家电业巨头美泰公司时，就曾引发国际传播学者对其公关和传播能力不足的批评。海尔首席执行官张瑞敏曾说：“海尔一直在关注企业并购，曾和多家企业有过接触，但多数最后还是没能实现。世界上很多企业有意和海尔洽谈，海尔也有意参与，但要真正做的，可能还需要慎重地研究。另外，企业并购最大的难题不是资金，也不是收购本身，而是文化问题。”[②]

“一带一路”倡议带动了大量中国企业走向国际市场，但沿线国家有着

① 程宏云：“‘一带一路’倡议下我国企业跨文化交流的问题及对策”，《陇东学院学报》，2021 年第 4 期，第 96—100 页。

② “张瑞敏仍未决定收购美泰 美媒体称海尔公关不足”，青岛新闻网，2005 年 7 月 3 日，https://www.qingdaonews.com/content/2005-07/03/content_4994767.htm（检索于 2022 年 4 月 12 日）。

不同的历史、文化、民族、宗教背景，走出去的企业在跨国经营时也面临着大量文化风险管理问题。重视可能面临的社会文化风险，识别这些国家可能出现的社会文化冲突，是“走出去”企业的必备课题。企业应当关注与这些国家之间的文化差异，了解当地的文化背景，特别要对宗教信仰深入人心的国家进行了解，熟悉其文化禁忌以免误触引发争端，同时要对外派到“一带一路”国家工作的企业管理者及员工进行跨文化交流培训，包括语言能力培训和沟通能力培训，对在“一带一路”投资中可能发生的社会文化风险防患于未然。[①]

二、企业战略管理与我国海外利益

随着全球一体化进程的深入，不同国家企业之间的联系更加紧密、彼此相互依存，国家和市场边界逐渐模糊，技术的革新、竞争的加剧、资本市场的波动、经济危机的爆发、全球气候变化以及社会自然灾害的频繁发生等众多因素，使企业经营环境越发复杂、多变、不确定，战略风险成为企业面临的最大风险。[②] 在西方国家逆全球化和贸易保护主义抬头的背景下，企业在境外面临的挑战与日俱增，在此情况下企业要对国内外发展方向和大势进行充分认识，面对新的要素资源、新的市场环境、新的消费行为和方式、新的发展风口等，企业需要调整发展战略，运用创新的管理模式，以适应外部环境的变化。

（一）逆全球化大变局背景下的企业战略管理

企业战略本身作为一种风险规避的手段，随着环境的变化，战略管理的内容也在不断演变，同时战略本身的风险也因环境的变化在不断增加；战略风险产生的根源是战略、企业资源和能力与环境动态匹配失衡的结果，战略风险来源于战略、资源能力及环境各要素之间的不匹配以及战略管理过程的

① 周伟、江宏飞：“‘一带一路’对外直接投资的风险识别及规避”，《统计与决策》，2020 年第 16 期，第 123—125 页。

② 商迎秋：“企业战略管理理论演变与战略风险思想探析”，《技术经济与管理研究》，2011 年第 3 期，第 65—69 页。

不确定。①

企业战略管理是在外部环境变化下开展的，跨国企业战略的方向越来越受到国际形势的影响。2018 年以来，美国政府先后针对以中兴、华为等为代表的中国高科技企业供应链进行制裁和封锁，造成我国高科技企业利益和高科技产业链的严重困难。在这种贸易保护主义和逆全球化大变局背景下，中美贸易摩擦加剧，部分西方国家出现了逆全球化浪潮，为全球化的发展带来了不确定性。中国作为全球最具有代表性的发展中国家之一，遭受到了部分西方发达国家在主权、经济等全方位持续打压。就产业链安全的挑战而言，高科技产品及关键技术的断供或“卡脖子”措施，成为西方国家对中国最主要的贸易战手段。当前，中国相当一部分的装备产品、重要零部件以及相关的关键核心技术等严重依赖进口，这种过度受制于人的态势导致制造业高端化发展不力，产业链安全频受威胁，先进技术与高端产品的封锁仍将长期存在。企业是国家创新主体，而制造业产业链安全与否直接关系企业能否健康地开展创新研发活动，当产业链某个环节出现安全问题时，必然会影响产业链多个环节的创新投入与产出效率。②

这种百年未有之大变局对企业的发展既是机遇也是挑战，企业之争在某种程度上也是国家之争。企业的核心竞争力决定了企业战略的基本方向，掌握核心技术和领先技术的企业有其独特的地位，它们能够在掌握行业话语权的路上努力，在与同类型企业竞争中保持优势。但由于全球化资源和分工的不均，企业也面临着上下游产业供应链切断的风险，而企业面临的外部生存压力则与国家利益安全密不可分。企业需要在各个方面投入更多资源以使自身在国际竞争中占据优势地位，积极投入研发创新培育核心技术，同时也要兼顾成本和收益平衡，维持企业的可持续发展。

（二）企业管理创新与数字化转型

随着人工智能、云计算、大数据、互联网、物联网、区块链等技术的发展，数字化创新正推动着企业走向转型，一方面涉及业务的创新，另一

① 商迎秋：“企业战略管理理论演变与战略风险思想探析”，《技术经济与管理研究》，2011 年第 3 期，第 65—69 页。

② 王潇一：“百年未有之大变局下中国制造业产业链安全挑战与应对研究”，《科技和产业》，2021 年第 9 期，第 107—113 页。

方面涉及管理的创新。企业管理创新不仅涉及如何统筹管理其内部生产运营、人力资本、部门间协调，以及企业如何根据其内部资源禀赋及外部环境特征设计合适的架构以提升组织效率，实现组织目标等问题，更逐渐向如何以创新和科技带动企业发展，突破他国的制裁和封锁限制的方向迈进。企业管理能否实现真正意义上的创新，将决定着科技创新转型升级这一重大举措的成败。①

数字化技术正在从根本上改变现有企业组织的运作方式，企业管理走向数字化转型的新时代。随着信息技术和传统产业结合的不断深入，数据的收集和储存变得简单，企业能够基于对数据的提取、整合、分析等，采取多种措施进行科学决策，探索利用数字化技术赋能其核心业务拓展、产品研发和流程简化，以及组织结构和管理理念等各个方面。腾讯社会研究中心发布的《中小企业数字化转型路径报告》显示，数字化转型对于企业而言既是发展趋势也是发展工具，中小企业的数字化转型将有助于为企业解决经营困难、强化核心竞争力以及创造价值，从而帮助企业创造可持续发展的能力，同时消除科技到产业的创新内循环机制上的堵点和断点，推动高质量发展。②

（三）企业战略管理与数据安全

数字化革命也被称为第四次工业革命，在这一轮革命中，最重要的区别在于，过去所有的技术革命都是淘汰生产资料，而这一轮技术革命开始淘汰人这一生产力，数据逐渐成为最基本的要素，同时人也逐渐成了数据。在“互联网 +”和大数据时代，数据已然成为数据产业发展的符号代表，成为平台企业保持和提高生态平台市场竞争优势的重要资源，但受企业数据权益保护立法缺失的制约，数据行业规则并不成熟。③

随着中国网络信息化的迅猛发展，企业对于大数据的利用越来越多且越

---

① 芮明杰：《超越一流的智慧——现代企业管理的创新》，上海：上海译文出版社，2011 年，第 190—193 页。

② “中小企业数字化转型路径报告”，腾讯社会研究中心，2021 年 12 月 15 日，https://m.gmw.cn/baijia/2021-12/15/35383443.html（检索于 2022 年 3 月 18 日）。

③ 李扬、李晓宇：“大数据时代企业数据边界的界定与澄清——兼谈不同类型数据之间的分野与勾连”，《福建论坛：人文社会科学版》，2019 年第 11 期，第 35—45 页。

来越广泛，数据已成为各个领域经济发展的要素，而随之也引起了关于数据管理和数据安全的担忧。就企业而言，对大数据的掌握程度可以转化为获取经济利益的源泉。许多数字化转型企业已经把商业活动的每一个环节都建立在数据收集、分析和行动的能力之上，若对数据管理不当不仅会引发隐私问题、个人信息安全问题，甚至还会影响国家安全和社会稳定。同盾科技合伙人、人工智能研究院院长李晓林在接受《国际金融报》专访时提到，“数据确权、数据安全和隐私保护也是当下面临的重要内容”。[①]

中国国家信息数据安全面临着日趋激烈的国际竞争环境，网络空间主权范围内的安全保障面临着重大挑战，而企业的跨国经营产生了数据安全风险的溢出效应，使得数据安全、网络安全的维护范围扩展到海外。“互联网的发展使主权国家置身于一个没有固定边界的虚拟的信息世界之中，为此，国家不仅要维护传统边界的安全，还要维护互联网主权边界的安全。”[②]我国对于网络安全、数据安全、个人信息安全的关注度与日俱增，而数据泄露事件仍层出不穷，企业对数据管理的不当不仅会给个人信息造成侵犯，大规模的数据泄露以及涉及关键要素的数据泄露甚至会危害到国家安全。数据的归属权问题很难明晰，但用户在平台上留下的痕迹，经分析后，变得具有预测性、前瞻性，平台可借此预测个人需求，控制甚至改变人们的思想及行动。从这个角度看，数据不仅是一种资源，也成了一种权力，谁掌握了数据，谁就掌握了这项特权，而此时的数据性质不再仅仅是个人财产权和隐私权的一部分，也是国家主权的一部分。随着海外上市数据跨境流动等趋势增强，这种数据安全风险已逐渐转换为国家安全事件。[③]如何对数据进行有效的管理和监管，有效防范采购活动、数据处理活动以及国外上市可能带来的国家安全风险，成了数字化时代维护国家信息安全的重要内容。

① 余继超：“数字化时代，如何应对数据安全挑战”，《国际金融报》，2021年7月26日，https://baijiahao.baidu.com/s?id=1706443191420966319&wfr=spider&for=pc（2022年3月20日）。

② 余丽：“互联网国家安全威胁透析”，《郑州大学学报(哲学社会科学版)》，2015年第1期，第5—8页。

③ 潘宏远：“从滴滴赴美上市遭审查看党管数据的迫切性与必要性”，《通信管理与技术》，2021年第6期，第52—54页。

第三节　企业的社会责任与我国海外利益发展与安全

跨国企业既是国家海外利益的创造者，也是国家海外形象的载体和传播者，其身份和地位决定了其在东道国开展商业活动时，既要维护企业的经济利益，又应承担相应的社会责任，使其生产经营行为合法合规，符合社会伦理规范和当地的法律法规。企业的社会责任主要分为三个维度：生产经营维度、社会关怀维度和发展道路维度，这三方面既影响企业自身的经济利益，也对我国海外利益发展与安全有着重要的意义。

一、企业生产经营维度

企业开展跨国经营的首要目的是获取海外经济利益，但跨国经营面临着政治、文化等多重风险，企业在谋求经济利益最大化的同时要充分考虑到自身行为对东道国社会和母国形象的影响。

严格履约是决定企业合规和企业形象的首要内容，合规涉及企业生产经营的各个方面，包括产品质量、生产安全、环境标准、社会责任标准等。“严格履约是企业塑造品牌形象的重要内容”，“契约精神在品牌形象塑造过程中有着重要作用，企业要做诚信守法的表率，并利用各类媒体讲好企业的诚信故事，带动全社会道德素质和文明程度的提升”。[①] 在中国企业“走出去”的过程中，遭遇违法违规处罚的案例越来越多，有的银行因反洗钱不力而被追责，有的企业涉及行贿而被调查，有的公司违反出口管制规定而被罚款等[②]……由于合规体系建设的落后，中资企业面临着巨大的违规风险，为此企业在生产经营的过程中要关心东道国的社会情况，了解东道国的政治、法律、规范等各项内容，严格履行契约，防止因不了解东道国政策造成的经营风险。

社会契约理论认为企业和社会之间存在着契约关系，这种契约关系是建

① “全媒体传播助力企业品牌形象再塑造”，新华网，2021 年 12 月 7 日，http://www.news.cn/mrdx/2021-12/07/c_1310356805.htm（2022 年 3 月 21 日）。

② 刘亚东：“契约精神与企业合规建设”，《民主与科学》，2021 年第 4 期，第 34—37 页。

立在相互受益的基础上的，企业因为这种契约关系对社会的需要作出回应，积极履行责任，符合社会的期望，为社会负责，才可以获得存在和发展的可能。[①]根据迈克·霍普金斯（Michael Hopkins）的著作《星球交易》（*Planetary Bargain*），他将企业社会责任定义为全球化过程中公共社会和私人利益之间达成的某种“协议”，双方利用企业社会责任将双方的诉求包含其中，以满足双方各自的利益。跨国公司通过满足当地的社会需求而得到可观的经济回报，而当地社会通过利用跨国公司的资源以促进社会的可持续发展。一些跨国企业在跨国生产经营的过程中以牺牲他国环境、污染他国生态为代价，尽管为当地经济带来一定效益，也会产生大量的社会问题，不利于企业和社会之间的良性互动和可持续发展，因此在生产经营的过程中，企业应尊重当地的发展权，加强伦理道德责任建设，减少对东道国环境的危害和对员工身心健康的伤害，推动企业与社会、环境的可持续发展。

中国“走出去”的企业大多数属于实力较强、效益较好的优秀企业，他们一来代表国家形象、二来代表企业自身，但是很多企业在与东道国合作项目的同时并没有考虑到他国环境的可持续发展，给西方舆论留下了“掠夺资源”“新国家殖民主义”“转移落后产能”“债务陷阱”的诟病[②]，不利于国家形象的全球构建。

二、企业社会关怀维度

企业对包括经济、社会和环境在内的社会各个方面有着重要的影响，从社会关怀维度来看，公司以提高社会责任的形式来参与可持续发展，目标是改善社会和环境，而不是对社会和环境做出损害。因此评价一个企业是否承担良好的社会责任，要关心其对社会的贡献程度，以及其能否真正承担更广泛的社会角色，让世界变得更加美好等。

促进当地就业、改善当地居民生活是衡量企业社会责任的一个方面，只有改善当地居民的生活环境，提高居民的生活质量，才能得到当地政府更多

① 张铎潇：“跨国企业社会责任的法律规制”，《法制博览》，2021 年第 31 期，第 150—151 页。

② 容润笙、赵恬：“企业社会责任和中国企业‘走出去’”，金杜律师事务所，2013 年 11 月 28 日。

的支持。一个企业越是发展壮大，其影响力就越广泛，就越应该承担更多的社会责任。中国为受援国提供基础设施、生产性项目等发展支持，同时也为中国企业“走出去”提供机遇。因此，企业在项目的落实中如何承担社会责任成为维护我国海外利益的重要影响因素。随着中国经济的壮大，中国企业“走出去”是势所必然，而中国在高质量基础设施建设领域的飞速发展，扩大了中国企业出海基础设施建设领域，但与民心工程相关的项目仍然有待继续开展。

慈善捐赠和灾难援助是企业履行社会责任的直观表现，尤其是当东道国遭遇疫情、洪水、地震等重大灾难事件时，企业应当发挥其独特的作用，通过支持当地政府赈灾抗疫行动，推动其灾后重建和经济发展，将经济活动和社会责任紧密结合起来。2020 年以来，新冠肺炎疫情在全球蔓延，随着海外疫情的加重，一些跨国企业也履行了其对东道国的社会责任，通过提供防疫物资、产品和服务等，为海外抗疫提供了坚实力量，也树立了正面的国家品牌形象。

三、企业发展道路维度

企业的海外发展战略应着眼于国家长远利益，在兼顾经济利益的同时主动考虑对接国家战略和国家的海外利益布局。

企业的发展利益与国家安全利益密切挂钩，跨国企业海外经营不得以出卖国家安全利益为代价，而应平衡好经济利益和国家责任。当前全球单边主义、贸易保护主义抬头，逆全球化趋势升温，一些国家出台政策鼓励本国制造业转移和回流，全球产业链、供应链面临重构，因而企业的发展道路与国家利益密切相关。国家间在高科技领域的竞争逐渐升级，阻止中资企业通过并购进入产业链高端的行为已经成为国家间竞争的一环。由于中美经济竞争的加剧，许多中国跨国公司受到美国政府的不公平对待，美国以“危害国家安全”为由打压中国企业，主要手段包括：限制投资、出口管制以及发布行政令直接干预等。从将中芯国际等 59 家中国企业列入“实体清单”，限制中国企业获得先进芯片生产技术，到要求 TikTok 提供算法、转让数据控制权企业，对中资企业进行安全审查……美国一再打压中国高科技企业生存空间的行为足以证明跨国企业的发展无法脱离国家安全而存在，企业应当平衡好经济利益和国家责任，在国际竞争中通过对接国家战略来规划企业自身产品研发、技术创新和市场建设，以引领式创新、引领式发展推动企业的跨国经营。

第四节 中资企业“走出去”案例分析

一、国有企业“走出去”——以中国中铁为例

国有企业是“走出去”的主力军，其中，中央企业是国际化经营的重要成员。据统计，目前中央企业在海外资产有大约 8 万亿元人民币，在全球 180 多个国家和地区拥有的机构和项目超过 8000 个，海外员工达到 125 万人民币。“十三五”期间，中央企业实现的海外营业收入超过 24 万亿元人民币，利润总额接近 6000 亿元人民币，对外投资收益率达到 6.7%。中央企业参与建设“一带一路”沿线项目超过 3400 个，打造了蒙内铁路、匈塞铁路、巴西美丽山特高压输电项目、希腊比雷埃夫斯港等一批标志性工程，参与建设的中欧班列也成为贯通亚欧大陆的“钢铁驼队”。通信企业海外服务网络已经遍布 40 多个国家，建设运营的中白工业园等 20 多个产业园区，有力深化了同沿线国家和地区的产业合作。[①] 在国有企业“走出去”中，中国国家铁路集团有限公司（简称“中国中铁”）是典型代表，其实践经历和发展历程伴随着我国企业“走出去”各个阶段的特点，从企业战略重组到参与国际市场竞争再到成为国际市场竞争中的有力竞争者，中国中铁“走出去”的案例见证着中国海外利益不断发展、中国企业海外竞争力不断增强的过程。

（一）企业战略重组与“走出去”

1. 中国中铁的公司制改革

现代企业制度是企业跨国经营的基础，中国中铁通过公司制改革建立了现代企业制度，为企业国际化发展战略的实行奠定了基础。中国中铁前身是 20 世纪 50 年代成立的铁道部基本建设总局，从性质上讲是铁道部管理的一

① “近年来，中央企业国际化经营取得哪些成效？”，国资委，2021 年 3 月 10 日，http://www.sasac.gov.cn/n2588040/n2590387/n9854177/c17501742/content.html（检索于 2022 年 4 月 17 日）。

个行政部门，主要依据国家计划开展铁路建设工作。1989 年 7 月 1 日，铁道部撤销基本建设总局，正式成立中国铁路工程总公司，作为铁道部领导下的自主经营、独立核算、自负盈亏、具有法人资格的全民所有制企业，对所属单位实行统一领导和管理，这标志着中国铁路工程总公司具备了企业职能，至此公司被推向市场。① 中国中铁股份有限公司的成立是中国铁路“走出去”战略中的重要起点。2006 年 11 月，中国铁路工程总公司成为国务院国资委董事会试点中央企业，建立了规范的法人治理结构，完成了对总部的公司制改造，建立了现代企业制度。2007 年 9 月 12 日，中国铁路工程总公司独家发起设立中国中铁股份有限公司，并于 2007 年 12 月 3 日和 12 月 7 日，分别在上海证券交易所和香港联合交易所挂牌上市。企业当年制定了“大海外”国际化战略，加快“走出去”步伐。②

2019 年 6 月 18 日，中国铁路总公司改制成立中国国家铁路集团有限公司（简称“中国铁路”，China Railway），改制后成立的中国国家铁路集团有限公司由中央管理，是依据《中华人民共和国公司法》设立的国有独资公司，承担国家规定的铁路运输经营、建设和安全等职责，负责铁路运输统一调度指挥，统筹安排路网性运力资源配置，承担国家规定的公益性运输任务，负责铁路行业运输收入清算和收入进款管理。公司不设股东会，由财政部代表国务院履行出资人职责。公司设董事会、经理层，建立法人治理结构。③

2. 企业重组与海外业务拓展

企业重组，是针对企业产权关系和其他债务、资产管理结构所展开的企业的改组、整顿与整合的过程，以此从整体上和战略上改善企业经营管理状况，增强企业的市场竞争能力，推进企业不断创新。它包括产权重组、资产重组、债务重组、组织机构重组等。④ 企业重组是拓展海外市场的一个重要

① “中国中铁发展历程”，中铁股份有限公司，2022 年 3 月 25 日，http://www.crec.cn/web/10089489/10089701/index.html（检索于 2022 年 3 月 13 日）。

② 同上。

③ “中国国家铁路集团有限公司在京挂牌成立”，中国国家铁路集团有限公司，2019 年 6 月 18 日，http://www.china-railway.com.cn/xwzx/ywsl/201906/t20190617_94563.html（检索于 2022 年 3 月 13 日）。

④ 廖红伟：“中央企业战略重组模式选择与瓶颈突破”，《经济管理》，2010 年第 12 期，第 63 页。

行为和手段，为更好地“走出去”，对标世界一流跨国公司，中国中铁主动适应市场经济发展需求，通过产权重组、资源整合、组织机构重组等形式设立了海外业务板块。目前，中国中铁股份有限公司的海外业务板块包括中铁国际集团有限公司、中铁东方国际集团有限公司、中国海外工程有限责任公司等 3 个子公司以及中国中铁股份有限公司国际工程分公司。

中铁国际集团是中国中铁国际化经营的重要平台和载体，负责独立开展外贸经济业务，代表中国中铁股份有限公司从事外贸经济投融资业务，负责对运作类项目、投资类项目以及运营管理类等项目进行经营开发和管理等；负责对其以中国中铁名义和自身名义中标实施的项目进行监督、管理和服务，全方位开拓国际工程承包市场。为实施“大海外”战略，加快“走出去”步伐，整合系统内外资源，2013 年中铁国际集团有限公司成立，由原中铁国际经济合作有限公司、中国中铁委内瑞拉分公司、东方国际建设分公司、中国中铁老挝分公司整合组建。目前，中铁国际集团下辖 8 家全资子公司、8 家分公司、3 家控股子公司、9 个境外办事处，业务范围遍及亚洲、非洲、南美洲、大洋洲和中东欧等区域的多个国家和地区。在委内瑞拉、香港、马来西亚、印尼、南非、尼日利亚等 17 个国家和地区均有在建项目。①

中国海外工程有限责任公司是最早进入国际工程承包市场和劳务输出领域的中国国有企业之一，于 2003 年 12 月 19 日经国务院国有资产监督委员会批准，与中国铁路工程总公司实行战略重组，成为其子公司；2020 年，中国中铁对海外业务体制机制进行改革重组。20 世纪 90 年代以来，中国海外工程有限责任公司连年入选美国《工程新闻记录》全球最大 225 家国际工程承包商行列，在国际工程承包市场中树立了良好的企业信誉和较高的国际知名度，在非洲、南部太平洋、东南亚、东欧等区域市场上，中国海外工程有限责任公司已发展成为著名的国际工程承包商品牌。目前，中海外南美北、南太、西非、东非、中非、中东欧、西南欧、中西亚以及尼泊尔 9 个境外区域总部已全部成立，涵盖 88 个国别。②

① “中铁国际集团简介”，中铁国际集团有限公司，http://www.crecgi.com/?about/tp/216.html，2022 年 3 月 25 日。

② “中国海外工程有限责任公司简介”，中国海外工程有限责任公司，http://www.covec.com/intro/19.html，2022 年 3 月 25 日。

（二）中国中铁“走出去”的发展历程

中国中铁“走出去”的发展历程经历了三个阶段，分别是起步探索阶段（20 世纪 60 年代—90 年代末）；蓬勃发展阶段（2000—2016 年）；新发展阶段（2016 年至今），以“走出去”战略的提出和“一带一路”倡议的提出为重要划分节点，中国中铁“走出去”的历程代表着中国国有企业跟随着国家规划和项目合作的步伐不断深耕海外市场的发展过程，也是我国海外利益不断发展的历史进程。

1. 起步探索阶段（20 世纪 60 年代—90 年代末）

早在“走出去”战略提出前，中国中铁就已经承担了由政府主导的对外援助项目，为企业开展跨国经营奠定了基础。中国中铁最早的项目起步于 20 世纪 60 年代的坦赞铁路修建，是迄今中国最大的援外成套项目之一。改革开放后，中国铁路工程总公司正式成立，并于 1993 年 10 月获得了国家原对外经贸部颁发的对外承包工程和对外劳务经营权，正式开始了跨国经营的探索。1990—2000 年累计签订合同额 5.3 亿美元，累计完成营业额 4.1 亿美元，派出劳务人员 4500 人次。先后在伊朗、科威特、尼日利亚、孟加拉、泰国、新加坡等国家和地区承揽铁路、公路、机场、市政建筑工程 250 余项。公司对外劳务合作项目遍布 20 多个国家和地区。①

2. 蓬勃发展阶段（2000—2016 年）

随着中国铁路建设的核心技术提高，铁路建设和发展的链条产业也不断“走出去”。“由政府带领企业整合设计、装备制造、施工建设、运营管理和融资，全面参与境外铁路建设、融资和运营管理成为中国铁路‘走出去’战略的最大特点。”② 项目带动企业“走出去”，同时也带动了技术、资金、人才等的全方位“走出去”。目前，中国中铁的境外项目涉及铁路、公路、桥梁、隧道、房屋建筑、城市轨道、市政工程、工业制造以及矿产资源开发、

① “中国中铁发展历程”，中铁股份有限公司，2022 年 3 月 25 日，http://www.crec.cn/web/10089489/10089701/index.html（检索于 2022 年 3 月 13 日）。

② 中国铁路走出去战略再次提速：输出已成上下共识|铁路|战略|走出去，新浪财经，2014 年 1 月 9 日，http://finance.sina.com.cn/chanjing/cyxw/20140109/012717888162.shtml（检索于 2022 年 3 月 14 日）。

房地产开发和实业投资等领域。

从最初核心技术到如今拥有多项专利和世界领先技术，截至 2010 年末，中国铁路相关企业在境外承揽的铁路项目遍及世界 50 多个国家和地区，合同金额达 260 亿美元，铁路技术装备已出口亚洲、非洲、大洋洲、美洲的 30 多个国家。

3. 新发展阶段（2016 年至今）

在新发展阶段，中国中铁继续贯彻“走出去”战略，以“一带一路”为契机大力开拓海外市场，跟随着“一带一路”基础设施项目合作的步伐，不断推动铁路全产业链“走出去”。从技术标准到运营管理维护，铁路标准国际化水平提升，中国铁路运营理念的国际影响力也不断提高。2016 年 10 月 5 日，连接埃塞俄比亚和吉布提两国首都的非洲第一条现代电气化铁路亚的斯亚贝巴—吉布提铁路（以下简称“亚吉铁路”）正式通车。亚吉铁路由中土集团和中国中铁承建，是中非共建“一带一路”的标志性项目，也是继坦赞铁路后中国在非修建的第一条跨国电气化铁路，但与其他铁路修建采用欧洲标准不同，亚吉铁路从投融资、技术标准到运营管理维护，全部采用中国标准，标志着中国铁路首次实现全产业链“走出去”。从签约、建成到运营，亚吉铁路见证了中国铁路“走出去”过程中，从确定中国标准到引入运营理念的转变。

此后，中国中铁积极参与国际标准修订工作，成为国际铁路标准修订的重要力量，中国标准也应用在了印尼雅万、中泰铁路等项目上。雅万高铁、中老铁路、亚吉铁路、匈塞铁路等 4 个项目是“一带一路”基础设施项目的重点内容，中国中铁担当了其中的建设主力。企业的竞争力在于核心技术，中国中铁的技术硬实力一定程度上代表着中国铁路的竞争力，决定了各种技术标准的“走出去”并不是简单的标准输出，而是把我国先进的技术理念和当地本土特点相结合的新标准的提出，是实现共赢和发展的“走出去”。

（三）中国中铁的品牌塑造：重视社会责任管理

中国中铁作为一个被国务院国资委评为国有企业公司治理示范企业的中央企业控股 A+H 上市公司，其品牌塑造离不开国家的理念转变以及规划，因此中国中铁也高度重视社会责任管理，其发展理念中也把履行社会责任作为企业持续发展的内在需要，以充分履行社会责任来推动公司形成良好的企业文化，保持可持续的社会责任感，促进可持续高质量的发展。

2008 年起，中国中铁便开始建立科学、规范的社会责任管理体系，不仅在传统的企业社会责任（Corporate Social Responsibility，CSR）方面有所作为，更是努力学习新管理理念，与国际投资市场接轨。在国际责任投资逐渐火热的背景下，环境、社会与公司治理（Environmental Social Governance，ESG）成为衡量上市公司是否具备足够社会责任感的重要标准，而中国中铁也积极公布公司的责任信息，从全球化发展的实际出发，每年出具 ESG 社会责任报告，对环境、社会责任和公司治理三方面进行信息公开报告，主动向国际 ESG 评级公司披露关键信息并加强与投资者的沟通，以此提升企业的国际影响力，建设引领全球基础设施建设发展的综合型企业集团，促进企业更好地“走出去”扩展海外利益。

“国家之间的竞争，就是大企业之间的竞争。许多国家已经把企业履行社会责任、规范 ESG 信息披露视为国家竞争力新的增长点。”[①] 中国中铁从企业全球化发展的实际出发，将企业 ESG 管理和可持续发展理念贯穿到整体战略规划、制度制定之中，将企业 ESG 信息披露列为企业创新、提高竞争力的重要手段。特别是要在“走出去”过程中，积极找到与业务所在国要求相适应的 ESG 议题、履行社会责任的渠道方式，为构建人类命运共同体贡献力量，持续提升企业软实力。在这一过程中，中国中铁始终坚持以环境保护为己任，促进企业与生态环境协调发展，同时积极与投资者、合作方、员工、客户、供应商、社会公众等各利益相关方沟通，加强社会责任管理。通过努力，中国中铁的 MSCIESG[②] 评级由“CCC”连调两级上调为“BB”，为我国上市公司成功主动提升境外机构 ESG 评级，改善国际形象提供了实践参考，公司的 MSCIESG 评级跃居同行业全球第三名、中国第一名的位次。

---

① 张宗言：“大企业全球竞争的新切入点”，《董事会》，2020 年第 6 期，第 49—51 页。

② MSCI 是指摩根士丹利资本国际，MSCI 指数是全球最常用的投资市场指数。ESG 评级就是从环境、社会责任、公司治理的角度来评价一家公司的可持续发展情况，是英语 Environment（环境）、Social（社会责任）、CorporateGovernance（公司治理）的简称，这一评级的目的在于选出真正高质量可持续发展的公司进行投资。ESG 投资理念起源于 60 年代的欧洲，目前 MSCI 指数、富时罗素等海外机构是 ESG 评论体系的领导者。

中国中铁总结形成的《中国中铁 ESG 实践与探索——积极践行社会责任 促进可持续高质量发展》也被纳入了中国上市公司协会汇编的《上市公司 ESG 实践案例》中，成为中国上市公司积极践行社会责任的典型案例。①

（四）推动我国国有企业更好地“走出去”

中国中铁通过企业重组不断扩展业务范围和业务形式，积极推动了海外业务的发展。此前，中国中铁具有代表性的海外项目包括印尼雅万高铁、中老铁路、亚吉铁路、孟加拉帕德玛大桥及铁路连接线、匈塞铁路（匈牙利段）、俄罗斯莫喀高铁设计、埃塞亚的斯亚贝巴轻轨、以色列轻轨红线、乌兹别克斯坦安帕铁路卡姆奇克隧道、安哥拉新城房建、刚果（金）华刚铜钴矿等多个项目，而经过企业重组后的中国中铁，成立了中铁国际集团，旗下包括了中国海外工程有限责任公司等子公司，在高速铁路、高速公路、铁路、等级公路、桥梁、隧道、房屋建筑、疏浚、机场、电厂、港口码头、城市轨道交通和市政等工程方面广泛展开海外业务，是中国国有企业通过重组积极参与“一带一路”建设的具体体现。

中国中铁作为铁路勘察设计咨询工程建设与服务的重要企业，其“走出去”的历程经历了计划时代的铁路修建对外援助、“走出去”战略下的铁路标准和运营输出，以及“一带一路”基建合作与“高铁外交”下全方位地“走出去”，代表着中国基建“走出去”的发展脉络，是中国技术进步的体现。在中国“高铁外交”的背景下，中国铁路“走出去”步伐不断加快，成为推进“一带一路”建设和国际基建合作的重要组成部分，而在中国铁路“走出去”的过程中伴随着激烈的国际竞争，标准竞争则是核心技术硬实力的体现。中国铁路的国际化发展有利于中国铁路标准、运营理念等软实力内容的“走出去”，为国家海外利益的发展贡献了独特的力量。中国中铁作为中国铁路“走出去”的重要企业，加强统筹能力建设，更应该提升核心技术水平，更好地承担工程项目“走出去”中规划者、组织者、设计者和管理者和传播者的角色，带动其他相关企业更好地“走出去”，促进中国铁路品牌的发展。

① 中国中铁 ESG 案例入选中上协《上市公司 ESG 实践案例》，2021 年 9 月 14 日，http://www.crecg.com/web/10089492/10091148/10179969/index.html（检索于 2022 年 3 月 14 日）。

二、民营企业“走出去”——以华为公司为例

华为技术有限公司（以下简称“华为”）创立于1987年，是信息与通信技术（ICT）基础设施和智能终端提供商。目前华为约有19.5万员工，业务遍及170多个国家和地区，服务全球30多亿人口，是目前中国民营企业国际化发展中最具代表性的跨国企业之一。[①]作为我国“走出去”中发展最好、品牌最响的民营企业，华为的跨国发展战略有其独特之处，在对国际市场进行充分调研了解后，华为选择先出海到发展中国家，随后不断积累壮大，将其海外商业版图扩展到传统老牌欧美高科技企业较多的发达国家，现已成为世界知名的通信技术跨国企业，其品牌传播发展策略和创新路径值得研究和借鉴。

（一）华为“走出去”的发展历程

1. 从发展中国家和地区到发达国家

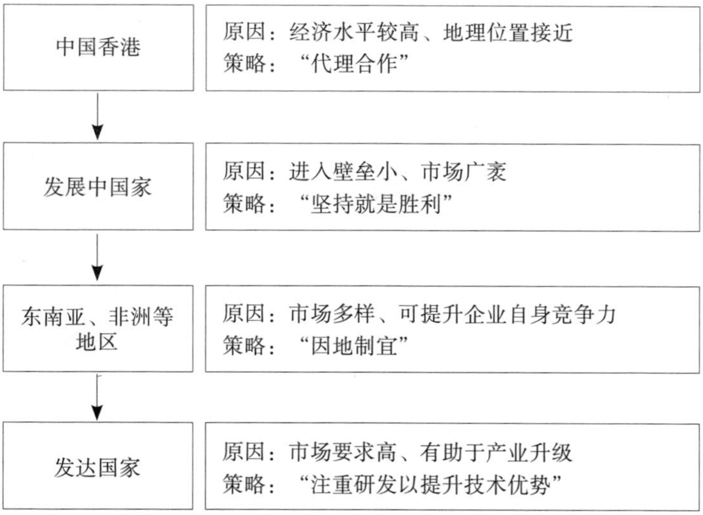

图6–1　华为市场国际化发展路线图[②]

① 华为官网公司简介https://www.huawei.com/cn/corporate-information，2022年3月28日。

② 图源：崔颖、王玲：“浅析华为技术有限公司的国际化战略”，《全球科技经济瞭望》，2019年第5期，第24—32页。

华为作为科技导向的民营企业，在国际化发展的初期面临着强大的老牌科技企业竞争对手，但华为抓住了国际市场的空缺，从未被西方科技巨头占领的市场入手，开启了“走出去”的旅程。任正非在一次讲话中说道：“当我们计划国际化的时候，所有肥沃的土地都被西方的公司占领了。只有那些荒凉的、贫瘠的和未被开发的地方才是我们的机会。”[①]20世纪90年代中后期，华为正式开启国际化征程，然而当时的国际市场中仅剩中东、非洲、东南亚等区域还未引起国际电信设备制造巨头的重视，发达国家市场早已被欧美高科技企业所占领，在此背景下华为选择先从香港出发探索国际电信市场，随后进入了俄罗斯市场，获得了乌拉尔电信交换机和莫斯科MTS移动网络、从莫斯科到新西伯利亚国家3797公里的超长距离光传输干线等项目建设权。

华为通过并购重组、在海外设立研究中心、设立代表处等方式将业务拓展到了非洲、拉美地区等众多发展中国家。1997年华为在巴西成立了合资公司，1999年又在印度班加罗尔设立研究中心，与此同时，华为还在非洲、拉美地区设立了多个代表处，避开与国际通信巨头的正面交锋，在网络建设较为落后的发展中国家积累实力，并通过参加各种博览会和行业协会，提高品牌的知名度，经过多年努力，华为逐渐在这些国家通信市场站稳了脚跟。[②]

21世纪以来，华为不断布局发展中国家和地区市场，例如：马来西亚、泰国等东南亚市场以及中东、非洲等市场，同时凭借着强大的技术能力开始进军发达国家市场，与如松下、西门子、英飞凌等当地知名公司合作，充分利用了东道国本土企业的资源，降低了进入市场的壁垒，以技术和研发带动其国际化进程。

2. 华为国际化发展现状

自从2000年在瑞典成立了第一个研发中心，至今华为已在欧洲设立了23个研发中心，华为的国际化发展中，欧洲市场已经占据了巨大份额，华

① 吴晓波、［德］约翰·彼得·穆尔曼、黄灿、郭斌等：“华为的国际化之路如何走远”，《华为管理变革》，2017年11月13日，https://finance.sina.cn/zl/2017-11-13/zl-ifynshev5645842.d.html（检索于2022年1月15日）。

② 王辉耀、苗绿：《大潮澎湃：中国企业“出海”四十年》，北京：中国社会科学出版社，第65页。

为的运营商业务、消费者业务和品牌形象已深深嵌入欧洲市场用户心中，但随着美国以国家安全为由颁布各项禁令制裁华为，禁止在5G网络中使用华为设备，不少欧洲国家也跟随美国的步伐，在5G领域放弃与华为的合作，华为的海外业务遭受巨大打击。

华为作为一家跨国公司，其发展离不开国际市场，即使面对困难仍坚持国际化的发展战略。在2022年MWC世界移动通信大会上，华为轮值董事长郭平表示，华为不会退出海外市场，会全力以赴帮助客户实现商业成功，同时在标准、人才和供应链等方面将坚定不移地实施全球化战略。他同时透露，华为正大幅增加对根技术的战略投入，和伙伴一起重构技术底座，实现基础理论、架构和软件三个重构，这将逐渐在公司未来的产品竞争力上得以体现，支撑自身及ICT行业长期可持续发展。①

（二）国际传播策略与企业公关外交

1. 国际传播策略

华为的企业品牌是产品和服务的结合体，其国际化发展离不开海外影响力。在英国品牌估值与咨询机构Brand Finance发布的《2022年全球品牌价值500强报告》，华为比2021年上升了6位居排行榜第九，跻身全球品牌价值前10名，经过20多年的国际化发展历程，华为俨然成为知名的全球化品牌，也成为中国企业品牌的重要代表。2005年，华为海外合同超过本土合同，海外市场成为华为企业利润的主要来源，华为也开始意识到打造品牌的重要性，并开始塑造企业形象，构建全球化品牌。华为企业品牌是华为企业产品和服务品牌的综合体，为运营商提供技术合作、为企业客户提供技术支持和解决方案、为消费者群体提供终端产品，三条业务线面向的是不同的群体，在具体的品牌国际传播实施中，根据各业务品牌的核心概念，再根据目标市场文化特性和目标群体媒介接触，整合各种传播手段实现品牌的有效传播。②

① 华为郭平：不会退出海外市场，标准、人才和供应链坚定全球化，2022年3月1日，https://baijiahao.baidu.com/s?id=1726096723484450221&wfr=spider&for=pc（检索于2022年3月15日）。

② 吴令：《华为企业品牌国际传播策略研究》，重庆：四川外国语大学，2018年，第19页。

华为是企业品牌与国家品牌结合的典型案例，其企业品牌国际化传播离不开中国国家品牌力量。中国加入世贸组织后，与各国建立了良好的贸易往来关系，国家的外交实力也逐渐增强，为企业进入国际市场提供了有利的条件。华为“走出去”的历程表明，借助中国外交的力量，加强与发展中国家的友好关系，通过对发展中国家的业务和市场布局积累国际声誉，以国家品牌助推企业品牌的发展。以拉美地区为例，华为在拉美媒体的企业形象一方面得益于中国与拉美国家的长期友好合作关系，成为中国国家形象的受益者，体现了国家形象对跨国企业海外形象的背书效应；另一方面得益于华为在拉美国家积极支持并主动参与公益项目，向主流媒体提供社会责任信源等卓有成效的企业公共外交活动；同时华为采用了贴近拉美民众日常生活的品牌传播策略，通过赞助足球赛、球星代言等活动宣传华为的品牌故事，减少由文化差异带来的传播障碍，使得华为的品牌更加本土化，体现了跨国企业形象、国家形象和企业公共外交之间的互构与互动关系。①

2. 企业公共外交

（1）直面舆论质疑，主动与大众沟通交流

企业主动与社会公众进行交流是企业公关行为的重要内容，尤其是在经历重大争议和舆论危机后，企业如何发声，讲述自己的故事尤为关键。自华为被美国及其盟友制裁以来，华为的海外市场遭受重大打击，“孟晚舟事件”爆发后更是引起了国内外的舆论风波，面对接二连三的危机事件，华为高度重视西方主流媒体，选择直面舆论质疑，主动和大众进行沟通交流。

“孟晚舟事件”发生后，华为创始人任正非先后接受了英国广播公司（BBC）、美国哥伦比亚广播公司（CBS）、美国有线电视新闻网（CNN）、加拿大 CTV 新闻台、美国全国广播公司旗下 CNBC 等西方主流媒体的电视专访，并接受美国《华尔街日报》、英国《金融时报》以及美联社、路透社和彭博社等国际媒体的联合采访。华为还通过多种渠道持续不断地邀请外国媒体高管和大批外国记者到公司参访，同时在海外一些主流媒体刊登或播放多种类的广告，赞助热门电视节目，并在脸书、推特、Instagram 等国际社

① 程尹:《华为在拉美媒体中的企业形象与企业公共外交》，北京：国际关系学院，2021 年，第 42 页。

交媒体发布宣传内容等。①

2020年，日本导演竹内亮为拍摄纪录片《华为100张面孔》走访华为深圳总部和上海研究所，通过对话包括企业高层和外籍员工在内不同部门、不同岗位的华为员工，对华为进行多面的观察和分析，提出的问题都是大众十分关心的尖锐话题，包括："华为还能存活吗？""谁控制华为？""华为有中国政府背景吗？"等等，从创始人、高管、管理层到普通员工，华为在面对舆论压力时采取的是积极回应的态度，值得其他企业在国际传播过程中多多借鉴。

（2）积极履行社会责任，推动企业可持续发展

社会责任的履行是企业提高自身形象和知名度，增加消费者对其好感度和认同感的重要内容，华为通过积极培育科技人才，推动科技教育发展等各种形式与业务所在国保持信任和良好关系，提高了企业在国际社会的口碑，创造了有利于企业可持续发展的舆论环境。华为致力于通过连接、AI、云计算等技术在教育中的应用，为高等和职业教育行业培养创新型人才，加速教学科研领域的创新，缩小数字鸿沟，并在基础教育领域推动教育均衡发展。从2008年开始，华为在集团、区域和国家层面陆续推出和赞助了各类全球人才培养、竞赛等项目，包括专项奖学金、未来种子、ICT学院、开发者学院、云学院、科技女性、科技助力公平优质教育（中国科技小课堂Digitruck，Smartbus）等，帮助业务所在国培养ICT人才，覆盖150多个国家，受益人数超过154万人，累计投入超过1.5亿美元。②

（3）企业公共外交与我国海外利益发展与安全

企业公共外交对于自身品牌形象的管理以及塑造国家形象都有着重要意义，企业公共外交与国家形象、我国海外利益发展与安全密切相关。一方面，国家品牌和国家形象对企业的海外经营利益产生着巨大的影响，国家的外交实力影响着企业可持续发展的外部环境和发展条件；另一方面，企业公共外交的能力深刻影响其跨国经营的发展。华为作为中国民营企业"走出去"

① "华为公关得失的10个问题"，通信人家园，2019年5月7日，https://www.txrjy.com/thread-1071084-1-1.html（检索于2022年1月9日）。

② 华为有限公司：《华为2021年年度报告》，深圳。登入时间：2022年4月5日，https://www-file.huawei.com/minisite/media/annual_report/annual_report_2021_cn.pdf?version=0401。

的优秀代表，其在海外市场的发展对于我国海外利益的发展与安全有着重要的影响。同时，华为已成为中国高科技企业的代表，其发展离不开国家的政策支持。对于华为来说，中国良好的国家形象曾帮助其深入东南亚、拉美等市场，助力其打造品牌形象和知名度。但随着以美国为首的西方国家对我国高科技企业的抹黑和蛮横打压，华为深陷舆论旋涡，如何依靠自身的技术实力继续跨国经营，保持海外经济效益，通过企业公共外交维护我国海外利益的发展与安全也已成为企业无法回避的难题。

第七章
构建国际传播赋能我国海外利益发展与安全的新格局

2021年5月31日，中共中央政治局关于就加强我国国际传播能力建设进行第三十次集体学习，习近平总书记发表重要讲话，提出“构建具有鲜明特色的战略传播体系，着力提高国际传播影响力，中华文化感召力，中国形象亲和力，中国话语说服力和国际舆论引导力”。[①] 我们党历来重视对外传播工作，这一次集体学习是自党的十八大以来，我国对构建多主体、全方位的大外宣格局的再一次重申，并将其重要意义提升到战略层面。这意味着争取国际话语权成为政府工作的重点，意味着为我国海外利益发展与安全营造有利的外部舆论环境提上重要议程，更意味着构建具有中国特色的国际传播体系迫在眉睫。

基于前6章对国际传播中的国家、城市、企业对我国海外利益发展与安全的影响研究，本章提出构建赋能、赋信、赋利的国际传播赋能格局，开启我国海外利益发展与安全研究和实践的新视野。具体来说，就是立足当前国际传播的时代语境，以习近平关于国际传播能力建设的重要论述为依据，在整理和分析我国国际传播研究的前期成果和现实挑战基础上，基于赋能理论视角，聚焦企业“走出去”的成功案例，创新提出构建以价值共创为核心，以国家、城市和企业为主要传播行为体的国际传播赋能格局。以全新的、有机的国际传播赋能模式，打通国际传播交往中的信息逆差难题，增强多元主体的整合优势和传播价值创造的持续驱动力。以国家结构赋能国际主流舆论，维护中资企业的国家品牌形象；以城市产业赋信中资企业的资源共享，助力中资企业的产业品牌推广；以企业发展赋利具有鲜明中国特色的战略传播体系和具有丰富地方特色的国际传播城市空间，以企业社会责任回馈国家与城市发展建设。最终形成国家赋能、城市赋信、企业赋利的循环发展国际传播赋能格局，以提升我国国际话语权和全球影响力，促进城市形象的立体传播，帮助我国企业更好“走出去”参与“一

---

① “习近平在中共中央政治局第三十次集体学习时强调加强和改进国际传播工作展示真实立体全面的中国”，新华社，2021年6月1日，https://baijiahao.baidu.com/s?id=1701346902511721938（检索于2022年3月8日）。

带一路”建设，最终实现海外利益发展与安全的整体统筹。

第一节　以价值共创为核心的国际传播赋能格局

本章提出构建以价值共创为核心，以国家、城市和企业为主要传播行为体的国际传播赋能格局。其中“以价值共创为核心”体现了传播赋能以共享价值为主要立足点，强调国家、城市、企业在国际传播过程的价值互惠性；“以国家、城市和企业为主要传播行为体”体现了传播赋能以多向性沟通为特征，以“行为体”的相互协作与互利共赢代替“主客体”的单向宣传与被动接受；“国际传播赋能格局”体现了传播赋能的系统性循环特征和增长性的发展特征，是以发展的眼光来重新衡量传播的有机价值。

构建以价值共创为核心，以国家、城市和企业为主要传播行为体的国际传播赋能格局，是把传播过程中传播行为体以共享价值建立起来的相互关系而不是5W要素放在传播规划的首要位置，是在注重传播赋能效果的同时，通过反馈机制促进传播系统的持续改良，是在基于国家、城市、企业三个维度，从宏观层面、中观层面、微观层面构建国际传播由点到线、由线到面再由面到网的国际传播价值共创行为体网络（见表1）。在“一带一路”建设中，以企业“走出去”带动城市互动和国家形象的多维塑造，以国际传播赋能格局建设促进中资企业突围疫情下的贸易困局，以上下联动、软硬兼施的传播艺术和传播效能促进中国综合国际竞争力的全面提升。

国际传播赋能格局价值共创的意义在于：一是强调传播系统的互动关系。国际传播过程实质是我国与其他国家国际交往中的互动关系，这种关系不仅是流动的而且也是相互影响的，并不存在固定不变的传播主体、受众和渠道的划分。新时期国际传播所依据的传播过程不再仅仅限于从传播主体到传播受众的单一信息链，而是传播行为体所处的关系网络即国际社会；二是注重传播效果的反馈。从传播者的角度看，反馈可以检验国际传播效果，传播者据此调查和规划现在和未来的精准传播行为。从受众角度看，反馈是受众态度、需要、意见等信息的流动方式，受众可以据此更主动地介入国际传播活动中。对于整个传播系统来说，效果的反馈可以促使传播系统的改良，调整国际传播系统的运行。三是强调传播的社会公共性。“传播的公共性伦理原则的提出，对于执政党的政治建设，对于国家体系的民主化法制化进程，对于社会各阶级阶层的沟通合作，特别是对于在多元主体构成的传播生态中树立有益于社会建设的伦理价值观，具有积极意义。”[①] 在国家、城市和企业的联合共创中，使整个社会享受国际传播所带来的社会增益，实现真正意义上的价值共同体。

表 1　国际传播价值共创行为体网络

层面＼行为体	国家、传播结构制定者	城市、传播空间连接者	企业、传播过程运营者
宏观层面	传播角色：国际关系中的行为主体，民族形象的集体表征 传播目的：维护国家利益、传播中华文化、争取国际话语权 传播类型：文明传播	传播角色：国际交流中的空间主体 传播目的：社会需求整合、社会治理体系构建、城市综合形象提升 传播类型：城市传播	传播角色：国际交往中的行动主体 传播目的：获取企业持续发展的文化资本、提升品牌附加值，回报社会发展 传播类型：企业传播
中观层面	传播内容：制度、系统、法律、规则的设计与制定，也被称为中国形象建设的“总体风向标”	传播内容：具体政策、方案、规划的制定与推广，也被称为中国形象推广的“地方解读人”	传播内容：塑造品牌在同类产品中的竞争力，增加客户黏度、员工忠诚度，也被称为中国形象走出去的“企业执行官”
微观层面	传播内容：扩大舆论朋友圈，塑造国家形象，培养国际传播人才，为企业走出去提供安全与发展保障	传播内容：建立城市品牌，吸引资本合作，建立友好城市，签署合作备忘录，为企业走出去提供便捷化服务	传播内容：培养员工企业文化特质，建立传播组织部门，塑造良好公共形象

面对种种现实挑战，中国国际传播如何在国际形势日趋紧张的环境中抓住机遇，抢占全球话语制高点？如何在传播的结构性困局中寻找突围之路，解决传播机制创新问题？这需要传播政策制定者、研究者和实践者转变国际传播自上而下的“政府先行，民间随后”传统思路，构建“上下互通、全域沟通”的国际传播新路径，完成从国家传播赋能到城市传播赋信再到企业传

① 吴予敏：“重构中国传播学的时代场景和学术取向”，《国际新闻界》，2018 年第 2 期，第 85—98 页。

播赋利的结构性转变。

如图 7–1“国际传播赋能格局图”所示，按照赋能理论的组织性来划分，国际传播赋能结构可以分为外部赋能维度和内部赋能维度，二者的协同运转是提高我国国际传播能力的可持续竞争优势，也是国际传播价值共创的主要推动力。

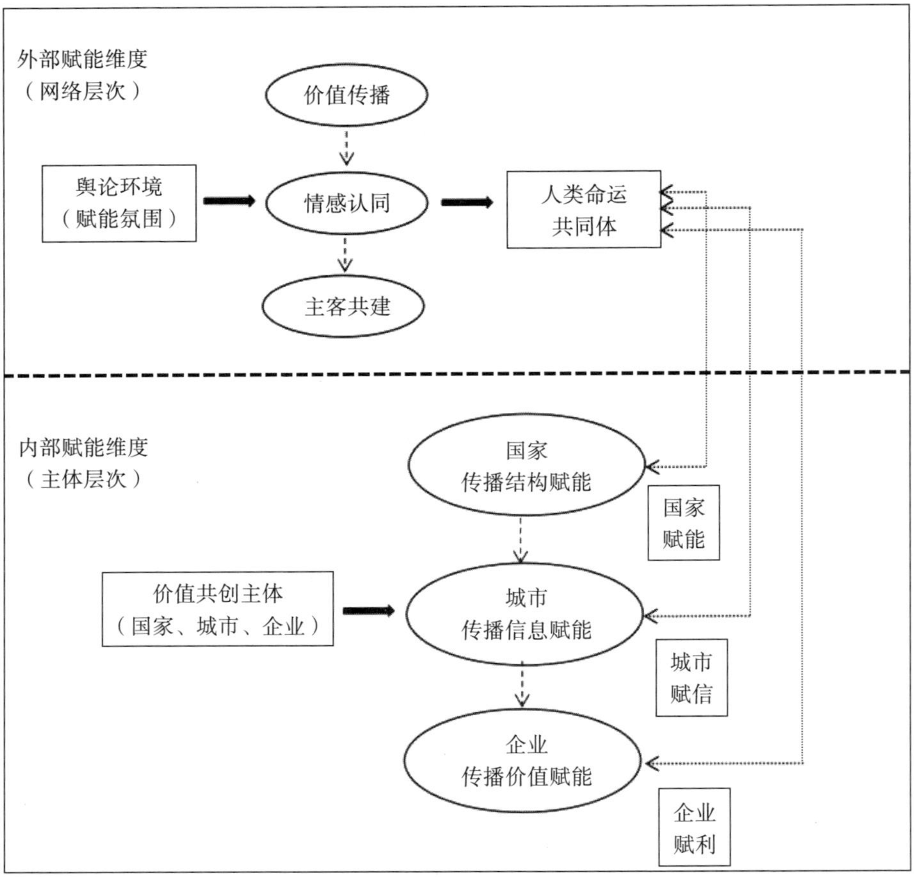

图 7–1　国际传播赋能格局图

外部赋能维度主要指国际传播过程传播行为体与当地社会所形成的舆论环境。从赋能理论出发，“商业环境中主体外部因素、主体类型和建设内容差异等高度情境化因素，使得很难形成唯一的概念框架解释赋能氛围”。[①]

① ZIMMERMAN M.,*“Empowerment Theory: Psychological Organizational and Community Levels of Analysis”*，New York : Plenum Publishers ,2000，pp.43–63.

这也表明国际传播过程中很难形成统一的舆论，针对情景化、复杂化的传播语境，就要树立以价值共享为中心的价值传播理念，突出传播过程的互惠性，让受众真切地感受到实在利益和价值，进而形成与传播者的情感认同，唤起共同感知。最终从国际传播的单纯受众变成主动的舆论营造者，以主客体共建形成对我国国际传播有利的外部舆论环境，为推动构建人类命运共同体作出贡献。

国际传播赋能格局的内部赋能维度是从价值共创的主体层次进行划分的。国家在国际传播赋能格局中的主要作用在于传播结构赋能。国际传播是一个大循环，需要中央有高瞻远瞩的顶层设计方案，构建中国特色传播体系和国际传播方针；城市在国际传播赋能格局中主要作用在于传播信息赋能，各个城市的地方政府需要及时准确地整合传播资源，打造信息沟通平台，凝练传播价值、打通传播渠道、下沉传播内容、融合传播主体，确定精准传播的具体措施方案；企业在国际传播赋能格局中的主要作用，在于传播价值赋能，企业需要发挥自身优势，承担国际传播的主体责任、积极推动民心相通的双边落地，以自身发展促进社会价值的共同实现。最终形成国家赋能、城市赋信、企业赋利的立体多维国际传播赋能格局，以推动我国国际话语权的提升及人类命运共同体的建设。

第二节　国家传播赋能：构建海外利益发展与安全的结构性制度

国际传播价值共创的主要行为体包括国家、城市和企业。维护国家利益是国际传播的主要目的。在国际局势复杂多变的时代背景下，国家是国际传播中的重要主体，是促进我国海外利益发展和维护我国海外利益安全的最重要力量，这一基础性地位始终未曾改变。有的学者认为：“在当今世界，随着国际传播主体的传播手段更为高明、传播客体的媒介素养更为深厚，政府早已不应是国际传播中传媒的唯一背景，也不见得是最重要的主体身份。”①

① 胡智锋、刘俊：“主体·诉求·渠道·类型：四重维度论中国传媒的国际影响力”，《新闻与传播研究》，2013 年第 4 期，第 5—24+126 页。

事实上，以报纸、电视、新媒体等为代表的大众媒介只是国际传播的一部分，随着国与国之间交往的日益密切，公共外交、民间外交等都可以成为国际传播的重要组成部分。在这些组织交往、人际交往背后往往也存在国家利益和国家安全等问题。以舆论安全为例，“舆论安全是国家安全的舆论形态，是国家安全在舆论领域的体现”。[①] 舆论安全也是构建国际传播良好环境的外部条件，舆论安全可以为企业走出去构建公平的交易环境，引导传播受众国认同中国特色经济制度、中国发展模式、中国成功经验，从而加强合作，互利共赢。因此，国家是舆论安全的捍卫者，是传播系统的制定者，也是构建国际传播赋能新格局的基本主体。

总的来看，国际传播赋能我国海外利益发展与安全过程中，国家主要通过构建“结构性制度”成为海外利益的依托。结构性制度是物质性（硬实力）与观念性（软实力）的一种制度性结合，指以国家为主体的行为者以正式和非正式的实力制度来保障海外利益的安全与发展。总的来看，构建我国海外利益发展与安全的结构性制度，主要从国际舆论引导、人才队伍建设、共通意义空间方面考量。

一、积极应对海外负面议程，增强国际舆论引导力

所谓“国际舆论引导力”是指通过多种传播媒介的力量影响国际公众感知，使得一国的政治理念、社会制度与文化习俗等得到国际社会的认可。当一个国家在某议题上传播的信息为国际社会所接受和认同，这个国家在世界舆论中的相关引导力和影响力就会明显提高，其博弈及处理该议题的软实力优势乃至综合实力也会随之大幅增加。[②] 然而，冰冻三尺非一日之寒，中国的国际舆论引导力提升之所以举步维艰，从外部因素上看，这与西方国家主导的国际舆论环境有着重要关系，在西方话语霸权下所形成的“国际共识”垄断了他国受众认知中国的信息渠道，潜移默化地影响国际受众对中国的态度。因此，增强国际舆论引导力，破解西方话语霸权，是维护海外利益和安全的重要努力方向。

① 赵强：“中国国家舆论安全研究”，《政治学研究》，2009 年第 2 期，第 42—53 页。

② 马新民：《新闻的力量》，北京：中国人民大学出版社，2009 年，第 35 页。

（一）整理负面舆论清单，建立负面议程应急预案

负面清单是与正面清单相对应的管理模式，发轫于外商投资领域，是指“一国在外商投资的领域，基于公正平等的原则而对那些不符合‘国民待遇原则’和‘最惠国待遇’的管理措施均以清单的形式列明，以此来保护外国投资者的利益”。[①]后来这一理念被广泛应用于贸易谈判、投资协定等领域，并逐渐延伸到国际传播领域。现将这一理念引入负面舆论治理和国际舆论引导之中，相当于对舆论的分类和影响程度进行了精细化处理与分析，对防范化解当前国际负面舆论对我国海外利益的影响可谓大有裨益。

负面清单制度能够进行舆论信息整合，通过收集、筛选、分类等流程对国际社会上的负面信息进行提炼，制定我国应对负面舆论的行为规则，并对侵犯我国国家利益的舆论行为进行制裁。以清单的形式设定国际舆论议程不可逾越的国家利益“高压线”，并通过权威性发言回击负面舆论攻击，这一清单制度行为顺应了国际社会趋利避害的心理特征，有利于减少甚至避免以西方国家为主发起的负面舆论对我国海外利益发展与安全威胁的连锁反应。

（二）国家安全观下的舆论引导体制机制建立

国际舆论在当下国际格局中越发彰显前所未有的独特作用和巨大能量，它对国际社会行为主体从赢得信任、凝聚力量的舆论动员，到波诡云谲、尔虞我诈的舆论斗争都能施展拳脚，舆论以强劲势头将自己推向时代前台，提醒人们要从维护国家安全的战略层面重视国际舆论对统筹我国海外利益发展与安全的重要价值。因此，构建国家安全观下的舆论引导机制十分必要，其主要涉及以下几个方面内容。

首先是舆论引导的主体。要做好引导工作，首先得清楚谁来引导的问题。舆论的形成通常经由两个途径，一是群众自发，二是有目的引导。其中，政府体现了舆论引导中的权威性，并在舆论引导中发挥着重要作用。其次是舆论引导的内容。主要包含：对当前国际国内社会总体舆论的把握和评价；做好社会情绪和重大突发事件的舆论引导；就某一社会热点事件通过议题设置和传播策略来制造正向舆论的“对接”。国家要在新形势下做好国际舆论斗

---

① 纪林繁：“社会治理体系中负面清单的管理模式”，《行政论坛》，2017年第1期，第93—96页。

争议题设置工作，避免国内舆论场与国际舆论场的“失衡”。再次是舆论引导的方式。包括：技术引导、议题引导、事实引导(信息公开)、观点引导、情绪引导等。技术引导依托网络媒介技术，对信息进行监测、过滤、删除，技术引导可以大范围地筛查负面舆论信息，做到“广撒网捕鱼”，对影响我国海外利益发展与安全的负面舆论第一时间抓取,但技术引导也具有局限性，在“大范围捕捞”过程中，由于缺乏人工识别，极易产生信息漏差，造成舆论发酵；议题引导是领导者、管理者通过设置议程引领媒体议程和公众议程，这在应对部分西方国家对我国海外利益发起大范围舆论战攻击中更加适用；事实引导即通过及时公开重要信息消除流言和偏见，学会讲故事、列数据；观点引导即对于情况特别复杂的信息,普通民众无法通过自身能力认知把握，需依靠相关领域的专家和学者运用专业知识和专业技能进行解读，以减少民众的误解；情绪引导意指以建设性、积极意义的情绪对冲负面破坏性的情绪。最后是舆论引导的节点。舆论引导需针对舆论的不同节点做出相应的应对。有学者对舆论的形成过程做了阶段划分：意见酝酿—意见表达—赢得多数—形成舆论。“在这个过程中，意见和舆论是两个不同又相互联系的事物。意见是属于个体范畴的，舆论是属于群体范畴的，那些起初属于个体范畴的意见慢慢积累起来，不断扩张影响，获得越来越多的认同和支持之后，就会形成舆论。”[①] 舆论的引导分不同时间节点，在早期重视事件信息真实、快速发布，在中期善于运用舆论领袖引导力进行观点认知引导，在后期重视进行情绪引导和行为疏导。整个引导过程，一定要用事实说话、用故事凝聚人心，运用受众可接受的表达方式进行引导。

（三）建立海外统一战线，构建国际舆论朋友圈

事实上，国际舆论有正面舆论和负面舆论之分。在应对日渐复杂的国际舆论环境中，海外华人华侨、发展中国家新闻媒体、中立的发达国家新闻媒体以及部分联合国成员逐渐融入对中国发展外部环境有利的国际舆论朋友圈。2020 年以来，随着中国国内疫情防控形势好转，并积极援助“一带一路”沿线国家抗疫，国际舆论关于“一带一路”倡议的正面声音明显增多，中国方案受到国际舆论的肯定与支持。以亚洲媒体为代表的国际舆论对中国开展

① 孙玉胜：《十年——从改变电视的话语形态开始》，上海：三联书店，2003 年版，第 83 页。

积极有效的抗疫行动、支援他国抗疫表示赞赏，认可“健康丝绸之路”是抗疫的重要力量，并认为其具有巨大发展空间。新加坡亚洲新闻台（CNA）称，一些发展中国家在疫情中暴露了医疗基础设施的薄弱之处，“健康丝绸之路”的帮助称得上雪中送炭。斯里兰卡国家电视台报道称，中国交建集团港口城项目公司在抗击疫情的同时推动复工复产，体现了中国企业的担当。《俄罗斯报》发表题为《“一带一路”获得免疫力》的文章称，“一带一路”倡议在疫情防控期间显示出强大的生命力，尤其是在应对瞬息万变的全球形势方面具有很大潜力。以上种种报道显示，虽然在国际社会中仍然是西强中弱的舆论格局，但中国的国际舆论朋友圈也呈现出扩大的态势，这为中国争取舆论同盟进而扩大全球影响力，为“一带一路”倡议的稳步实施及海外利益的保护发展具有重要的意义。

二、新文科视野下国际传播复合型人才队伍建设

人才资源是经济社会发展的第一资源，谁能培养和吸引更多优秀人才，谁就能在竞争中占据优势。《加快推进教育现代化实施方案（2018—2022年）》提出加强紧缺高端复合人才培养，集中高水平大学最优质教育资源，围绕国家发展急需的相关学科领域，打破学科壁垒，打通校内外屏障，整合多学科师资力量，优化培养方案，探索跨学科、交叉学科培养模式和评价模式，建立复合型人才培养新机制。2018年，教育部发布《关于提高高校新闻传播人才培养能力实施卓越新闻传播人才教育培养计划2.0的意见》提出，培养造就一大批具有家国情怀、国际视野、适应媒体深度融合和行业创新发展的复合型新闻传播后备人才的总体学科规划。2020年11月，由教育部新文科建设工作组主办的新文科建设工作会议发布了《新文科建设宣言》，提出“大力培养具有国际视野和国际竞争力的时代新人”，这也正是国际传播复合型人才培养的目标和愿景。

从外部环境看，2020年以来，世界百年未有之大变局在新冠肺炎疫情下，“中国之治”与“西方之乱”，特别是“美国之乱”呈现出鲜明反差，美国所谓自由民主体制暴露出“制度之殇”。[①] 美西方一些势力为维护自身的政

① 曲莹璞：“加快建设适应新时代需要的国际传播人才队伍”，《对外传播》，2021年第10期，第4—6+22页。

治私利，疯狂抹黑、遏制、围堵中国，打压中国海外利益，海外舆论斗争成为主战场。国际传播复合型人才队伍建设是我国解决当下人才培养与社会需求之间矛盾的创新路径，是我国增强国际竞争力的重要举措，肩负着我国实现创新型国家发展转型的历史使命和维护我国海外利益的责任担当。打造新文科视野下国际传播复合型人才队伍，主要包括以下三方面内容。

（一）“精准传播 + 区域国别”的人才培养战略定位

“精准传播”（Precise Communication）一词衍生于大众传播理论与实践，指对目标人群或受众实施定向传播行动，并达到预期的说服目标。这里的“精准”，不仅指时间观念上的精准、空间位置上的准确，还指内容正确、渠道合理，通过合适的方式将数据、信息、知识和智慧传递到理想的目标人群。[①]实现中国海外利益故事的深度表达，就必然要尊重不同区域国家的国情特征和文化习惯，从“精准传播 + 区域国别”的战略高度培养服务于我国海外利益发展与安全的国际复合型人才。

以中国海外利益中的缅甸密松水电站项目为例，克钦人将密松地区视为文明发祥地，“二水环山”的密松河曲形象在当地民众内心具有崇高的地位。当地民众反对密松水电站开工建设的理由包括项目建设将摧毁克钦本地文化、改变克钦民众与河流相伴而生的传统文化。从国际传播入手应对文化冲突危机，要促进中国与“一带一路”沿线国家的沟通和理解，需要培养能够对“一带一路”沿线国家的历史、政治、经济、文化等内容有着深刻理解和知识储备的复合型人才，同时，培养该类人才较强的传播素养和受众意识，在开展对外传播中则要摒弃过去在国内惯常的单向“灌输式”传播模式，更多从对方角度考虑，加强双向互动、双向沟通，以形成良性互动的合作格局，只有这样才能为我国统筹海外利益的发展与安全建立有利的社会舆论环境。

（二）“精准传播 + 语言服务”的人才培养应用导向

维护海外利益的社会舆论场建构和中国形象对外构建离不开语言。语言服务集知识服务、使用服务、文化服务、技术服务、教育服务、标准服务、贸易服务、公共治理服务为一体，全面统筹语言教育的不同功能，培养服务

① 张生祥：“以精准传播提升国际传播效能”，《对外传播》，2021 年第 9 期。

于新时代中国总体发展战略的应用型语言人才，以优质语言服务助力海外利益高质量发展至关重要。

语言服务正是依托语言沟通和现代信息技术，并借助传播、翻译、计算机等相关知识为不同行业提供服务。超越了单一的语言的信息传递功能或行业知识的普及，是融合了话语内容的选择、传播方式的优化、译语的归化与异化处理、算法优化、海外受众接受度调查、传播成本控制等一系列和海外利益发展与安全有关的国际语言服务与管理活动。应用型语言人才要充分利用国际行业情报编译、人工口笔译、机器翻译、技术文档写作与传播、语言服务外包等多种手段，全面和正确地阐述我国海外利益的发展观、文明观、安全观、人权观、生态观、国际秩序观和全球治理观。利用语言服务智库、语言教育服务、语言服务贸易等方式，倡导多边主义，反对单边主义、霸权主义，引导国际社会共同塑造更加公正合理的国际新秩序，建立新型国际关系，构建健康的舆论环境。

（三）构建国际传播复合型人才培养模式统一起来

国际传播复合型人才培养模式建设以创造适应我国国家整体利益、社会发展需要和广大学生发展特色的“产”“学”“研”“训”“用”综合服务平台为持续目标。寻找社会、学校、学生三方面的利益平衡点，尊重社会平台优势、学校学科专业优势，以及学生的学习能力和智力优势，以产带学，以学促研，以研促训，以训为用，促进我国海外利益发展，保障我国海外利益安全。

以产带学，通过对我国海外利益发展战略需要的精准布局，带动国际传播复合型人才培养的学科设置和专业导向。通过依托实现海外利益的政府部门、社会组织、中资企业，结合专家智库资源，培养国际复合型人才的综合能力素质。

以学促研，要打牢“先学”基础，巩固国际传播复合型人才的基本学科素质，依托大学学术平台，重点围绕国际政治局势、基础设施建设、商业投资、水能开发、旅游开发、安全风险和人文交流等海外利益项目进行安全环境、投资环境、政策法律环境、经济社会状况、民族宗教特点等方面的研究，不断推出有战略性、前瞻性、综合性、可操作性的对策建议，助力“一带一路”建设和海外利益的发展与安全。

以研促训，随着国际传播复合型人才培养的逐步实施，新教材、新观念、新教法与传统的教学观念和传统教学模式发生矛盾时，将全力进行国际传播复合型人才培养系统的迭代升级，推行“国际传播复合型人才培养2.0计划”，开展针对不同学生、不同层次、不同形式、不同领域的教学研讨活动，促进国际传播能力建设的整体提升。

以训为用，国家大力支持构建学校与海外中资企业之间的合作平台，让学校的实训指导、专业课教学和研究人员与海外中资企业的管理人员有更多接触机会，共同攻关战略难题，根据我国海外利益部署需求，不断提升国际传播复合型人才的应用能力。

三、以中华文化感召力打通集体意义空间

“人是悬在由他自己所编织的意义之网的动物。”①这张由人所编织的意义之网背后是每一个民族和国家地方性知识经验的凝聚。在人类学研究中，地方性知识不仅是指具有本体地位的知识经验，更重要的是它暗含了对西方之外文化多样性的人文关怀。“‘地方性知识’成为挣脱欧洲中心主义和白人优越论的一种契机。成为反思自身的偏执与盲点的一种借镜。”②地方性知识经验更是隐藏在海外利益冲突背后的文化根源。如何开展文明对话，赋能中华文化感召力，关键在于解决地方性知识经验中的共识性，开展具有共通意义空间的社会舆论场域，最终促进中国海外利益发展与安全。

（一）以“和”思想统筹文化冲突中的异质性问题

中国国家主席习近平指出:“古往今来，中华民族之所以在世界有地位、有影响，不是靠穷兵黩武，不是靠对外扩张，而是靠中华文化的强大感召力和吸引力”。提升中华文化感召力，要充分发掘中华文化蕴含的价值理念。“中国‘和’文源远流长，蕴含着天人合一的宇宙观、协和万邦的国际观、和而不同的社会观、人心和善的道德观。在5000多年的文明发展中，中华民族一直追求和传承着和平、和睦、和谐的坚定理念。以和为贵，与

① Clifford Geertz. ,*The Interpretation of Cultures,Basic Books*, New York: Inc, Publishers, 1973, p.5.

② 叶舒宪：“地方性知识”，《读书》，2001年第5期，第121—125页。

人为善，己所不欲、勿施于人等理念在中国代代相传，深深植根中国人的精神中，深深体现在中国人的行为上。”[①]“和”文化观下形成了既有强调和谐人际关系的“礼、义、仁”价值内核，也形成了“万物负阴以抱阳，中（冲）气以为和”的天下道义观，以及追求天地人三才相通的“大和”理想。在这些传统“和”思想中映射的是中国对外交往流动的脉搏，关于人际、群体和国家之间关系的展演。对解决文化冲突中的异质性问题具有重要意义。其具体表现在以下几个方面：

首先，以和平发展、和谐相处、合作共赢的国际观回应外部舆论对“强国必霸”的质疑。在西方话语霸权长期统治下，中国一直以来被扣上了“黄祸”“妖魔化”等莫须有帽子，影响着世界人民对真实中国的情感与认知。而在世界经济增长因疫情冲击放缓的形势下，中国却在第一时间遏制了疫情的扩散并实现经济平稳发展，这对西方中心论的资本主义国家而言，是对其“民族自尊心”的沉重打击。当高自尊的个体感觉其自尊受到威胁时，通常会针对威胁对象做出“补偿反应”，从而对“积极的自我感觉”做出相应的保护。这种“补偿反应”表现形式多样，基本是以“责怪他人”和“自我努力”这两种态度结合“高攻击性形式”予以呈现。[②]高攻击形式逐渐从贸易战转移到了舆论战，这也促使着世界各国开始对中国进行重新定位与认知。由于所处的政治立场和中西方价值观念的不同，世界对中国特色社会主义的认知还不够全面，“人类命运共同体”理念的提出一方面是中国儒家“和”文化的现代性实践，另一方面也是中国海外利益发展始终努力的方向。中国在坚持和平共处五项原则的基础上，始终坚持“和合”价值观。中国是世界和平的构建者，也希望世界各国能够在维护世界的和平上共同发展。

其次，以“和实相生，同则不继”的发展观构建主体对话的信任平台。《国语·郑语》中提到“和实生物，同则不继”，意为实现和谐，则万物可生长发育，如果完全相同一致，则无法发展和继续。“和”是一种包含差异性与多样性的统一或平衡。而“同”，则是用相同的事物来调和或补助相同

① “习近平用‘和’文化构建人类命运共同体”，新华网，2015年8月8日，http://www.xinhuanet.com/politics/2015-08/08/c_128106637.htm（检索于2022年4月12日）。

② Michelle R. VanDellen,W. Keith Campbell，Rick H. Hoyle & Others., Compensating, Resisting, and Breaking: A meta-analytic examination of reactions to self-esteem threat. *Personality and Social Psychology Review*, 2011, Vol.3, No.5,pp.9–20.

的事物，这就等于相同事物之间的简单、重复地相加，是一种无差别的绝对的同一。不同事物之间只有在相互补充、相互合作的基础上才能共同发展。国际社会的相互交往不是基于政治体制与意识形态，正如杜威所说：“人们基于共同的事务而生活在一个共同体中，而交流则是他们拥有这些共同事务的方式”①，“发展”是国际社会普遍关注的共同主题，而相互信任则是共同发展的前提。中国有句古话“我本将心照明月，奈何明月照沟渠”，信任是双边共同努力的结果，不是一方意识的霸权。基于规则和承诺建立起战略信任将为双边对话提供平台，也为中国海外利益的发展与安全提供了更加有效的政策渠道。同时也要管控官方分歧，营造双边友好的“知觉定势”，扩大舆论在民间发酵的正面传播效应

最后，以“和而不犯，犯我必诛”的国家观捍卫国家利益中的主体安全。中国始终坚持走和平发展道路，决不能牺牲国家核心利益。中国特色社会主义的和平发展道路，以坚持有理有利有节的斗争为原则。因此，“人类命运共同体”理念一方面不断强调始终坚持和平发展、合作共赢的基本道路，另一方面也要向世界展示中国的和平发展不是无条件的和绝对的，中国坚决同各种挑战、威胁自己底线的敌对势力进行斗争，这是与走和平发展道路并行不悖的真理。

（二）以“人类命运共同体”理念突出我国海外利益的共享价值

中国海外利益的发展与安全与“人类命运共同体”理念的贯彻落实相伴而行。2011 年 9 月，《中国的和平发展》白皮书发布，提出要以“命运共同体”的新视角，寻求人类“共同利益”和“共同价值”的新内涵。2012 年，党的十八大报告再次提出，“倡导人类命运共同体意识”。在此之后，以习近平同志为领导核心的新一代党中央在各种国际场合，积极推广“人类命运共同体”理念。事实上，海外利益视阈下的“人类命运共同体”理念包含了和平共处五项基本原则、“义利并举”义利观和“亲、诚、惠、容”外交理念等中国和平发展的美好愿景，表明了中国在对外开放，走向世界过程中所坚持的，区别于西方资本主义发展过程的大国利益观，强调“利益的共享”

① ［美］约翰·杜威：《杜威全集·中期著作（1899—1924）·第九卷（1916）》，俞吾金、孔慧译，华东师范大学出版社，2015 年，第 68 页。

而非“利益的独占”。

“人类命运共同体”是中国海外利益发展与安全战略的观念支点和核心本质。新时期，中国海外利益维护战略要以“利益共享的观念”为指导原则[①]，以实现“人类命运共同体”理念为最终目标。在利益原则上，中国坚持自身利益、其他国家利益、地区利益、全人类利益的紧密融合；在利益分配上，自身利益至上、利益最大化的价值取向已不再可行，要实现自身利益持久地保值和增值，就必须促进共同利益的可持续发展，构建循环利益链；在利益的维护上，只有把自身利益嵌植于他国利益、地区利益和全人类的利益之中，在保护自身利益的同时兼顾他者的利益，中国的利益才能处于一种长期安全且稳定发展的状态。我国海外利益发展之路是追求共同利益之路，是一个求同存异、寻找利益共同点的过程，而不是西方资本主义海外扩张的霸权主义道路。

“人类命运共同体”也是对中国传统文化观念的现代阐释。文化是沟通心灵的桥梁，通过开展多层次的文化交流，既让世界从文化上了解中国，也让不同文化背景的人在情感上认同中国。政府间的交往、机构间的合作、学者间的研讨、民众间的互动，都是开展文化交流的渠道，都能从不同侧面展现中华文化魅力。让世界了解和认同中国，需要不断拓展交往层面，丰富交流渠道。“美人之美、美美与共”的文化包容性，正是中华文化感召力的重要体现。我们要在坚定文化自信的基础上，积极学习借鉴人类文明的一切有益成果，加强交流合作，推动文明对话，促进文化交流，共同为人类文明进步作出贡献。

第三节 城市传播赋信：建立海外利益发展与安全的信息平台

“如果我们无法充分认识到城市之于中国、城市之于国家所具有的意

① 苏长和认为，中国海外利益具有三重属性——境外属性、国际合约属性和包容属性。海外利益既包括排他性的利益，也包括包容性的利益。他提倡以共同发展模式来保护和拓展中国海外利益，通过促进包容性利益和互利共赢的方式来实现中国海外利益的安全和发展。

义，那我们就无法真正说明当今中国社会变动的逻辑。”[①] 城市，是绘制中国本土性地方特色的调色盘，是价值共创的主要行为体之一，也是推动国际传播赋能格局中连接国家主体与企业主体的节点。通过营造良好的城市形象来提升国家形象，进而实现文化软实力的提升，有利于构建国际传播立体多维的大格局。中国城市作为国际传播的主体之一，其“走出去”的步伐从未停止，其在国际舆论环境中的影响力逐渐增强。在国际传播赋能我国海外利益发展与安全过程中，城市承担了“传播赋信”的重要功能，其主要表现在以下几个方面。

一、以城市影响力提升赋信我国海外利益发展

据人民日报海外网数据研究中心近日发布的《2020 中国百强城市海外传播影响力指数报告》，中国百强城市在四大海外社交媒体平台的整体开通率过半，共有 51 个城市开通各类账号 293 个。[②] 这些账号结合平台特色，通过图像叙事，传达本土特色，使城市形象丰富立体。中国城市通过形象传播在国际上积累了广泛影响力，以深圳的城市影响力优势如何赋能我国海外利益发展与安全为例，突出表现在以下三个方面。

（一）城市影响力的综合竞争优势

实际上，城市影响力的提升是基于一地区经济、人口、土地、资金和人力等综合指标量化的必然结果。以深圳为例，深圳具有海上丝绸之路发展的时代机遇。古代海上丝路从南海出发到达印度洋，再经波斯湾到达欧洲和非洲等国家，海洋传播成为深圳的历史机遇。2019 年，《粤港澳大湾区发展规划纲要》《中共中央国务院关于支持深圳建设中国特色社会主义先行示范区的意见》先后发布，支持深圳加快建设全球海洋中心城市。在前期城市形象的“破圈”过程中，深圳城市影响力所包含的综合竞争优势也成为赋信我国

① 陈映芳：《城市中国的逻辑》，上海：生活·读书·新知三联书店，2012 年，第 18 页。

② 卢永春、杨阳、张媛：“2020 中国百强城市海外传播影响力指数报告发布”，《人民日报》（海外版），2020 年 4 月 17 日，http://www.peopleweekly.cn/html/2020/chengshi_0417/29162.html（检索于 2022 年 4 月 18 日）。

海外利益发展与安全的重要方面。以中国—斯里兰卡合作建设项目科伦坡港口城为例，斯里兰卡政府计划将其打造为商业和金融特区，为全球提供国际性商业、金融交易平台和服务，以填补新加坡和迪拜之间南亚金融中心的空缺。更重要的是，作为古代海上丝绸之路的重要一环，斯里兰卡正力争以该项目为契机，再次成为南亚经济中心以及“21世纪海上丝绸之路”在印度洋海域的枢纽。而这样一个极具发展潜力的港口城项目也是借鉴深圳前海蛇口自贸区发展的成功案例，是中国经验“走出去”的成功结果。作为“港口城”的样板，深圳前海蛇口自贸区在引进全球先进的现代服务业、采用绿色低碳开发模式以及建立国际仲裁院等方面成为科伦坡港口城建设的“模板”。斯里兰卡领导人拉尼尔·维克勒马辛哈（Ranil Wickremesinghe）表示中国发展模式不论是对未来科伦坡港口城抑或是中斯工业园发展金融及高科技等以创新经济为主导的相关产业都极富借鉴意义。

（二）城市影响力的地缘战略优势

以粤港澳大湾区为例，以深圳为核心的粤港澳大湾区城市群发展已经纳入国家发展战略，其所担负的战略使命是对标纽约、旧金山、东京三大湾区，发展成为“一带一路”建设重要枢纽，对世界经济具有拉动作用的大湾区。由深圳出发，海上发展之路可辐射台港澳地区以及东南亚、中东、非洲、欧洲和大洋洲。深圳城市形象也正是借由海上贸易传播到世界各地。深圳也因此具有“海陆一体”经济发展模式优势。在海洋探测装备、海洋信息沟通、海洋能源开发、海洋生物医药、海洋环境保护等方面，深圳作为中国科技创新之都，一直以来以高水平对外开放模式整合全球发展资源，持续培养和聚集了一大批自立自强的中国龙头企业，以“陆海一体”的成功经验推动了城市与海洋融合发展。以深圳港口为例，深圳港位于广东省珠江三角洲南部，毗邻香港。近年来，深圳母港全力推进落实珠江战略，深入货源腹地，实现珠三角货源向母港引流，积极推进网络平台建设和智慧港口建设，增强母港在粤港澳大湾区枢纽港中的优势地位。智慧港口建设的成功经验在深圳招商局集团的牵线下，惠及“海上丝路”建设，如被称为“印度洋上的珍珠”的斯里兰卡。斯里兰卡汉班托塔港位于斯里兰卡最南端，它是整个印度洋的中心地区和最重要的航运中枢之一，还是亚洲通往欧洲主要航道上的黄金港口。2017年招商局正式入股汉班托塔港口运营建设，其成熟的科学技术和管理经验极大地推动汉班托塔“港口—工业—城市”（PIC）生态科技圈一体化发展。

二、以城市公信力提升赋能我国海外利益安全

“地方政府护航企业出海，提升传播公信力”是国际传播赋信我国企业“走出去”，保障海外利益安全，塑造城市治理形象的策略引导和有力保障。地方政府和海外中资企业是国际传播的两驾马车，企业从“走出去”到“落下来”的整个流程都需要地方政府这把“看得见的手”的推动与保障。

（一）地方政府是帮助企业品牌走出去的推进器

以深圳海关为例，深圳海关创新使用AEO信用管理培育模式，筛选一批地方龙头企业、高新技术企业、研发企业等作为推向海外的重点企业，给予更高效的信息和技术渠道，助力其开拓海外市场，提升了从深圳“走出去”的企业整体质量。以深圳医疗器械企业迈瑞公司为例，近年来，东盟成为迈瑞公司飞速增长的海外市场之一，深圳海关积极开展对迈瑞公司的政策帮扶和优惠待遇，从战略高度指导该公司开拓东盟自贸区的广阔市场并给予一定的关税红利。

（二）地方政府也是保障中资企业海外安全的护卫舰

除了对外投资、融资、财务税收和金融政策外，政府通过制定科学的企业管理机制和评估系统，增强了企业的国际竞争优势，保障了企业海外投资安全，提升了企业风险防控能力，帮助中资企业“安全着陆”，并在危机发生时坚定地维护中资企业的合法利益与安全。

（三）地方政府和企业的互动关系促进了企业形象、城市形象和国家形象的辩证统一

城市形象对于国家来说，是重要的无形资产之一，一定程度上象征着国家的实力。国家形象和城市形象是一个整体，需要通过多渠道、多元素、多风格的个体来承载和传播。企业，作为每个城市、国家的个性化标识，承载了具有地方性和民族性的概念符号和文化元素，企业“走出去”不仅实现了城市形象气质的传播，为其他国家和当地人民了解深圳这座创新活力之城提

供了真实且富有感知力的窗口。企业“走出去”更是承载了一个国家民族的全部气质，让不同民族认识到中国关于构建“人类命运共同体”的和平理念和全球视野。

第四节　企业传播赋利：把国际传播赋能海外利益落在实处

截至2021年初，同中国签署“一带一路”合作文件的非洲国家已增加到45个，海外中资企业越来越成为中国“走出去”战略的主力军，海外中资项目成为中国履行全球社会责任的大国担当实践表现。尽管在新冠肺炎疫情冲击下，全球经贸合作遭遇逆流，但中国企业海外成绩仍十分抢眼。以最近数据为例，2021年1—9月，对外承包工程方面，我国企业在“一带一路”沿线的60个国家新签对外承包工程项目合同3643份，新签合同额5229.5亿元人民币，占同期我国对外承包工程新签合同额的50.6%；完成营业额3999.3亿元人民币，同比增长7.7%（折合618亿美元，同比增长16.3%），占同期总额的57.5%。①

可以看出，中资企业是在“一带一路”倡议背景下践行我国海外利益发展与安全以及塑造我国全球形象的排头兵。“企业的效率、信用、承诺、服务、产品质量、员工形象、职业道德、社会责任以及公众舆论等都是构成企业形象的重要元素。”②企业形象、城市形象与国家形象具有品牌感知的一致性。企业产品直接关乎我国国家形象的整体感知和国际竞争力的综合表现。“当企业宣传活动中建立了公司品牌和原产国之间的联结时，人们对企业形象的评价会迁移到个体的原产国认知”③，基于此，作为我国海外利益的主要参

① “2021年1—9月我国对‘一带一路’沿线国家投资合作情况”，中华人民共和国商务部，2021年10月3日，http://fec.mofcom.gov.cn/article/fwydyl/tjsj/202110/20211003211565.shtml（检索于2022年4月13日）。

② 范红：“国家形象的多维塑造和传播策略”，《清华大学学报》，2013年第2期，第141—152页。

③ Lopez C，Gotsi M. Andriopoulos C,“Conceptualising the Influence of Corporate Image on Country Image”，*European Journal of Marketing*，Vol.45,No.11,2011, pp.1601–1641.

与者、建设者和维护者，中资企业是把国际传播赋能海外利益落在实处的具体表现和实际载体。

一、作为国际传播主体的海外中资企业

伴随着经济全球化的发展，各类企业尤其是跨国公司最开始是被看作国际传播的主体之一。“企业是营利性的社会组织。受经济利益的驱动，在国内市场满足不了其利润追求目标时，它必然要开辟国际市场，向外输出自己的产品、服务或技术。在此过程中，企业自然就会产生对外推销产品、服务、进行广告宣传的需要，也就是国际传播的需要。”① 事实上，这种说法只是将企业作为国际传播主体的一部分，但并没有说明企业在国际传播渠道平台搭建、内容建构、受众沟通、效果反馈等过程中所发挥的持续混合效应，更没有阐释企业利益与国家利益的直接关系。尽管跨国公司经营范围打破了地理范畴上的国界限制，但其本身还是代表着所属国家的利益。“我们不是生活在一个以‘无国籍的’或‘全球性的’公司为特征的‘无国界’的世界上。跨国公司还存在对本国的忠诚。”这表明跨国公司始终代表着国家利益，原则上看是国家利益的海外延伸。这也间接地解释了有些学者认为的“作为全球化的核心推动力量，跨国公司正成为一种独立于国家的新兴势力”。② 这一说法的局限性在于忽视了经济全球化背后的国家权力意志，跨国公司无法脱离国家利益而单独存在，海外中资企业追逐其商业利益的前提是维护和保障所属国家的既得利益。

企业与国际传播的关系进一步加深的原因是发达资本主义国家跨国传媒集团（公司）的出现和扩张。发达资本主义国家跨国传媒集团作为一个商业性的组织，首先意味着它是一个跨国公司。像其他任何跨国公司一样，它是以资本主义市场经济的方式来运作的，推动跨国公司扩张的追求利润的内在动力同样也是跨国传媒集团全球扩张的动力。跨国传媒集团的成功管理经验一定程度上丰富了国际传播的运作系统。其中，贝斯塔曼公司的“传播战略本土化”策略，在市场本土化、管理人员本土化、传播内容本土化等形成

① 程曼丽：《国际传播学教程》，北京：北京大学出版社，2006 年，第 52 页。
② 杨伯溆：“从国际传播到全球传播：跨国公司的介入及其影响”，《新闻与传播研究》，2003 年第 3 期，第 29—38 页。

了一套可供借鉴参考的传媒发展理论、国际传播思想，用于指导传播实践。然而，我们也应清醒地认识到西方国家跨国公司的国际扩张以及国际传媒集团的全球运作与中国企业“走出去”具有本质意义上的区别，西方对国际传播中企业主体的阐释更多是从信息自由流动理论、马克思主义政治经济学和霸权理论角度进行分析，其最终目的在于全球资本的扩张和资源的占有。因此，单纯地把中国企业放在西方国际传播视野下的传播主体来进行分析，难免会出现不适性和本土化特征的缺失。

二、作为国家利益部分的海外中资企业

一般地说企业是国家形象的代表，是国家文化符号之一，也是国家软实力构建的参与者，更是国家利益的一部分。以国家形象为例，国家形象构成要素的复杂性和多元性决定了国家形象的构建是一项长期的系统工程。在建构主义看来，身份是利益的先决条件，而利益是身份的动机力量。海外中资企业利益的发展与安全影响了他国对中国国家形象的感知和接受程度，而国家形象塑造的主观目的是维护国家利益，是争取其他国家对本国国家形象的认同。“企业海外利益发展与安全（利益）—国家形象（软实力）—国家利益”这一逻辑链条也就解释了中国企业海外利益发展安全与母国软实力的统一性。企业开展公共外交既能塑造良好企业形象，又能实现国家形象的优化，而为大众所接受的国家形象是境外中资企业的坚强后盾，对身在海外的企业来说，这一点至关重要。对一个国家的肯定可以帮助该国企业提高订单获取的成功率？降低海外经营成本？提高收益。

虽然海外中资企业主要以获得经济利益为目标，但其在社会交往中所创造的社会效益也不能忽视，企业海外社会效益越来越成为体现母国软实力的重要方面，影响他国对我国经济与科技实力的认知与评价。以企业社会责任（CSR）为例，CSR 一般指的是企业在追求利润的同时，应承担维护和增加整个社会福利、促进可持续发展的义务。2010 年国际标准化组织（ISO）发布 ISO 26000 标准，给出了关于社会责任的完整释义，认为社会责任指的是组织通过透明和道德的行为，对其决策和活动对社会和环境造成的影响而承担的责任。这些行为致力于可持续发展，包括社会的健康和福祉、考虑利益相关方的期望、遵守相应法律并符合国际行为规范、将

社会责任融入组织并落实到组织关系中。社会责任包含 7 个核心方面：组织治理、人权、劳工实践、环境、公平运营实践、消费者问题、社区参与和发展。[①] 德国中国商会近日发布的一份调研报告显示，在德国经营的中国企业承担了越来越大的社会责任，在就业等层面为德国经济作出了积极贡献。报告显示，在创造和维系就业职位方面，在德中国企业本地员工比例达 93%，外派员工占比仅 7%。德国中国商会约 350 家会员单位共计为当地创造 5 万个就业职位。在投资计划方面，在德中国企业有 73% 计划于未来 3—5 年内在德国追加投资。尽管受到新冠肺炎疫情影响，仍有 13% 的在德中国企业在德国进行了超出计划额度的投资，另有 27% 的中国企业投资规模与计划额度持平。在企业社会责任方面，93% 的在德中国企业已将社会责任纳入企业纲领，73% 的企业曾在德国完成企业社会责任项目，87% 的企业未来会在德国完成企业社会责任项目。

三、把国际传播赋能海外利益落在实处——以深圳企业"走出去"为例

构建"上下互通、全域沟通"的国际传播赋能格局为中资企业实现"走出去、落下来"的良性循环发展提供了现实路径。以深圳企业"走出去"为例，关键在于理解"一带一路"倡议的发展背景，以城市综合影响力为依托，突出深圳作为科技之城、经济特区在联动粤港澳大湾区国际竞争中的区位优势，以湾区影响力赋能国家与城市的多维形象，以国家与城市在政策制定、信息沟通方面的进步与发展赋能中资企业"走出去"。

以企业为主的民间舆论对"一带一路"倡议的实施相当重要。良好的舆论环境为企业在地方项目实施中提供了更加有利的外部保障。例如，2020 年疫情防控期间，中国招商局集团下属科伦坡国际集装箱码头有限公司负责的"招商丝路爱心村"项目在斯里兰卡贫困村帕尼拉动工，这是深圳企业主动承担全球贫困治理责任，协助发展中国家地区改善生活条件和探索乡村振兴可持续发展道路的重要举措，赢得了当地政府和民众的情感认同，获得了良好的企业落地生长环境。此外，《港珠澳大桥》纪录片在香港回归 20 周

① 周述章：《广东海外企业社会责任战略研究》，广州：广东省社会科学院，2017 年，第 11 页。

年和港珠澳大桥即将实现全面贯通的重要时点上，创新性地以国际视角关注港珠澳大桥的建设经过，通过国际化视角、国际化表述，客观地解读了桥梁对于“连通世界”的深远意义，有效地传递了“中国制造”的品牌价值。纪录片在海外的持续热播让企业“走出去”获得了良好的舆论环境，“中国交建借此机会主动寻求与国家‘一带一路’倡议实施的契合，以‘港珠澳大桥’为标志性案例，与‘一带一路’沿线多个国家推进及跟踪超过 400 个建设项目”。[①] 综上，在国际传播实践中，一方面要拓展有利于信息传播的途径和方法，提升我国对外传播艺术；另一方面也要研究受众国地方性知识，并与中国理念相结合，减少传播受众因文化差异导致信息排斥，为企业“走出去”和我国国家形象的传播提供良好的舆论环境。

改革开放 40 多年，企业一直是深圳走向世界的特色名片。以华为、大疆、腾讯、迈瑞、比亚迪等为代表的深圳本土民营企业在信息通信、生物医疗、消费电子、机械装备、新能源汽车等科技领域，积极参与全球要素深度融合、全球产业链分工、全球市场不断扩容和全球行业标准制定。这些企业借助品牌视频和外媒报道以及与当地政府和民众的沟通合作，积极推广产品的社会公益性价值，展现了中国品牌企业的大国担当，也将深圳城市创新和中国改革开放的经验与故事传递给世界。以比亚迪为例，自 2013 年“一带一路”倡议提出以来，比亚迪全球化步伐不断加快，在包括美国、日本、巴西等“一带一路”倡议沿线国家设有大型生产基地和工业园区，在印度，比亚迪致力于为欠发达地区打造完整的交通电动生态系统。虽然新冠肺炎疫情影响了全球经济交往，但据统计，2019 年 1—10 月间，深圳企业对外承包工程新签合同额 122.14 亿美元，完成营业额 95 亿美元，在全国各城市中排名第一。在“科技引领，创新驱动，努力打造海洋经济和海洋生态与文化可持续发展标杆”的指导方针下，深圳企业也十分关注与海洋国家，尤其是环孟加拉湾地区国家间的交往合作，该地区沿岸国家如同珍珠链般将印度洋与太平洋紧密串联。基于重要的战略地位和广阔的产品市场，深圳企业积极参与“一带一路”环孟加拉湾地区沿线国家能源、港口、通信等基础设施、互联互通载体等项目建设，助力当地经济社会循环发展，为全球治理贡献着中国智慧和中国方案。

① 李丽：“港珠澳大桥：用纪录片讲好中国故事”，《羊城晚报》，2019 年 8 月 21 日，http://media.people.com.cn/big5/n1/2019/0821/c40606-31307203.html（检索于 2022 年 4 月 15 日）。